Ulrike Beyler

Traumberufe mit Fremdsprachen

Ulrike Beyler

Traumberufe mit Fremdsprachen

Anforderungen für den Berufseinstieg

REDLINE | VERLAG

Bibliografische Information der Deutschen Nationalbibliothek
Die Deutsche Nationalbibliothek verzeichnet diese Publikation in der Deutschen Nationalbi-
bliografie. Detaillierte bibliografische Daten sind im Internet über http://dnb.d-nb.de
abrufbar.

ISBN 978-3-636-01581-5
ISBN E-Book (PDF) 978-3-86414-072-3
ISBN E-Book (E-Pub) 978-3-86414-498-1

Aktualisierte Auflage 2015
© 2008 by Redline Verlag, ein Imprint der Münchner Verlagsgruppe GmbH, München
www.redline-verlag.de

Redaktion: Leonie Zimmermann, Landsberg am Lech
Lektorat: Kerstin Weigel, München
Umschlaggestaltung: Pamela Machleidt, München
Satz: Jürgen Echter, Landsberg am Lech
Druck: Konrad Triltsch GmbH, Ochsenfurt
Printed in Germany

Inhaltsverzeichnis

Anmerkung

Um das Arbeiten mit diesem Buch für Sie möglichst einfach und effizient zu gestalten, haben wir wichtige Textpassagen mit folgenden Icons gekennzeichnet:

 Achtung, wichtig

 Aufgabe, Übung

STOP Das sollten Sie auf jeden Fall vermeiden.

z.B. Beispiel

 Tipp

Vorwort

Da Sie dieses Buch in den Händen halten, beschäftigen Sie sich vermutlich gern mit der Materie »Sprache« – in jeder Form. Vielleicht lesen und reden Sie gern – auf Deutsch oder in einer oder sogar mehreren Fremdsprachen? Vermutlich fällt es Ihnen leicht, Fremdsprachen zu erlernen, und Sie verfügen über einen großen Wortschatz. Vielleicht fliegen Ihnen Sprachen auch nicht einfach zu, aber die große Faszination für eine bestimmte Sprache oder einen Kulturraum lässt Sie nicht mehr los.

Doch was kommt nun? Welchen Beruf können Sie finden, der es Ihnen erlaubt, sich tagtäglich mit der Fremdsprache Ihrer Wahl zu beschäftigen – und damit auch Geld zu verdienen? Die meisten Fremdsprachen-Begeisterten wissen nur: »Ich will ›irgendwas mit Sprachen‹ machen.« Aber was könnte das konkret sein?

Dieses Buch hilft Ihnen, Ihren persönlichen Traumberuf mit Fremdsprachen zu finden. Fremdsprachenkenntnisse werden immer wichtiger und sind in vielen Bereichen schon unerlässlich. Es bieten sich also zahlreiche Tätigkeiten an für jemanden, der das Erleben fremder Sprachen zu seinem Beruf machen möchte.

In diesem Buch berichten erfahrene Sprachtalente aus den unterschiedlichen Branchen von ihrem Berufsalltag. Sie erfahren, welche Voraussetzungen Sie für den jeweiligen Beruf mitbringen sollten und welche alternativen Wege zum gewünschten Berufsziel führen. Zudem erhalten Sie zahlreiche Tipps und Tricks, die Ihnen den schwierigen Berufseinstieg erleichtern.

Ein Ratgeber, der nicht die Ausmaße eines Telefonbuches annehmen soll, kann natürlich nicht vollständig und umfassend über alle Berufe mit Fremdsprachen und die damit verbundenen Studiengänge informieren. Es wurde deshalb der Fokus auf Fremdsprachenberufe gelegt, die eine (eindeutige) Sprachbegabung erfordern, bei denen es um die konkrete Anwendung von Sprachen geht und für die Sie nicht ins Ausland ziehen müssen. Bei vielen der dargestellten Berufe ist die Ausbildung zum Übersetzer[1] die Grundlage, ohne dass später im Beruf tatsächlich übersetzt wird. Im Gegensatz dazu stehen Berufe, bei denen die mündliche und schriftliche Kommunikation eine große Rolle spielt. Einige der dargestellten Berufe gehören weder der einen noch der anderen Kategorie eindeutig an, sie wurden aufgrund ihres Arbeitsumfelds oder ihrer Zukunftsperspektiven in den Sprachsektor eingruppiert. Die Hochschullandschaft und damit die gebotenen Studiengänge und Studienabschlüsse befinden sich derzeit im Umbruch. Es entstehen ständig neue Studiengänge und die Anforderungen der Unternehmen wandeln sich. Dies macht die Situation für Schulabgänger nicht leichter. Ich habe daher kompetente Experten interviewt und gefragt, was sie jungen Leuten raten, was diese bereits in der Ausbildung oder während des Studiums beachten und welche Qualifikationen sie mitbringen sollten.

An dieser Stelle möchte ich allen danken, die durch ihre Anregungen, Informationen und Unterstützung zur Entstehung sowie zu den Inhalten dieses Buchs beigetragen haben – insbesondere danke ich ganz herzlich allen Interviewpartnern, Experten, Freunden und Bekannten für ihre Zeit und Mühe. Besonderer Dank gilt meinem Mann und meiner Mutter für die Geduld, die sie während dieser Zeit mit mir hatten.

Ulrike Beyler
München, im August 2011

---

1) Aus Gründen der Lesbarkeit verwende ich in diesem Buch die männliche Schreibweise. Ich bitte alle Leserinnen um Verständnis dafür. Bitte fühlen Sie sich genauso angesprochen!

1 Sprachen der Zukunft

In Zeiten der Globalisierung, der politischen und wirtschaftlichen Verflechtungen werden Fremdsprachenkenntnisse zu einem entscheidenden Kriterium für die Einstellung von Personal und das berufliche Weiterkommen. Die Bedeutung von einzelnen Sprachen geht dabei einher mit den politischen und wirtschaftlichen Entwicklungen.

Deutsche Unternehmen engagieren sich verstärkt in Asien, der erfolgreichsten und aufstrebendsten Wirtschaftsregion der Welt. Dabei sind die Volksrepublik China, Taiwan, Hongkong und Singapur in einem gemeinsamen Wirtschaftsraum vereint. Die wirtschaftliche Kooperation mit China wird immer weiter ausgebaut und ist somit weltwirtschaftlich gesehen von besonders großer Bedeutung. China verfügt zum einen über ein erhebliches Marktpotenzial. Zum anderen spielt die chinesische Sprache aufgrund der großen Bevölkerungszahl eine besonders wichtige Rolle. Denn Chinesisch, in den verschiedenen Varianten, wird von 1,2 Milliarden Menschen gesprochen, das heißt also von einem Fünftel der Menschheit. Damit ist Chinesisch die meistgesprochene Muttersprache der Welt und einer der größten Zukunftsmärkte für sprachmittlerische Berufe mit der Tätigkeit des Dolmetschens und/oder Übersetzens. Viele Hochschulen und Sprachinstitute haben diesen Trend erkannt und ergänzen vermehrt ihr Angebot mit (interdisziplinären) Studiengängen in Chinesisch. Und schon ganz kleine Sprachkenner wachsen nach: Vor allem in den USA und England werden inzwischen gezielt gut ausgebildete chinesische Nannies für Kinder gesucht, welche die Kleinen von Anfang an mit ihrer Muttersprache vertraut machen sollen.

Die Globalisierung und die zunehmende Orientierung deutscher und englischsprachiger Unternehmen an asiatischen Märkten

Asien – die erfolgreichste Wirtschaftsregion der Welt

erzeugen auch auf dem deutschen Arbeitsmarkt eine große Nachfrage nach Arbeitskräften mit entsprechendem Know-how: Sei es die Kompetenz, in China für deutsche oder englischsprachige Firmen tätig zu sein, oder diejenige, von Deutschland oder dem englischsprachigen Raum aus mit Firmen in China erfolgreich zusammenzuarbeiten.

Englisch – der kleinste gemeinsame Nenner Trotz dieser Orientierung hin zum asiatischen Markt wird Englisch global als Lingua franca und Weltsprache weiterhin seine maßgebliche Bedeutung behalten. »Englisch ist häufig der kleinste gemeinsame Nenner von vielen Leuten, die keine gemeinsame Muttersprache sprechen«, erklärt Ilona Wallberg, Leiterin Sales & Marketing der Siemens-Tochter *LS Language Services* und Generalsekretärin des *Transforum*, einem Zusammenschluss von Vertretern aus Praxis und Lehre im Bereich Übersetzen und Dolmetschen. »Ein Deutscher und ein Koreaner unterhalten sich auf Englisch, wenn keiner die Muttersprache des anderen spricht. Jeder, der mit Sprachen zu tun hat, muss Englisch können. Auch wenn Sie Übersetzer für Französisch und Italienisch sind, sollten Sie Englisch gut verstehen.« In vielen Bereichen der deutschen Wirtschaft hat Englisch als Unternehmenssprache Einzug gehalten. Das heißt, dass Englisch hier bereits als Ausgangssprache fungiert. Dokumente werden direkt auf Englisch statt auf Deutsch erstellt und anschließend in andere Fremdsprachen wie Französisch, Russisch oder asiatische Sprachen übertragen. Eine Übersetzung ins Deutsche entfällt oft komplett. Der Trend könnte dahin gehen, dass Englisch quasi zur alleinigen Ausgangssprache in deutschen Unternehmen wird. Dafür spricht auch, dass Englisch bei der Personalauswahl nicht als Zusatzqualifikation angesehen, sondern bereits als gegeben vorausgesetzt wird. Ein Bewerber, der diese Voraussetzung nicht erfüllt, hat keine Chance, eingestellt oder später befördert zu werden. Der kleinste gemeinsame Nenner, also die Sprache, mit der Sie die meisten Leute erreichen, war in der Wissenschaft früher Latein. Heutzutage hat Englisch auch in den Bereichen Wissenschaft und Technik das Latein abgelöst, sodass die gesamte Forschungsliteratur inzwischen auf Englisch verfasst wird. Möchten Sie also Medizin, Psychologie oder Maschinenbau studieren, benötigen Sie gute Englischkenntnisse (lesen Sie dazu auch das Kapitel »Phonetiker«, S. 145).

»Warum willst du denn Arabisch/Chinesisch/Portugiesisch lernen? Heutzutage sprechen alle Geschäftsleute sowieso Englisch miteinander.« Das hören Sie vielleicht, wenn Sie die Fremdsprache Ihrer Wahl erwähnen. Lassen Sie sich davon nicht ins Bockshorn jagen! Denn Sprachen sind das eine, Verständigung im eigentlichen Sinne das andere. Wenn Sie Ihrem ausländischen Gegenüber wirkliches Verständnis entgegenbringen möchten, dann können Sie das am besten, wenn Sie seine Muttersprache sprechen. Denn Sprache ist ein wichtiger Schlüssel zum Verständnis der Kultur eines jeden Landes. Insofern ist es auch dann sinnvoll, die Muttersprache eines Geschäftsmanns gut zu beherrschen, wenn Sie sich die meiste Zeit gemeinsam auf Englisch unterhalten. Das Verständnis für fremde Kulturen geht über die Kommunikation und damit über die Sprache als Kommunikationsmittel.

Sprache – der Schlüssel zur Kultur

Welche Fremdsprachen neben Englisch noch von Bedeutung sind, ist im Einzelfall abhängig von dem Unternehmen und seinen Absatzmärkten. Viele europäische Unternehmen unterhalten Tochtergesellschaften im benachbarten europäischen Ausland, insbesondere Frankreich. Portugiesisch kann im Bereich Nutzfahrzeuge, Italienisch in der Möbelbranche und Französisch in der Modewelt eine Rolle spielen. Besonders in der Politik und der Diplomatie ist Französisch weiterhin essenziell. Für den deutschen Mittelstand haben osteuropäische Sprachen wie Polnisch und Russisch eine gewisse Bedeutung. Ansonsten werden diese Sprachen noch nicht so stark nachgefragt. Das ändert sich natürlich Zug um Zug mit den politischen und wirtschaftlichen Entwicklungen. Wenn Sie heute Russisch lernen, können Sie damit weit mehr anfangen als noch vor einigen Jahren. Mit der Öffnung des Ostens zum Westen und dem damit einhergehenden Handel und Tourismus hat auch die russische Sprache an Bedeutung gewonnen. Ähnliches – in etwas geringerem Maße – gilt für die Sprachen der Länder, die infolge der Osterweiterung der Europäischen Union beigetreten sind.

Abgesehen von der maßgeblichen Rolle der englischen Sprache gibt es keine feste Regel, welche Sprachen in Zukunft an Bedeutung gewinnen oder verlieren. Dies hängt von Faktoren ab, die der Einzelne nicht beeinflussen kann. Beispielsweise gewannen und gewinnen infolge der Anschläge auf das World Trade Center und des wirtschaftlichen Booms in den Vereinigten Arabischen Emiraten (VAE) Sprachen des islamischen Sprach- und Kulturraums an Bedeutung. Neben der geografischen Nähe – der arabische Sprachraum liegt in unmittelbarer Nähe zu unserem europäischen – spielen auch wirtschaftliche Kontakte eine große Rolle. Gerade der Bereich Tourismus wird insbesondere in Dubai und zunehmend auch in Abu Dhabi forciert. Von daher könnten Kenntnisse in Hoch-Arabisch im Hotelgewerbe von Vorteil sein. Doch nicht nur dort: Auch Energieversorgung und Informationstechnologie, um nur zwei Beispiele zu nennen, sind in vielen arabischen Ländern in den Fokus gerückt. In den VAE sind übrigens mindestens 75 Prozent der Einwohner Ausländer – Tendenz steigend.[2] Diese Arbeitsmigranten stammen aus allen Teilen der Welt und kommunizieren, meist noch, auf Englisch. Im Maghreb (Tunesien, Algerien und Marokko) sowie in Syrien und dem Libanon sind Sie hingegen auf das Arabische angewiesen – hier sprechen viele Einwohner noch Französisch, aber wenig Englisch. Wenn Sie sich mehr mit Sicherheitspolitik im weitesten Sinne beschäftigen möchten und eine Anstellung beim Bundesnachrichtendienst anstreben, sind Sprachen wie Arabisch, Farsi, Dari, Paschtu auf jeden Fall von Bedeutung und ein deutliches Plus für den Bewerber (siehe dazu das Interview im Kapitel »Mitarbeiter beim Bundesnachrichtendienst«, S. 176).

Die hier beschriebenen Entwicklungen und Sprach-Trends lassen sich schwer vorhersagen – und ein Studium dauert seine Zeit. Von daher sollten solche externen Faktoren für Sie die Wahl der

Sprach-Trends

---

2) www.wikipedia.de, Stichwort VAE.

Sprache, die Sie lernen, nicht beeinflussen. Wählen Sie die Sprachen, die Ihnen am meisten liegen und deren Kulturraum Sie schätzen. Wenn Sie sich mit der Sprache und den Menschen, die diese Sprache sprechen, wohlfühlen und mit Herz bei der Sache sind, werden Sie auch gut sein – egal wie viele oder wenige Menschen sonst noch diese Sprache sprechen. Lassen Sie sich aber vielleicht von den Schilderungen hier dazu verführen, auch in für Deutsche noch immer »exotische« Sprachen hineinzuschnuppern und sich, vielleicht schon zu Schulzeiten, nicht nur auf Englisch und/oder Französisch zu konzentrieren. Vielleicht ist Englisch nicht Ihre Sache – aber im Chinesischen oder Japanischen fühlen Sie sich von Anfang an »zu Hause«. Oder Sie verlieben sich bei einem Urlaub in eine Sprache und die Menschen, die diese sprechen – trauen Sie sich und bleiben Sie am Ball.

Exotische Sprachen

In diesem Sinne wünsche ich Ihnen viel Vergnügen beim (weiteren) Erkunden verschiedener Sprachen und beim Erlernen der Fremdsprachen, für die Sie sich entschieden haben.

2 Was bedeutet Sprachbegabung und wie kann man sie fördern?

Kennen Sie das – Sie lesen ein wunderschönes Gedicht auf Italienisch oder einen besonders fesselnd erzählten skandinavischen Roman, der Sie völlig in die Handlung hineinzieht und Sie wirklich anrührt? Sie können sich bildhaft vorstellen, was der Autor Ihnen beschreibt, und Sie vergessen beim Lesen alles um sich herum? Vielleicht sind Sie auch schon Menschen begegnet, die einfach toll reden können, bei denen Sie dachten: Der drückt mit Worten genau das aus, was ich immer schon sagen wollte, aber nie wusste, wie.

Zwar ist es für uns selbstverständlich, über das Werkzeug Sprache miteinander zu kommunizieren – und doch gibt es Menschen, für die scheint Sprache mehr als nur ein Werkzeug zu sein – für sie ist es eine Kunst. Oft beeindrucken uns diese Menschen durch die besondere Präzision, Leichtigkeit oder Überzeugungskraft ihrer Ausdrucksweise oder fallen uns dadurch auf, dass sie Fremdsprachen rasch und spielerisch lernen und wie selbstverständlich fließend beherrschen. Vielleicht haben Sie auch an sich ein solches Talent bereits bemerkt und Ihnen fiel immer schon leicht, das auf den Punkt zu bringen, was Sie wirklich ausdrücken wollten. Vielleicht sind Sie aber auch sprachbegabt, ohne dass Ihnen das bisher besonders bewusst geworden ist – denn oft fallen einem die größten Stärken selbst gar nicht auf, da sie einem so selbstverständlich erscheinen.

Sprache – Werkzeug der Kunst?

Doch was heißt nun eigentlich »sprachbegabt« und inwiefern nutzt Ihnen diese Begabung? Und wie können Sie dieses Talent fördern? Sprachbegabung kann sich unterschiedlich äußern und auch mehr oder weniger ausgeprägt sein. Schon in der Schule lässt

Wie erkennt man eine Sprachbegabung?

sich erkennen, ob jemand seine Stärken eher im Bereich Sprache findet – sei es in Deutsch oder in einer Fremdsprache. Auffällig ist vielleicht der begeisterte oder spielerische Umgang (den ich eingangs beschrieben habe) mit Sprache – in mündlicher und schriftlicher Form. Andere sind vielleicht in ihrer Muttersprache nicht überragend und können mit ihren schriftlichen Abhandlungen keinen Blumentopf gewinnen – aber sie erlernen leicht und schnell eine Fremdsprache nach der anderen. Dialekte nachsprechen oder erkennen und geografisch einordnen zu können ist ebenfalls eine Form der Sprachbegabung. Und das gilt für die Muttersprache sowie die Fremdsprache.

Nicht immer wird eine Sprachbegabung automatisch und leicht erkannt. Hier kommen in frühen Jahren die Eltern, Erzieher und Lehrer ins Spiel – bei ihnen liegt ein großer Teil der Verantwortung dafür, dass eine Sprachbegabung frühzeitig entdeckt wird. Eine Begabung kann auch leicht durch Motivation überlagert werden. Jemand kann zwar etwas und bringt gute Leistungen, er interessiert sich aber eigentlich nicht dafür. Auch das kann durch falsche Förderung zustande kommen. Leistungen, die in einem Bereich erbracht werden, müssen nicht das Ergebnis von Begabung sein, sondern können einfach harter Arbeit oder glücklichen Umständen entspringen. Das kann übrigens auch ein Plus sein: Vielleicht schlummert in Ihnen einfach eine große Begeisterung für eine bestimmte Sprache und deren Kulturraum – man kann aber nicht behaupten, dass Ihnen alles leicht zufliegt, was mit dieser Sprache zu tun hat. Dann können Sie mit Motivation und Fleiß trotzdem fit in dieser Sprache werden und einen schönen Beruf finden, der mit genau dieser Sprache zu tun hat.

In der Schule wird leider oft nur ein Bruchteil der Begabungen des Schülers erkannt. Dies kann viele Gründe haben – beispielsweise, dass die Chemie zwischen Lehrer und Schüler einfach nicht stimmt und der Schüler seine persönliche Abneigung gegen den Lehrer auf das unterrichtete Schulfach überträgt. Ein anderer Grund könnte darin liegen, dass die Entwicklung des Schülers durch gesellschaftliche Klischees eingeschränkt wird, indem Mädchen ermutigt werden, vorwiegend weibliche Begabungen wie Sprachen zu lernen, während Jungs eher in technischen Bereichen unterstützt werden.

Wie aber fördert man Sprachbegabung richtig? Eine Begabung lässt sich sicher nicht auf Kommando voranbringen. Wichtig ist vielmehr, dass der Umgang mit Sprache dem Interessierten Spaß macht. Wie Sprachtalente angemessen gefördert werden, kann wohl nur individuell bestimmt werden. Einige positive Elemente zur Förderung sind vor allem im nahen sozialen Umfeld des Begabten angesiedelt. Motivation und Unterstützung durch Eltern und Lehrer sind wichtige Faktoren, um dem Kind oder Jugendlichen ein Grundvertrauen und Selbstbewusstsein auch im Hinblick auf seine Begabung zu vermitteln.

Auch das (sprachliche) Verhalten der Eltern spielt eine Rolle. Wenn die Eltern ausdrucksfähig sind, viel Wert auf Kommunikation legen und auf die sprachliche Ausdrucksweise ihrer Kinder achten, wird sich dies positiv auf die Kinder auswirken. Wenn Eltern ihre Kinder frühzeitig mit auf Auslandsreisen nehmen und sie in den Sprachurlaub schicken, fördern sie neben dem direkten sprachlichen Aspekt auch die Neugier der Kinder auf fremde Kulturen. Sprache bedeutet schließlich mehr als die korrekte Anwendung der Grammatik und ein großes Vokabular: Sprache ist Ausdruck für Identität, Kultur und Selbstverständnis eines Landes und dessen Bewohner.

Wie fördert man Sprachbegabung bei Kindern?

Doch auch für Erwachsene ist es nie zu spät, vorhandene und bislang wenig geförderte sprachliche Talente auszubauen. Wenn Sie keine teuren Auslandsreisen finanziert bekommen haben, können Sie Ihr Sprachtalent ganz einfach und auf preisgünstige Weise selbst fördern: Lesen Sie! Lesen Sie alles, was Ihnen in die Hände fällt. Von Belletristik über Fachbücher zu Ihrem Lieblingsthema bis zu Zeitungen in verschiedenen Sprachen. Entdecken Sie, was Ihnen Spaß macht. Hören Sie am liebsten zu? Gehen Sie ins Theater, und zwar in deutsche und fremdsprachige Aufführungen. Die meisten Bühnen bieten verbilligte Schüler- und Studententarife. Beherbergen Sie ausländische Austauschschüler oder Studenten vorübergehend bei sich. Nehmen Sie an Lese- und Schreibwettbewerben teil. Schnuppern Sie (während oder nach dem Studium) bei den Toastmasters[3] rein. Die Organisation *Toastmasters International* hat sich zum Ziel gesetzt, ihren Mitgliedern unter anderem die Kunst des öffentlichen Redens und der effektiven Kommunikation zu vermitteln. Schlagen Sie Fremdwörter nach, die Ihnen unbekannt sind. Oder hören Sie lieber Musik und wollen unbedingt verstehen, was Ihr Lieblingsinterpret singt? Sehen Sie lieber Filme und vergleichen die Untertitel mit dem Gehörten? Oder lernen Sie Sprache am leichtesten im Austausch mit Muttersprachlern? Entdecken Sie die Methode, die Ihnen am besten gefällt. Hilfreich könnte dabei auch das Kapitel »Methoden und Lerntypen« (S. 25) für Sie sein.

Im beruflichen Bereich kann die sprachliche Begabung dann mit ganz unterschiedlichen Schwerpunkten zum Einsatz gebracht werden, zum Beispiel beim Schreiben: etwa bei Fachübersetzern, Literaturübersetzern, Textern oder Technischen Redakteuren. In der Kommunikation bei Dolmetschern, Dozenten und IKK-Beratern (was genau sich hinter diesen Berufsbezeichnungen versteckt, können Sie im Kapitel »Berufe in Medien, Kultur und Kommunikation«, S. 117 nachlesen).

Der Fachübersetzer überträgt anspruchsvolle Fachtexte wie juristische Verträge inhaltlich richtig von einer Sprache in eine andere. Der Literaturübersetzer ist fähig, mit seiner Übersetzung den Charakter und den Stil des Originals zu bewahren und die Leser in seinen Bann zu ziehen. Der Texter ist in der Lage, mit seinen fremdsprachigen Werbebotschaften die Leute zu begeistern und zum Kauf zu animieren. Der Technische Redakteur kann einen technisch schwierigen Sachverhalt in für Laien und Fachleute verständliche Worte fassen. Der Dolmetscher zeichnet sich dadurch aus, dass er in zwei verschiedenen Sprachen gleichzeitig hören und reden kann. Dabei überträgt er innerhalb von Sekunden den Inhalt des Gehörten mündlich in eine andere Sprache. Der

---

3) www.wikipedia.de; siehe auch www.munich-toastmasters.de.

Dozent vermittelt über seine Sprache Lerninhalte und motiviert mit sprachlichem Feingefühl zum Lernen. Der IKK-Berater verfügt über die Fähigkeit, Unterschiede in den Kulturen verständlich zu machen. Dabei setzt er sein sprachliches Können taktisch in höchster Vollendung ein, um Unternehmen kompetent zu beraten.

3 Methoden und Lerntypen

Wer eine Fremdsprache lernen möchte, kann sich im Dschungel der unterschiedlichen Techniken und Anbieter leicht verirren beziehungsweise leicht den Überblick verlieren. Für wen und für welchen Zweck eignet sich welche Methode?

Fremdsprachen gut zu lernen ist nicht allein abhängig vom Talent. Jeder kann Fremdsprachen lernen. Sprachtalent und ein gutes Gehör erleichtern zwar den Fremdsprachenerwerb, doch sind sie nicht allein entscheidend. Wichtiger sind Disziplin und Fleiß. Sprachkompetenz ist 90 Prozent Transpiration und 10 Prozent Inspiration, also viel mehr abhängig vom Lernen als von Begabung allein. Der entscheidendste Faktor beim Fremdsprachenerwerb dürfte wohl die Motivation spielen. Wer eine Fremdsprache lernen möchte, braucht ein konkretes Interesse dafür. Je größer das Interesse ist, desto leichter erlernt sich eine Sprache. Lernwillige, die sich regelmäßig im fremdsprachlichen Umfeld bewegen, haben hier also die besten Chancen. Wer häufig Briefe oder E-Mails in fremder Sprache verschickt, fremdsprachliche Literatur liest, häufig in einer anderen Sprache spricht, sein Lieblingsurlaubsland bereist, wird eine Fremdsprache leichter erlernen als derjenige, der das tut, weil man ja heutzutage zumindest Englisch beherrschen muss. Der Lernerfolg ist abhängig von einem konkreten Motiv. Denn Fremdsprachenerwerb ist ein langwieriger Prozess, der dauerhafte Motivation und Fleiß erfordern.

Motivation – der wichtigste Faktor beim Fremd-sprachenerwerb

Den eigenen Lerntyp finden und fördern[4]

Doch welche Methoden führen möglichst schnell und direkt zum Ziel? Was spricht für die einzelnen Methoden und welcher Lerntyp sind Sie? Es gibt verschiedene Arten des Lernens und jeder Mensch lernt anders. Manche können sich einen Lernstoff gut merken, wenn sie ihn lesen, andere, wenn sie einem Vortragenden zuhören, und wieder andere lernen am besten, wenn sie schreiben oder sich mit Mitlernenden über die Inhalte austauschen. Manche können besser durch Lesen und Schreiben lernen, andere durch Zuhören und Sprechen. Manche ziehen es vor, allein zu lernen, andere tun das lieber in der Gruppe. Wenn Sie in der Schule schneller oder langsamer lernen, hat das oft nichts mit Ihrer Intelligenz zu tun, sondern vielmehr mit den unterschiedlichen Lerntypen.

Zum Lernen gebrauchen wir unsere Sinnesorgane. Neben Augen und Ohren gehören dazu auch der Geruchs- und Geschmackssinn sowie Haptik und Motorik. Der Lernstoff gelangt über die beteiligten Sinnesorgane in unser Gedächtnis. Da die einzelnen Sinnesorgane bei jedem Menschen unterschiedlich stark ausgeprägt sind, bedeutet dies, dass es unterschiedliche Lerntypen gibt. In Anlehnung an die Sinnesorgane, die beim Lernen beteiligt sind, spricht man deshalb von auditiven, visuellen, kommunikativen und motorischen Lerntypen.

Welcher Lerntyp sind Sie?

Viele Leute sind nicht eindeutig einem Lerntyp zuzuordnen, sondern vielmehr Mischtypen. Welcher Lerntyp Sie sind, können Sie entweder anhand eines Tests feststellen. Diese Tests gibt es – wie den vorliegenden – im Internet[5] oder in Büchern. Einen ersten Hinweis auf Ihren markantesten Grundlerntyp können Sie durch Selbstbeobachtung feststellen. Stellen Sie sich die folgende Fragen. Die Fragen, die Sie mit »Ja« beantworten, sind ein Indiz auf Ihren Grundlerntyp.

---

4) www.pruefungsamt.de/pruefungsvorbereitungen_lerntyp.php.
5) Tests für Kinder, www.lernfoerderung.de; Lerntyp-Bestimmung nach Uta Reimann-Höhn.

Ich kann Referate/Präsentationen gut wiedergeben.	*auditiver Lerntyp*
Ich höre gern Hörbücher.	*auditiver Lerntyp*
Ich kann mir Melodien gut merken.	*auditiver Lerntyp*
Ich lerne Vokabeln am besten laut.	*auditiver Lerntyp*
Ich bewege mich oder laufe beim Lernen.	*haptisch-motorischer Lerntyp*
Ich experimentiere gern.	*haptisch-motorischer Lerntyp*
Ich kaue Kaugummi oder esse beim Lernen.	*haptisch-motorischer Lerntyp*
Ich kann Baupläne gut lesen und umsetzen.	*haptisch-motorischer Lerntyp*
Ich rede gern und viel.	*kommunikativer Lerntyp*
Ich behalte Infos in Gesprächen gut.	*kommunikativer Lerntyp*
Ich stelle Fragen zum Stoff.	*kommunikativer Lerntyp*
Ich lerne gern mit anderen, in einer Lerngruppe.	*kommunikativer Lerntyp*
Ich behalte Bilder, Skizzen, Tabellen gut.	*visueller Lerntyp*
Ich träume farbig und detailreich.	*visueller Lerntyp*
Ich lese gern und kann Gelesenes gut wiedergeben.	*visueller Lerntyp*
Ich mache mir viele Notizen beim Lernen.	*visueller Lerntyp*

Zum effektiven Lernen ist eine möglichst große Beteiligung und Nutzung aller Sinne am besten. Achten Sie jedoch darauf, dass Sie gemäß Ihren Stärken lernen. Sind Sie beispielsweise ein auditiver Lerntyp, so quälen Sie sich nicht mit Skizzen und Plänen und versuchen Sie nicht, sich krampfhaft zu einem anderen Lerntyp umzufunktionieren. Stattdessen sollten Sie alles tun, um Ihr jeweiliges Lernverhalten zu stärken.

Der *auditive* Lerntyp lernt am besten über das Hören. Es fällt ihm leicht, gehörte Informationen aufzunehmen, wiederzugeben oder zu behalten. Vermeiden Sie störende Nebengeräusche beim Lernen. Nehmen Sie den Lernstoff auf einen Tonträger oder ein Diktiergerät auf und hören Sie das Gesprochene auf dem Weg zur Schule ab. Lesen Sie sich den Lernstoff laut vor beim Lernen oder führen Sie Selbstgespräche, hören Sie Hörbücher und Dokumentationen.

Der *visuelle* Lerntyp lernt am besten über das Sehen und durch Beobachten. Fertigen Sie Mind-Maps, Skizzen und Bilder an. Arbeiten Sie mit farbigen Stiften oder Textmarkern. Nutzen Sie Flipcharts oder Papierwände, arbeiten Sie mit Videofilmen und Fernsehbeiträgen zu dem Thema. Lernen Sie mit Karteikarten. Schreiben Sie den Lernstoff auf große farbige Lernposter, die Sie in Ihrem Zimmer aufhängen.

Der *kommunikative* Lerntyp braucht den Austausch mit anderen zum Lernen. Er prägt sich die Informationen am besten über das gemeinsame Gespräch ein. Bilden Sie Lerngruppen, diskutieren Sie über den Lernstoff und sprechen Sie über die Themen. Auch Rollenspiele können hier hilfreich sein.

Der *haptisch-motorische* Lerntyp lernt am besten durch und mit der Bewegung. Er fasst gern selbst an und kann Handlungsabläufe besser verstehen, wenn er sie selbst durchführt. Er sammelt seine Informationen und Erfahrungen beim direkten Tun. Er ist der Learning-by-doing-Typ. Lernen Sie Vokabeln, indem Sie beim Lernen auf und ab gehen.

Methoden zum besseren Lernen von Fremdsprachen

Prüfen Sie, welche Methode für Sie am schnellsten und einfachsten zum Erfolg führt. Und ergänzen und/oder verfeinern Sie Ihre individuelle Lernmethode mit Lerntechniken wie Mnemo, Mind-Mapping, Karteikarten, Superlearning, Speed Reading oder Accelerated Learning. Testen Sie aus, welche Methode für Sie die passende ist, und eignen Sie sich diese an. Hier finden Sie eine Auswahl von erprobten Techniken, die ich bei zahlreichen Seminarteilnehmern getestet habe.

Lernen in der Gruppe

Eine beliebte und oft kostenintensive Lernmethode ist der Einzelunterricht, weil dort gezielt auf die Belange des Einzelnen abgestellt werden kann und der Lernende die volle Aufmerksamkeit des Dozenten erhält. Allerdings spricht vieles für Gruppenunterricht beziehungsweise das Lernen in Kleingruppen. Der Lernende kann viel von seinen Mitstreitern lernen und sich sprachliche Alternativen abschauen. Auch aus Fehlern der anderen lernt die gesamte Gruppe. Hinzu kommt: Wenn die Gruppe schnell lernt, entwickelt sich ein positives Gruppengefühl, das sich wiederum motivierend auf die Teilnehmer auswirkt. Wenn Sie mit Ihren Kommilitonen oder Mitschülern Spaß beim gemeinsamen Lernen haben, so hat dies einen belohnenden Charakter und fördert somit den Lernerfolg. Positive Gruppendynamik unterstützt den erfolgreichen Spracherwerb und baut den Stress beim Lernprozess ab. Je homogener die Gruppe in Bezug auf das Niveau, desto höher der Lernerfolg. Am erfolgversprechendsten sind Kleingruppen mit Lernenden, die auf einem ähnlichen Sprachniveau sind. Deutliche Niveau-Unterschiede der Teilnehmer sind eher hinderlich, weil sie dazu führen, dass die Schwächeren verstummen und frustriert sind. Dies sollten Sie bei der Zusammenstellung Ihrer eigenen Lerngruppe im Hinterkopf behalten.

Positive Gruppendynamik

Lernen mit Musik und Filmen

Musik kann einerseits der Entspannung dienen, weswegen Anhänger der suggestopädischen Lernmethode ihre Teilnehmer anfangs mit Musik in einen Entspannungszustand versetzen und ihnen anschließend im sogenannten Alpha-Zustand fremdsprachige Sätze und deren Übersetzung vermitteln. Die Lernenden liegen dann entspannt im Liegestuhl und sprechen die Texte nach. Wem diese Methode weniger liegt, kann die Musik zur Verankerung der Sinneinheiten nutzen. Musik ist ein starker Sinnesreiz und kann beim Erwerb von Fremdsprachen unterstützend herangezogen werden. So gibt es bestimmte Lernsoftware, die Fremdsprachen mithilfe von Liedern vermittelt. Beispielsweise werden Grammatik und unregelmäßige Verben mithilfe von Rapsongs rhythmisch gelehrt. Dies ist pädagogisch sinnvoll, da Sprache mit Rhythmusunterstützung leichter zu behalten ist. Doch auch bei dieser Methode ist es wichtig, die Vokabeln im Kontext zu lernen, also mittels Geschichten oder in Beispielsätzen.

Tipp DVDs sind ein wunderbares Hilfsmittel beim Erlernen von Fremdsprachen. Beginnen Sie am besten mit einem Film, bei dem Sie die Handlung (und am besten auch die Dialoge) schon sehr gut kennen. Dann können Sie sich bei der fremdsprachigen Fassung auf die Dialoge statt auf die Handlung konzentrieren. Notieren Sie sich interessante Wendungen. Besonders hilfreich ist es, wenn Sie zunächst wie folgt vorgehen, gerade wenn Sie den Film noch nicht so gut kennen:

- Erster Durchlauf: Sehen Sie sich zuerst die deutsche Fassung an und blenden Sie fremdsprachige Untertitel ein.
- Zweiter Durchlauf: Sehen Sie sich den Film in der Fremdsprache an und schalten Sie deutsche Untertitel ein.
- Dritter Durchlauf: Wählen Sie sowohl für Untertitel als auch Sprache die fremdsprachige Fassung.

Wenn Sie nicht genug Zeit oder Muße für den ganzen Film haben, wählen Sie zunächst nur einzelne Kapitel oder Sequenzen aus, bis Sie sich an den Klang der Fremdsprache und die Aussprache des Schauspielers gewöhnt haben.

Lernen durch Kommunikation

Eine Sprache zu sprechen lernt man nicht durch Zuhören allein, sondern durch aktives Sprechen. Eines der wichtigsten Ziele beim Spracherwerb ist schließlich die Kommunikation in der Fremdsprache. Dies gilt auch, wenn Ihr Berufswunsch Übersetzer ist, die sich vornehmlich mit der schriftlichen Sprache beschäftigen.

Kreative Methoden, bei denen die Kommunikation im Vordergrund steht, sind beispielsweise die Teilnahme an Spieleabenden in einer Fremdsprache, die zum Teil von Fachschaften der Universitäten veranstaltet werden, oder das Lösen von fremdsprachigen Kreuzworträtseln. Sollte in Ihre Nähe keine solche Veranstaltung angeboten werden, so können Sie sie selbst organisieren. Auch der Besuch von Sprach-Stammtischen ist besonders zu empfehlen. Dort trainieren Sie durch Hören und Sprechen Hörverständnis und Kommunikationsfähigkeit. Gleichzeitig treffen Sie dort Gleichgesinnte und Muttersprachler. Neben der Sprache lernen Sie so auch die jeweilige Mentalität kennen. Diese Stammtische sind oft einem bestimmten Motto unterstellt wie beispielsweise »New in Town«. Über Termine und Ort informieren meist die einschlägigen Stadtzeitungen in der Presse oder im Internet (zum Beispiel toytownmunich.com). Viele Volkshochschulen bieten spezielle fremdsprachige Stammtische manchmal in Verbindung mit Kochkursen an. **Sprach-Stammtisch**

Es gibt auch sogenannte Tandem-Kurse. »Tandem« ist nicht nur ein Fahrrad, sondern auch eine Methode, Fremdsprachen zu lernen. Das Prinzip hinter dieser Methode ist: Ich helfe dir, meine Sprache zu erlernen, und du bringst mir deine bei. Heute benützt man Tandem an den Sprachschulen eher als Unterstützung zum Sprachkurs. Und das hat sich wirklich bewährt. Auch einige Unis bauen ihre Sprachkurse auf dem Tandem-Prinzip auf. Auf diese Weise kommen Sie leichter in Kontakt mit einheimischen Sprachschülern; inwieweit der Einzelne davon profitiert und was daraus entsteht, ist natürlich auch Glücksache; die Schule hat nicht immer den idealen Partner für ein Sprachtandem. **Tandem-Kurse**

Lernen mit Texten

Zum Ausbau des eigenen Wortschatzes und zum Training des Leseverständnisses eignet sich besonders das Lernen mit Texten. Literaturliebhaber können hier gern zur Belletristik greifen. Grundsätzlich gilt, dass Sie mit authentischen Texten bessere Lernerfolge erzielen als mit Lehrbuchtexten, insbesondere wenn Sie über fachliches Vorwissen verfügen. Je mehr Sie über das Thema wissen, umso größer ist der Lernerfolg. Wichtig ist, dass Sie der Text interessiert. Fangen Sie also mit Texten aus Ihrem Wissensgebiet oder Hobby an. Es ist völlig in Ordnung, wenn Ihnen anfangs viele Vokabeln unbekannt sind. Sie brauchen nicht jedes Wort im Wörterbuch nachzuschlagen, sonst wird das Lesen zu mühsam. Konzentrieren Sie sich beim Lesen entweder auf die Grammatik, den Wortschatz oder darauf, den Text zu verstehen.

Internet Besorgen Sie sich ein fremdsprachiges Buch über Ihr Lieblingshobby oder lesen Sie im Internet darüber nach. Das Internet ist eine wahre Fundgrube für alle erdenklichen Themen. Lehrbuchtexte sind hingegen nicht authentisch, da sie sprachlich stark vereinfacht sind und somit oft eine Art Kunstsprache enthalten, die es so gar nicht gibt.

Ausländische Presse Verfolgen Sie das aktuelle Tagesgeschehen, das Sie aus den muttersprachlichen Medien kennen, in der ausländischen Presse. Oder kaufen Sie sich dazu eine deutsche und eine fremdsprachige Zeitung und lesen Berichte über dasselbe Thema. Es gibt auch fremdsprachige Zeitungen, die einzelne Themen komprimiert mit einem Vokabelteil darstellen, zum Beispiel *World & Press*, *Revue de la Press* und *Revista de la Prensa*.

Weitere konkrete Tipps zum allgemeinen Lernverhalten

● Setzen Sie sich Ziele: Setzen Sie sich kleine, erreichbare Ziele und ein großes Endziel. Kleine Ziele können zum Beispiel sein, jeden Tag 10 Vokabeln oder nützliche Redewendungen zu lernen. Das ist viel besser als ein riesiges Ziel, das Sie am Ende gar nicht erreichen können. Mit kleinen Schritten kommen Sie

Ergänzen Sie Bücher durch Hörbücher

Eine hervorragende Ergänzung zum Lernen durch Lesen ist das Lernen durch Hörbücher, also wenn Sie zu dem fremdsprachigen Buch noch das entsprechende Hörbuch kaufen. Auf diese Weise sprechen Sie mehrere Sinnesorgane gleichzeitig an und erhöhen so den Lerneffekt. Gleichzeitig verbessern Sie Hörverständnis, Aussprache und Wortschatz. Wenn Sie das Buch zuvor auf Deutsch gelesen haben, üben Sie auch Ihre Übersetzungsfähigkeit. Manche Anbieter von fremdsprachigen Zeitschriften für Lerner, wie *Business Spotlight*, bieten entweder über das Internet oder in CD-Form Audiodateien zu ihren Texten an.

auch zum Ziel … und Sie sind viel motivierter. Für das große Endziel ist es wichtig, dass Sie sich Ihr Lernziel immer wieder konkret vor Augen halten. Überlegen Sie sich, in welchen künftigen Situationen Sie das Wissen nutzen werden und welchen Vorteil Sie daraus ziehen werden. **Welches ist Ihr Lernziel?**

- Strukturieren Sie den Lernstoff: Unterteilen Sie Ihren Lernstoff in kleinere Einheiten. Suchen Sie Überschriften, die den Inhalt prägnant bezeichnen. Verknüpfen Sie dabei vorhandenes mit neuem Wissen und verflechten Sie die neuen Informationen mit dem bestehenden Wissensgerüst. Die Speicherung und vor allem das Abrufen des neu Gelernten erfolgt auf diese Weise einfacher und schneller. Allein durch diese Verknüpfung ist der Transfer des Gelernten ins Langzeitgedächtnis möglich. Eine gute Methode, wie Sie solche Verknüpfungen optisch erstellen, ist die sogenannte Mind-Map-Methode, die besonders den visuellen Lerntyp anspricht. **Den Lernstoff strukturieren**

- Mind-Maps[6] sind grafische Darstellungen von Beziehungen zwischen verschiedenen Begriffen. Mind-Maps enthalten das zu bearbeitende zentrale Thema in der Mitte des Blattes. Es wird möglichst genau formuliert und/oder als Bild dargestellt. Nach außen gehen verschiedene Hauptäste (Hauptkapitel) mit weiteren Unterästen (Unterkapitel), welche die dazugehören- **Mind-Maps**

6) www.wikipedia.de, Stichwort: Mind-Map.

den Informationen ranggerecht darstellen. Auf den Ästen steht immer nur ein Schlüsselwort. Bei der Erstellung können Farben und Bilder benutzt werden, um der kreativen Arbeitsweise des Gehirns gerecht zu werden und um die Mind-Map schneller lesen und überblicken zu können.

Wiederholung, Wiederholung ...

● Unermüdlich anwenden und wiederholen: Steter Tropfen höhlt den Stein und Übung macht den Meister. Diese althergebrachten Weisheiten sind nach wie vor aktuell. Erst durch die Anwendung und Wiederholung des neuen Wissens wird das Gelernte im Gedächtnis verankert. Wiederholen Sie das Neuerlernte mehrfach entweder still oder laut für sich. Auf diese Weise speichern Sie das Gelernte im Kurzzeitgedächtnis. Nicht nur für den auditiven Lerntyp empfiehlt sich das laute Wiederholen, denn dadurch werden mehrere Sinneskanäle angesprochen. Für die Speicherung im Langzeitgedächtnis ist es wichtig, die neuen Informationen mit bereits vorhandenen zu verknüpfen. Wenden Sie dazu das Gelernte so oft wie möglich an! Denn erst die Anwendung und damit die Verknüpfung mit bereits vorhandenem Wissen garantiert den Langzeiterfolg.

„Tote" Zeiten zum Lernen nutzen

● Lernen Sie effektiv und zeitsparend: Nutzen Sie »tote« Zeit zum Lernen. Das heißt, lernen Sie nicht nur zu geplanten Lernzeiten, sondern immer wenn Sie Leerlauf haben, also in der U-Bahn, im Bus ... Wenn Sie ein auditiver Lerntyp sind, sprechen Sie sich dazu den Lernstoff auf Band (bereits das hat einen Lerneffekt) und hören Sie sich das Gesprochene in den Leerlaufphasen an. Der visuelle Lerntyp nimmt sich den Lernstoff in gedruckter Form mit.

„Make them walk"

● Fremdsprachen lernen durch Bewegung: »Make them walk« ist ein bewährtes Prinzip beim Managementtraining. Bereits in der Antike wurde beim Laufen gelernt. Durch Bewegung bekommt das Gehirn mehr Sauerstoff und arbeitet daher besser – somit wird das Gelernte besser verarbeitet. So können Sie Ihre Vokabeln auch auf dem Heimtrainer lernen, was nicht nur für den haptisch-motorischen Lerntyp zu empfehlen ist.

Der visuelle Typ legt dabei das Buch auf den Lenker, der auditive Lerntyp hört sich den Lernstoff über Kopfhörer an.

- **Das richtige Maß beim Lernen:** Bei allem Lerneifer ist es jedoch wichtig, dass Sie auf Ihren Körper achten. Das richtige Maß beim Lernen ist wichtig. Legen Sie bewusst Lernpausen ein. Ihr Gehirn muss das Gelernte erst richtig einsortieren und speichern. Das braucht Zeit. Ganz wichtig ist ausreichend Schlaf, denn auch während des Schlafes verarbeitet das Gehirn die gelernten Informationen.

  Mach mal Pause!

- Auch sollten Sie darauf achten, täglich nicht zu lange zu lernen. Eine Viertelstunde zusätzliches Vokabeltraining am Tag – und das regelmäßig – ist sinnvoller als einmalig drei Stunden Wörterpauken in der Woche. Wichtig ist allerdings, gerade beim Erlernen von neuem Vokabular, dass Sie die gelernten Wörter stetig wiederholen. Beim Lernen von Fremdsprachen gilt mehr denn anderswo: Übung macht den Meister!

  Übung macht den Meister

- Belohnen Sie sich: Lob und Belohnung sind die besten Motivatoren. Auch und gerade beim Erlernen von Fremdsprachen! Für das Erreichen eines jeden Lernziels setzen Sie gleichzeitig eine bestimmte Belohnung fest. Wenn ich mein Lernziel erreicht habe, dann … Ich wünsche Ihnen viel Vergnügen dabei!

  Belohnen Sie sich!

4 Auslandsaufenthalte und Auslandsstudium

Für Fremdsprachenliebhaber ist es unerlässlich, einige Zeit im Ausland zu verbringen. Ein Auslandsaufenthalt bietet Ihnen die hervorragende Chance, Fremdsprachen zu lernen, fremde Länder zu entdecken und neue Kulturen zu erforschen. Gleichzeitig erweitern Sie Ihren Horizont, testen neue Möglichkeiten, loten Ihre eigenen Grenzen aus und entwickeln sich persönlich enorm weiter. Experten empfehlen: Bleiben Sie mindestens sechs Monate im Ausland und absolvieren Sie dort ein Praktikum. Vor allem bei längeren nichttouristischen Auslandsaufenthalten können Sie Ihre Sprachfertigkeiten nachhaltig verbessern und die fremde Mentalität kennenlernen. Sollte nur ein Kurzaufenthalt möglich sein, verbinden Sie diesen am besten mit einem Sprachkurs mit gleichzeitiger Unterbringung in einer Gastfamilie. Durch den täglichen Umgang mit der Fremdsprache können Sie auch bei einem kürzeren Auslandsaufenthalt passable Ergebnisse erzielen.

Schuljahr im Ausland und Schüleraustauschprogramme

Im Idealfall verbringen Sie bereits während der Schulzeit ein Jahr im Ausland, beispielsweise an einer amerikanischen High School (www.go-america.eu). Dies kann leider recht teuer sein. Informieren Sie sich doch mal auf www.bundestag.de über das Parlamentarische Patenschafts-Programm (PPP). Das PPP ist ein spezielles Austauschprogramm für Schüler, junge Berufstätige und Auszubildende, das zwischen dem Kongress der Vereinigten Staaten von

Amerika und dem Deutschen Bundestag vereinbart wurde. Bei der
Aktion Bildungsinformation e.V. (www.abi-ev.de) können Sie eine
Broschüre bestellen, in der 33 Anbieter von Schüleraustauschprogrammen verglichen werden. Der IJAB, Internationaler Jugendaus-
tausch- und Besucherdienst, bietet unter www.ijab.de zahlreiche
Informationen zum Thema Auslandsaufenthalte sowie weitere
Links auch zu Schüleraustauschprogrammen. Auf dieser Homepage können Sie auch die sehr empfehlenswerte Broschüre »Wege
ins Auslandspraktikum« bestellen.

Auslandspraktika

Der Bedarf an gut ausgebildetem Personal mit fachspezifischen
Fremdsprachenkenntnissen und beruflichen Auslandserfahrungen
steigt stetig. Wer bei internationalen Konzernen einsteigen möchte,
für den ist ein Auslandspraktikum schon fast ein Muss. Auslandserfahrung und gleichzeitig erste Berufserfahrung sammeln Sie,
wenn Sie ein Praktikum im Ausland absolvieren. Die Bundesagentur für Arbeit bietet Infos zum Thema Praktikum im Ausland unter
Förderungs- www.ba-auslandsvermittlung.de. Dort finden Sie Infos zu einzel-
programme für nen Ländern sowie geförderte Programme, welche die Vorberei-
Auslandspraktika tung für ein Auslandspraktikum erleichtern. Ein mindestens zwölf-
wöchiges Auslandspraktikum im Rahmen eines Studiums kann
durch ein rückzahlungsfreies BAföG gefördert werden. Informationen über Voraussetzungen und Konditionen erhalten Sie unter
www.auslandsbafoeg.de. Der Deutsche Akademische Auslands-
dienst (DAAD) hat viele Infos auf seiner Homepage www.daad.de/
ausland. Die Deutsche Gesellschaft für Internationale Zusammenarbeit (GIZ) GmbH bündelt seit 01. Januar 2011 die Kompetenzen und langjährigen Erfahrungen von DED (Deutscher Entwick-
lungsdienst), GTZ (Deutschen Gesellschaft für Technische Zusammenarbeit GmbH) und Inwent (Internationale Weiterbildung und
Entwicklung GmbH). Unter www.giz.de erhält der Leser zahlreiche Informationen über Weltweit lernen, Auslandsaufenthalte und

einen umfangreichen Stellenmarkt aller inkorpierten Gesellschaf-
ten. Zahlreiche Studentenorganisationen bieten spezielle Prakti-
kumsprogramme im Ausland an. Eine Vielzahl von Praktikums-
börsen können Sie beispielsweise bei www.internabroad.com einsehen.

Einen guten Überblick über weitere Möglichkeiten für Jugendliche,
das zusammenwachsende Europa nach dem Abitur zu erleben und
kennenzulernen, bietet die Website www.rausvonzuhaus.de. Informationen zu weiteren Möglichkeiten von Auslandsaufenthalten auf
der ganzen Welt liefern Ihnen die Internet-Portale des British
Council Germany (www.britishcouncil.de) sowie die Internationalen Schulprogramme der Carl Duisberg Centren www.carl-duisberg-
auslandspraktikum.de bzw. www.carl-duisberg.de für weitere Aus-
landsprogramme. Weitere Möglichkeiten ins Ausland zu gehen und
dort zu arbeiten finden Sie unter www.gapyear24.com, www.career-
contact.net, www.aifs.de (American Institute for Foreign Travel),
www.esl.de, www.step-in.de (Student Travel & Education Program-
mes International), www.working-holiday.info (Work und Travel in
Australien und Neuseeland). Auch ein work&travel-Programm
(www.travelworks.de) ist eine der vielfältigen Möglichkeiten, Auslandserfahrung zu sammeln. Hinter der Idee »work&travel« steht,
dass Sie sich Ihren Aufenthalt durch Arbeit im Ausland selbst
finanzieren.

Au pair

Wer direkt nach der Schule ins Ausland möchte, aber nicht ganz
auf sich allein gestellt sein mag, für den könnte eine Au-pair-
Tätigkeit das Richtige sein. Ein Au-pair-Jahr bietet die ideale
Chance, seine Sprachkenntnisse zu verbessern und die fremde
Mentalität und Kultur kennenzulernen. Zwar können Sie Ihren
Au-pair-Aufenthalt auf eigene Faust planen und Gastfamilien über
Datenbanken im Internet finden, sicherer ist jedoch oft der Weg
über eine Vermittlungsagentur. Diese Agenturen sichern sowohl

die Familie als auch die Au-pair-Person rechtlich ab und stehen bei Problemen als Ansprechpartner zur Verfügung. Kontaktadressen erhalten Sie über den Bundesverband Au-pair Society e.V. (www.au-pair-society.org) oder die International Au Pair Association (www.iapa.org).

Freiwilligendienste

Gesellschaftliches Engagement im Ausland ist eine sehr gute Möglichkeit, die Wartezeit zwischen Schule und Studium sinnvoll zu füllen. Auch wenn Sie noch nicht genau wissen, was Sie beruflich machen wollen, können Sie auf diesem Weg erste Berufserfahrungen im avisierten Job und gleichzeitig Auslandserfahrung sammeln. Am bekanntesten sind das »Freiwillige Soziale Jahr, FSJ« und das »Freiwillige Ökologische Jahr, FÖJ«. Die Einsätze im Rahmen sozialer und ökologischer Projekte und Einrichtungen sind weltweit möglich. So besteht die Möglichkeit an internationalen Workcamps teilzunehmen oder diese zu leiten. Informationen finden Sie unter www.ijgd.de und www.focj.de. Eine Adressliste großer Träger, die ins Ausland vermitteln, finden Sie in der Broschüre »Für mich und für andere« des Bundesministeriums für Familie, Senioren, Frauen und Jugend (www.bmfsfj.de). »Weltwärts« (www.weltwaerts.de) ist ein Programm des Bundesministeriums für wirtschaftliche Entwicklung und Zusammenarbeit. Jugendliche im Alter von 18 bis 28 können an Entwicklungshilfeprojekten in der ganzen Welt mitarbeiten. Das europäische Jugendförderprogramm »Jugend in Aktion« organisiert ebenfalls gemeinnützige Projekte im Ausland. Nähere Informationen finden Sie unter www.jugend-in-aktion.de, www.jugendfuereuropa.de und Erfahungsberichte unter www.youthreporter.eu. Informationen finden Sie unter www.pro-fsj.de und www.foej.de. Eine Adressliste großer Träger, die ins Ausland vermitteln, finden Sie in der Broschüre »Für mich und für andere« des Bundesministeriums für Familie, Senioren, Frauen und Jugend (www.bmfsfj.de). »Weltwärts« (www.weltwaerts.de) ist ein Programm des Bundesministeriums für

FSJ
FÖJ

wirtschaftliche Entwicklung und Zusammenarbeit. Jugendliche im **„Jugend in Aktion"** Alter von 18 bis 28 können an Entwicklungshilfeprojekten in der ganzen Welt mitarbeiten. Das europäische Jugendförderprogramm »Jugend in Aktion« organisiert ebenfalls gemeinnützige Projekte im Ausland. Nähere Informationen finden Sie unter www.go4europe.de und Erfahrungsberichte unter www.youthreporter.de.

Ausbildung im Ausland

Das neue Berufsbildungsgesetz (BBiG) aus dem Jahr 2005 ermöglicht, einen Teil der Berufsausbildung im Ausland zu verbringen. Im Rahmen des EU-Programms LEONARDO DA VINCI kann bis **LEONARDI DA VINCI** zu ein Viertel der Ausbildungszeit im Ausland verbracht werden. Voraussetzung ist, dass der Auslandsaufenthalt dem Ausbildungsziel dient. Wichtig sind genaue Absprachen zwischen der deutschen und der ausländischen Ausbildungseinrichtung. Auch die **IHK** Berufsschule und die Industrie- und Handelskammer (IHK) sollten in die Planung unbedingt einbezogen werden, damit sichergestellt ist, dass notwendige Ausbildungsinhalte vermittelt und Prüfungs- **BIBB** termine wahrgenommen werden. Ausführliche Informationen entnehmen Sie bitte der Homepage der Nationalen Agentur Bildung für Europa beim BIBB (www.na-bibb.de).

Auslandsstudium

Durch den Bologna-Prozess und die damit verbundene Europäisierung der Studiengänge ist es nahezu ein »Muss«, mindestens ein Auslandssemester während des Studiums zu absolvieren. Neben selbst organisierten Auslandsaufenthalten sind Austauschsemester im Rahmen des ERASMUS-Programms sehr begehrt, da sie einen **ERASMUS** finanziellen Zuschuss beinhalten. ERASMUS ist ein Aktionsprogramm der Europäischen Union für grenzüberschreitende Zusam-

menarbeit, in dem unter anderem Auslandsstudien von Studierenden gefördert werden. Ziel ist, die europäische Mobilität von
Studierenden zu fördern und auszubauen. Die meisten Universitäten informieren über die Einzelheiten zur Teilnahme am ERAS-
MUS-Programm. Daneben gibt es zahlreiche weitere Stipendien-
und Austauschprogramme des DAAD, die Sie unter www.daad.de
einsehen können. Ein Antrag auf Auslands-BAföG (www.aus-
landsbafoeg.de) kann sich lohnen, selbst wenn Sie sonst kein
BAföG beziehen. Die Berechnungsgrundlage ist eine andere, da Sie
im Ausland meist einen höheren Bedarf haben. Ungefähr 200
Hochschulen bieten internationale Austauschprogramme an Part-
neruniversitäten. Meist können Studenten aufgrund dieser Koope-
rationsabkommen auch neben dem deutschen auch einen ausländischen Studienabschluss erwerben. Für manche Studiengänge, beispielsweise für Literaturübersetzer, wird ein Auslandsaufenthalt
von mindestens sechs Monaten vor Aufnahme des Studiums
dringend empfohlen, weil die Sprachkompetenz bei Studienbeginn
unbedingt vorliegen muss. Viele Hochschulen haben Kooperationen oder sogar Austauschprogramme mit Hochschulen im Ausland. Bei der Auswahl des Studiums ist es deshalb sinnvoll, auf die
jeweiligen Auslandsangebote zu achten.

DAAD

Doppelabschluss und internationale Studiengänge

Bei diesen Studiengängen wird sowohl in Deutschland als auch an
mindestens einer ausländischen Partneruniversität studiert. Einen
Studienabschluss gibt es von beiden Hochschulen. Die Studierenden des Fachs Europäische Medienkultur an der Bauhaus-Univer-
sität Weimar (www.uni-weimar.de) sind drei Semester in Lyon; und
wer sich für Sprache und Wirtschaft an der Fachhochschule Köln
(www.f03.fh-koeln.de) entscheidet, studiert ein Jahr in Frankreich
und ein weiteres in England, Irland oder Spanien. Wer an der

Katholischen Universität Eichstätt-Ingolstadt (www.ku-eichstaett.de/Internationales) Soziologie studiert, verbringt mindestens zwei Semester in Trient/Italien. Studenten der Rechtswissenschaft in Potsdam (www.uni-potsdam.de) erwerben im Rahmen ihres Auslandsstudiums die französischen Rechtsabschlüsse »licence/maîtrise en droit« an der Universität Paris X Nanterre.

Insgesamt gibt es mehr als 200 bi- oder sogar trinationale Studiengänge an deutschen Hochschulen[7], das Gros davon entfällt auf wirtschafts- und ingenieurwissenschaftliche Fächer. Mehr als 140 der bi- und trinationalen Studiengänge sind unter dem Dach der Deutsch-Französischen Hochschule (www.dfh-ufa.org) vereint. Dabei handelt es sich um einen Verbund von 150 Mitglieds- und Partnerhochschulen in Deutschland und Frankreich.

Die Vorteile eines solchen internationalen Studiums liegen auf der Hand: Neben Fremdsprachenkenntnissen und interkultureller Kompetenz verfügen Absolventen über intensive Einblicke in ihr Fachgebiet im Ausland. Wer zum Beispiel Rechtswissenschaften in einem binationalen Studiengang studiert, ist anschließend in zwei Rechtssystemen zu Hause. Die trinationalen Studiengänge der DFH können in Bulgarien, Großbritannien, Italien, Kanada, Luxemburg, Niederlande, Polen, Russland, Schweiz und Spanien absolviert werden. **Bi- und trinationale Studiengänge**

Unternehmen schätzen Bewerber mit Doppelabschluss, doch ist auch dies allein noch kein Karrieregarant. Entscheidend ist, was Sie daraus machen!

Eine Besonderheit stellen die Studienangeboter mancher grenznaher Universitäten. Die Studenten sind an der deutschen Universität eingeschrieben, absolvieren einen Großteil des Studiums im grenznahem Ausland. Einige renommierte Vertreter sind die Internationale Bodenseehochschule (www.bodenseehochschule.org), das Internationale Hochschulinstitut Zittau (www.ihi-zittau.de), die Europa-Universität Viadrina (www.europa-uni.de) in Frankfurt/Oder für die Kooperation mit Polen. **Grenznahe Kooperationen**

---

7) www.abi-magazin.de, Stichwort: Doppelabschluss.

Fachkompetenz versus Sprachkompetenz

Alle Doppelstudiengänge sind echte Fachstudien. Das bedeutet, dass der Inhalt des Studiums – ebenso wie bei einem rein deutschen Studium – eindeutig im Vordergrund steht. Die Sprachfähigkeit ist ein Hilfsmittel, um den Inhalt zu verstehen, und eine Kompetenz, die sozusagen en passant erworben wird. Wenn Sie den binationalen Studiengang Rechtswissenschaft in Potsdam belegen, so absolvieren Sie ein vollwertiges Jurastudium in Deutschland und eins in Frankreich. Es geht nicht darum, die französische Rechtssprache zu erlernen und (ungefähr) zu wissen, was ein bestimmter Rechtsbegriff bedeutet. Es geht um die korrekte Anwendung des deutschen sowie des französischen Rechts auf Deutsch und Französisch. Der Schwerpunkt liegt hier also eindeutig auf dem Inhalt, der Fachkompetenz. Die Fremdsprache fungiert hier als Arbeitssprache, als Hilfsmittel für den Berufsalltag. Sie ist aber nicht Inhalt Ihrer Arbeit. So verhält es sich zum Beispiel auch bei vielen anderen Berufen, für die kein Doppelstudium erforderlich ist. Gute Englischkenntnisse sind beispielsweise eine Voraussetzung für alle Informatikberufe und im Marketingbereich – und das nicht nur in weltweit operierenden Unternehmen mit Englisch als Konzernsprache. Wer sich hier behaupten will, muss über die entsprechenden Fremdsprachenkenntnisse verfügen.

Bei den in diesem Buch dargestellten Berufen steht die Sprachkompetenz (noch) im Vordergrund. Bei diesen Berufen ist die Sprache selbst der Beruf und damit das Wesentliche bei der Arbeit. All diese Berufe bedingen eine über mehrere Jahre dauernde Auseinandersetzung mit Sprache(n). Das Sprachniveau ist meist schon zu Anfang der Ausbildung recht hoch. Da es von diesen Berufen nur recht wenige gibt, wurde in diesem Buch der Kreis auf einige Berufe ausgedehnt, die im sprachlichen Umfeld angesiedelt und daher zwangsläufig mit Fremdsprachen als Arbeitsgegenstand zu tun haben.

Schwerpunkt Sprache – Schwerpunkt Inhalt?

Überlegen Sie sich vor Beginn Ihres Studiums, wo Sie Ihren Schwerpunkt setzen wollen: auf den Inhalt oder die Sprache – Fachkompetenz oder Sprachkompetenz. Ersteres verspricht meist ein höheres Einkommen und ist mehr auf eine Festanstellung gerichtet. Zweites ist vermutlich eher etwas für kreative Individualisten, die eine freiberufliche Tätigkeit nicht von vornherein ausschließen.

5 Die klassischen Berufe

Dolmetscher (w/m) – Konferenzdolmetscher (w/m), freiberuflich

Simultandolmetschen, Flüsterdolmetschen, Konsekutivdolmetschen, Verhandlungsdolmetschen. Bei Fachkongressen, hochrangigen Gesprächen zwischen Politikern, Fernsehsendungen, Pressekonferenzen, Kick-off-Events, Geschäftsverhandlungen, in laufenden Ermittlungs- und Gerichtsverfahren, in großen Konferenzzentren, bei internationalen Organisationen, bei Bundesbehörden, in Konferenzräumen von Wirtschaftsunternehmen, in Fernsehstudios, in Gerichtssälen: Überall auf der Welt sind Dolmetscher und Konferenzdolmetscher[8] im Einsatz für die internationale Kommunikation.

Beim Dolmetschen geht es darum, einen Redebeitrag so vollständig wie möglich in eine andere Sprache zu übertragen – und zwar mit allen fachlichen Details und allen sprachlichen Nuancen! »Das klingt sehr nüchtern und technisch«, meint Angelika Eberhardt, die seit dem Jahr 2000 als freiberufliche Dolmetscherin und Konferenzdolmetscherin tätig ist. Ihren Beruf erklärt sie wie folgt: »Im Kern geht es um die große Herausforderung, einen Redner für die anderssprachigen Teilnehmer als einen von ihnen ›herüberkommen‹ zu lassen – mit Fachwissen und Persönlichkeit und eben allem, was dazugehört. Es ist die Arbeit an der Schnittstelle

8) Konferenzdolmetscher sind Dolmetscher, die sämtliche Dolmetschtechniken – Simultandolmetschen, Konsekutivdolmetschen, Gesprächsdolmetschen und Flüsterdolmetschen – sicher beherrschen. Bei der Organisation einer zu verdolmetschenden Veranstaltung stehen sie Auftraggebern gegebenenfalls als beratende Dolmetscher zur Seite (Definition des VKD im BDÜ, vgl. www.vkd.bdue.de, »Dolmetschen von A-Z« bzw. www.bdue.de, »Der Beruf«/»Dolmetscher«).

zwischen Menschen.« Der Dolmetscher ist also Vermittler zwischen Menschen und Kulturen. Das ist das Interessante für Angelika Eberhardt und dafür investiert sie gern – und bei jeder Veranstaltung und jedem Redner neu – all die Einarbeitungs- und Vorbereitungszeit.

Was genau macht ein Dolmetscher?

Morgens um neun. Der erste Redner tritt aufs Podium. Es wird still im Raum. Die Hand von Angelika Eberhardt liegt schon an der Mikrofontaste. Und los geht's: »Chers collègues, Mesdames, Messieurs, je suis très content de…« Sie lässt dem Redner einige Sekunden Vorsprung, schaltet ihr Mikrofon ein und los geht's: »Liebe Kolleginnen und Kollegen, sehr geehrte Damen und Herren! Ich freue mich sehr, Sie heute zu unserem Kongress ›Arzneimittelsicherheit im Krankenhaus‹ begrüßen zu dürfen! …«, spricht sie mit fester und freundlicher Stimme in das Mikrofon. An diesem Tag sitzt sie zusammen mit zwei Kolleginnen in der französisch-deutschen Kabine und dolmetscht vom Französischen ins Deutsche und vom Deutschen ins Französische. Den Rednerton bekommt sie über ihre Kopfhörer und ihre Verdolmetschung wird wiederum auf die Kopfhörer der Teilnehmer übertragen. Bei diesem Dolmetscheinsatz laufen im 20- bis 30-Minuten-Takt Vorträge und Podiumsdiskussionen rund um die Themen Arzneimittel, Pharmakovigilanz, Sicherheit und Qualitätssicherung. Es geht um komplexe Inhalte wie Medikamentenverordnung und -applikation, Medikamenten-Compliance, Wechselwirkungen, elektronische Verordnungssysteme, Risikomanagement. Der Informationsfluss ist enorm. Pro Tag kommen rund 12 unterschiedliche Redner zu Wort. Jeder von ihnen spricht in seinem eigenen, fachspezifischen Jargon und jeder artikuliert sich auf individuelle Art. Bei Simultandolmetscheinsätzen vollbringen die Teams aus zwei oder drei Dolmetschern auf engstem Raum zumeist im 20- bis 30-minütigen Wechsel kommunikative Höchstleistungen. Die Arbeit erfordert größte Konzentration. Angelika Eberhardt und ihre Kolleginnen

Simultan
dolmetschen

sitzen dabei in kleinen schallisolierten Kabinen hinten im Konferenzsaal – mit Blick auf den Redner, denn auch die nonverbale Kommunikation ist wichtig, damit sich die Dolmetscher in den Redefluss einfühlen können.

In diesem Fall bleiben die Dolmetscher komplett im Hintergrund. Es gibt jedoch auch Dolmetscheinsätze, bei denen sie sich mitten im Geschehen befinden – etwa bei Verhandlungen über Anlagen für eine neue Fabrik. Und mitunter stehen sie mit im Rampenlicht, wenn zum Beispiel ein deutscher Ministerpräsident vor einer Gruppe ausländischer Gäste eine Willkommensrede hält. Hier wird dann häufig »konsekutiv« gedolmetscht, das heißt, der Dolmetscher notiert sich den Beitrag des Redners in Abschnitten von bis zu 15 bis 20 Minuten auf einen Block und dolmetscht nach der Rede beziehungsweise nach dem Ende eines Redeabschnitts in die jeweils andere Sprache. Der Arbeitsalltag eines Dolmetschers hat noch mehr zu bieten: Wird ein Dolmetscher beauftragt, dann steht meist ein hochrangiger Anlass oder ein fachspezifisches Thema auf dem Programm. Ein großer Teil der Arbeitszeit entfällt deshalb auf die Vorbereitung für die verschiedenen Einsätze. Dabei lesen Dolmetscher wie Angelika Eberhardt vielfältige Dokumentationen und Artikel zum Thema in den verschiedenen Sprachen, erstellen und lernen Vokabellisten, die sie bei der Konferenz parat haben müssen, und gehen die Reden und Präsentationen zur Konferenz durch. Pro Tag Dolmetschen müssen ungefähr ein bis zwei Tage Vor- und Nachbereitung eingeplant werden.

Konsektiv dolmetschen

Bin ich geeignet?

Generell gehören Dolmetschen und Übersetzen zu den sprachmittelnden Berufen. »Dolmetschen« bezeichnet die Sprachmittlung in der mündlichen Kommunikation, »Übersetzen« dagegen die Sprachmittlung in der schriftlichen Kommunikation. Daher unterscheiden sich die beiden Berufsbilder in Bezug auf fachliche Anforderungen und Schwerpunkte der Ausbildung: Während ein Übersetzer sich Zeit nehmen kann, einen Zieltext zu erstellen, der bis in die letzten Feinheiten des Sprachstils möglichst perfekt sein soll, muss der Dolmetscher in seinem Berufsalltag mit dem Zwang zur sofortigen Umsetzung zurechtkommen. Langes Nachdenken vor der Übertragung in die Fremdsprache ist ausgeschlossen und es ist praktisch unmöglich, einmal Ausgesprochenes wieder zurückzunehmen oder zu korrigieren. Daher muss ein Dolmetscher für jeden Einsatz ausgezeichnet vorbereitet sein und auch unter sehr hohem Druck absolut konzentriert arbeiten können.

Wie werde ich Dolmetscher?

Angelika Eberhardt ist Diplom-Dolmetscherin und arbeitet mit den Sprachen Französisch, Spanisch und Englisch. Sie hat an der Universität Saarbrücken studiert und ihre Fremdsprachenkenntnisse durch zahlreiche Auslandsaufenthalte ausgebaut. So hat sie ein Jahr lang in Frankreich an der Universität Nantes studiert und in den Semesterferien Auslandspraktika in Argentinien, der französischsprachigen Schweiz und Frankreich absolviert. Sie empfiehlt: »Ich würde immer dazu raten, für diesen Beruf ein Hochschulstudium zu durchlaufen, weil es einem die breitesten Zukunftsperspektiven eröffnet – egal ob als Freiberufler, im öffentlichen Dienst, zum Beispiel bei Ministerien, oder bei internationalen Organisationen. Im Studium erhält man das nötige Rüstzeug für die Anforderungen im Beruf.« Zu diesem Rüstzeug gehört zum einen auch die sichere Beherrschung der Muttersprache. Angelika Eberhardt: »Es ist eine Sache, seine Muttersprache zu kennen und zu können. Es ist eine völlig andere Sache, seine Muttersprache professionell mit allen durch sie gebotenen Feinheiten einzusetzen. In meinem Fall war ich froh, dass es an der Hochschule die Möglichkeit gab, mit einem Rhetoriklehrer zu arbeiten und mir so meinen schwäbischen Heimatdialekt abzutrainieren.«

Neben der Muttersprache gibt es natürlich noch die Fremdsprachen. Zwei Fremdsprachen sind Voraussetzung in einem Dolmetscherstudium. Dieses umfasst unter anderem Grammatik, Sprech-

Profi in der Muttersprache

fertigkeit, Landeskunde, Sprach- und Übersetzungswissenschaft, Übersetzungsübungen bis hin zum Training in den verschiedenen Dolmetschtechniken. Daneben ist noch fremdsprachliches Eigenengagement gefordert – ausländische Zeitungen lesen, Filme im Original ansehen, Auslandsaufenthalte und natürlich die Fremdsprachen sprechen, sprechen und nochmals sprechen.

Konferenzdolmetscher-Jargon – Arbeitssprachen

A-Sprache: Muttersprache. Der Konferenzdolmetscher dolmetscht aus dieser und in diese Sprache.
B-Sprache: Fremdsprache. Der Konferenzdolmetscher dolmetscht aus dieser und in diese Sprache.
C-Sprache: Fremdsprache. Der Konferenzdolmetscher dolmetscht nur aus dieser Sprache. Ein Dolmetscher mit A-Sprache Deutsch, B-Sprache Französisch und C-Sprache Englisch würde demnach vom Französischen ins Deutsche und vom Deutschen ins Französische, aber nur vom Englischen ins Deutsche (und nicht zurück) dolmetschen.

Deutsch
Englisch (?)
Chinesisch

Das Sachfach

Weiterer fester Bestandteil des Studiums sind wissenschaftliche Seminare und mehrere Semester in einem Sachfach wie Technik, Wirtschaft oder Recht, das mit einer Sachfachprüfung abgeschlossen wird. Damit stellt der angehende Dolmetscher unter Beweis, dass er sich selbstständig in neue Themengebiete einarbeiten kann. Diese Fähigkeit zur Einarbeitung ist für Dolmetscher unerlässlich. Auf jeden Einsatz muss sich ein Dolmetscher intensiv vorbereiten. Und das Lernen hört mit dem einmal gewählten Fachgebiet nicht auf. Angelika Eberhardt hatte sich an der Universität für das Sachfach Wirtschaftswissenschaften entschlossen. Heute arbeitet sie jedoch viel häufiger im technischen Bereich. Lebenslanges Lernen lautet also auch hier die Devise. Rückblickend meint Angelika Eberhardt zu ihrem Studium: »Die Ausbildung zur Dolmetscherin war kein Zuckerschlecken. Ich merkte recht schnell, dass Dolmetschen auch sehr viel Arbeit an sich selbst erfordert – sowohl an mir als Person als auch an meinen Fähigkeiten. Vor dem Zugang zur eigentlichen Dolmetscherausbildung musste ich zunächst eine Eignungsprüfung absolvieren. Danach bestand das Studium vorwiegend aus Übungseinheiten, bei denen ich regelmäßig – wie es in Dolmetscherkreisen heißt – ›abgehört‹ wurde und damit kontinuierlich auf dem Prüfstand war. Von mir als Studentin wurde erwartet, dass ich das Feedback der Dozenten umsetze. Ein gutes Maß an Kritikfähigkeit und die Bereitschaft, konstant an sich zu arbeiten, ist unerlässlich. Auch jetzt im Berufsleben muss ich mich bei Einsätzen mit Kollegen immer wieder von Neuem beweisen, dass ich den Ansprüchen gerecht werde. Und auch der relativ dichte Stundenplan war bereits eine gute Übung für die Stressresistenz, die ich jetzt im Beruf brauche.«

Master-Studiengang Die Hochschulausbildung für Dolmetscher befindet sich im Umbruch: Die »traditionellen« Dolmetscherinstitute, das heißt die Universitäten Mainz (Germersheim), Heidelberg, Saarbrücken, Leipzig sowie die Fachhochschule Köln bieten Master-Studiengänge an. Mit einem Master-Studiengang soll die Möglichkeit gegeben werden, sich besser für internationale Märkte zu qualifizieren. Absolventen anderer Studiengänge wie Wirtschaftswissenschaften, Technik oder Jura können außerdem an manchen Hochschulen (zum Beispiel in Heidelberg) als Quereinsteiger den neuen internationalen Master-Studiengang »Konferenzdolmetschen« belegen. Voraussetzung ist, dass sie über sehr gute Kenntnisse der zu wählenden Fremdsprache verfügen. Auch an der privaten Hochschule für Angewandte Sprachen in München gibt es ein kostenpflichtiges Studienangebot zum »Master Konferenzdolmetschen«. Daneben findet man auch an weiteren Privatschulen sowie Industrie- und Handelskammern kostenpflichtige Ausbildungen, die staatliche Prüfungen zum Dolmetscher anbieten. Allerdings deckt das Curriculum hier nicht immer alle Aufgabengebiete ab. Simultandolmetschen zum Beispiel wird teils gar nicht oder nicht in ausreichendem Maße angeboten.

Wohin soll die Reise gehen?

Denken Sie vor Beginn Ihrer Dolmetscherausbildung intensiv darüber nach, welches Berufsziel Sie mit der Ausbildung anstreben. Ist Ihr Wunsch, bei einer internationalen Organisation oder einer nationalen Behörde zu arbeiten, sollten Sie einen Master-Abschluss einer Hochschule anstreben, um auf Nummer sicher zu gehen.

Die Wahl der »richtigen« Sprache

Den zahlenmäßig größten Bedarf an Dolmetschern gibt es nach wie vor bei der Sprache Englisch, aber auch Chinesisch und Japanisch und verschiedene Ost-Sprachen sind derzeit stark gefragt – überwiegend, weil es noch nicht so viele kompetente Anbieter, also: gute Dolmetscher, dafür gibt. Orientieren Sie sich bei der Wahl der Sprachen trotzdem mehr an Ihrer Eignung und Ihren Neigungen anstatt an der Marktsituation. Lernen Sie eine Sprache nicht nur, weil sie derzeit gefragt ist, denn dafür ist das Sprachenlernen zu langwierig und mühsam. Die tägliche Arbeit mit der Sprache sollte Ihnen Spaß machen, denn nur wenn Sie eine Affinität zu einer Sprache und ihrem Kulturkreis haben, werden Sie ein guter und authentischer Sprachmittler. Eine Ausnahme bildet Englisch: Profis wie Angelika Eberhardt empfehlen mittlerweile, Englisch zumindest als dritte Fremdsprache in die eigene Sprachenkombination aufzunehmen. Denn bei vielen Einsätzen gibt es die Vorbereitungsunterlagen mittlerweile nur noch auf Englisch.

Der Einstieg in das Berufsleben

In Deutschland arbeiten die meisten Dolmetscher freiberuflich. Feste Stellen gibt es nur in manchen internationalen Organisationen, einigen Bundesministerien und in den Sprachendiensten einiger großer Industrieunternehmen.

Es kann es eine Weile dauern, bis sich ein Dolmetschabsolvent auf dem Markt etabliert hat. In der Anfangsphase Ihrer Freiberuflichkeit kann es hilfreich sein, wenn Sie nebenberuflich einer weiteren

Die Existenz muss gespeichert sein

Tätigkeit auf Teilzeitbasis nachgehen. Diese sichert Ihre Existenz; sie muss Ihnen aber genug Zeit lassen, weiter an Ihrem Einstieg ins Dolmetscherleben zu arbeiten. Angelika Eberhardt berichtet: »Ich habe nach dem Studium anfangs viel übersetzt und mache auch heute noch Übersetzungen für Stammkunden – zum Beispiel von Unterlagen für Konferenzen, bei denen ich dolmetsche. Andere Kollegen sicherten sich die finanzielle Existenz während des Einstiegs durch Projekteinsätze, Sprachunterricht oder Zeitarbeitsverträge, bei denen Sprachkenntnisse gefordert waren.« Wenn Sie freiberuflich arbeiten wollen, müssen Sie sich beim Start in den Beruf – neben der wichtigsten Frage: »Wo kommt denn die Arbeit her?« – noch der Aneignung von unternehmerischem Wissen und Können widmen. Damit fallen neben dem Dolmetschen sowie den Vor- und Nachbereitungsaufgaben noch zahlreiche weitere Tätigkeiten an: die übliche Verwaltungsarbeit, Kundenakquise und Kundenpflege, Angebots- und Rechnungsstellung, Reiseplanung, Buchhaltung und alles, was ein Unternehmer sonst noch machen muss. Denn als Freiberufler sind Sie Unternehmer in eigener Sache.

 Diese Eigenschaften und Fähigkeiten sollten Sie für diesen Beruf mitbringen:

- Ausgezeichnete mündliche Sprachkompetenz in Mutter- und Fremdsprachen
- Sehr gutes Gehör
- Schnelle Auffassungsgabe und Fähigkeit, den Inhalt blitzschnell im Wesentlichen zu erfassen
- Absolut verlässliches Gedächtnis und sehr hohe Konzentrationsfähigkeit
- Interesse, sich ständig in neue Themen aus verschiedenen Gebieten (Technik, Wirtschaft, Naturwissenschaften) einzuarbeiten
- Teamgeist – weil Dolmetschen häufig Teamarbeit ist
- Flexibilität und Mobilität
- Einfühlungsvermögen, um Redner authentisch dolmetschen zu können
- Stressresistenz und gute körperliche Konstitution

Networking-Tipps

Netzwerke sind sehr wichtig – nicht nur für den Einstieg in den Beruf. Denn Aufträge erhält man oft über Kollegen, die als »Beratende Dolmetscher« ganze Dolmetscher-Teams zusammenstellen. Beim Einsatz in Teams ergeben sich dann Kontakte zu weiteren Kollegen und darüber – wenn man sich bewährt hat – vielleicht Empfehlungen und wieder neue Aufträge. Für den Einstieg empfiehlt es sich deshalb, gute Kontakte zu ehemaligen Dozenten und Kommilitonen zu pflegen. Daneben bieten auch Netzwerke wie die Berufsverbände *VKD* und *aiic* einen guten Ausgangspunkt. Als Mitglied ist man in ihren Datenbanken für Kollegen und Kunden zu finden und ihre Fortbildungsveranstaltungen und Treffen stellen praktische Networking-Plattformen dar.

Adressen, Tipps und Links

http://konferenz dolmetscher-bdue.de/de	Verband der Konferenzdolmetscher im BDÜ e.V.
www.bdue.de	Fachverband der Berufsübersetzer und Berufsdolmetscher e.V
www.adue-nord.de	Internet-Angebot des ADÜ Nord – Assoziierte Dolmetscher und Übersetzer in Norddeutschland e.V.
www.aiic.de	Association Internationale des Interprètes de Conférence, internationaler Verband der Konferenzdolmetscher AIIC – Region Deutschland
www.aticom.de	Aticom Fachverband der Berufsübersetzer und Berufsdolmetscher e.V.
www.bdue-bayern.de	Bundesverband der Dolmetscher und Übersetzer Landesverband Bayern e.V.

Fremdsprachenkorrespondent/ Eurokorrespondent (w/m)

Kommunizieren Sie gern schriftlich und mündlich mit Menschen auf der ganzen Welt? Lieben Sie es, Termine, Reisen und Veranstaltungen zu organisieren? Sind Sie zudem zeitlich flexibel und drehen erst so richtig auf, wenn jeder etwas von Ihnen will? Wenn Sie diese Fragen mit »Ja« beantwortet haben, dann könnte die Ausbildung zum Fremdsprachen- oder Eurokorrespondenten genau das Richtige für Sie sein.

Fremdsprachen- und Eurokorrespondenten sind ganz überwiegend in Sekretariat und Sachbearbeitung in den verschiedensten Bereichen der Wirtschaft tätig. Typische Branchen sind deutsche wie ausländische Export- und Importfirmen, Unternehmen der herstellenden und der verarbeitenden Industrie, Zeitarbeitsfirmen, Speditionen, Reiseveranstalter, Unternehmensberater, Banken, Versicherungen, Einzelhandelsfilialen, Warenhausketten, Hotels, Messegesellschaften, Immobilienmakler, nationale und internationale Verbände und Organisationen, Forschungsinstitute und Verlage. Im Rahmen der Globalisierung rückt der Kontakt mit ausländischen Märkten mehr und mehr in den Vordergrund und fehlerfrei geführte Korrespondenz sowie flüssige telefonische Kommunikation in fremden Sprachen sind für nahezu jedes Unternehmen wichtig. Eine weitere beliebte Einsatzmöglichkeit für Korrespondenten sind Messen oder Fluggesellschaften (insbesondere als Bodencrew). Als Sekretärin mit Fachgebiet Wirtschaft ergeben sich gute Chancen in der Industrie und Wirtschaft. Der Fachbereich Technik qualifiziert sehr gut für Tätigkeiten bei Patentanwälten, Marken- und Patentämtern sowie Rückversicherungen, da Sie dort gut die Anforderungen des klassischen Sekretariats mit den Besonderheiten der technischen Wissens- und Wortschatzanforderungen der Korrespondentin kombinieren können.

Wie werde ich Fremdsprachenkorrespondent?

Fremdsprachenkorrespondent ist ein Beruf, der sprachliches Geschick mit wirtschaftswissenschaftlichem Know-how verknüpft. Der Inhalt der zwei- bis dreijährigen Ausbildung, die für Abiturienten um ein Jahr verkürzt werden kann, orientiert sich am Bedarf der deutschen und europäischen Wirtschaft und ist daher sehr praxisorientiert. Die Schüler wählen zwei Fremdsprachen, eine als Haupt- und die andere als Nebensprache. Als fachlicher Schwerpunkt kann Wirtschaft oder Technik gewählt werden. In dieser Ausbildung werden umfangreiche fachliche, sprachliche und landeskundlichen Kenntnisse vermittelt. Übersetzungsübungen stehen zwar im Mittelpunkt, doch lernen die Schüler auch, sich mündlich gut auszudrücken und über tagesaktuelle Themen in der Fremdsprache zu diskutieren. Im zweiten Jahr erlernen die Schüler Gesprächsdolmetschen. Um am Rechner und beim Diktieren flink zu sein und auch die DIN-Form eines Briefes zu beherrschen, werden Fremdsprachenkorrespondentinnen in Stenografie und Tastenschreiben (Zehn-Finger-System) ausgebildet. Außerdem werden Geschäftsbriefe selbstständig am PC entworfen. Textverarbeitung ist Pflicht und an vielen Instituten kann der PC-Führerschein erworben werden. Voraussetzung für die Aufnahme an einer der ausbildenden Sprachschulen (staatlich sowie privat) ist der mittlere Bildungsabschluss. Traditionell gibt es für Schülerinnen und Schüler mit Abitur oder Fachabitur Ausnahmeregelungen.

Zwei Fremdsprachen, ein fachlicher Schwerpunkt

Diese Voraussetzungen sollten Sie für die Ausbildung mitbringen:

- Mittlerer Bildungsabschluss
- Sprachbegabung mit guter Beherrschung des Deutschen und einer Fremdsprache
- Freude an Kommunikation und Lesen
- Interesse an wirtschaftlichen Zusammenhängen
- Fähigkeit und Bereitschaft zu intensiver Arbeit

Was genau macht ein Fremdsprachenkorrespondent?

Fremdsprachenkorrespondenten sind in den verschiedensten Positionen in ganz unterschiedlichen Unternehmen tätig. Das ist ein Vorteil, weil Sie mit dieser Ausbildung nicht auf ein bestimmtes Einsatzgebiet festgelegt sind. Der Nachteil ist, dass exakte Aussagen über das Tätigkeitsprofil nur schwer zu treffen sind. Generell kann man sagen, dass bei dem Beruf des Fremdsprachenkorrespondenten die schriftliche und mündliche Kommunikation im Vordergrund steht. So verfassen Fremdsprachenkorrespondenten zum einen fremdsprachige Korrespondenz, vornehmlich in der Form von E-Mails und Briefen. Und auch mündlich müssen sie sich in verschiedenen Sprachen ausdrücken können. Etwa wenn sie Hotels und Fahrservice im Ausland buchen oder einen Tisch im Restaurant reservieren. Fremdsprachenkorrespondenten im Sekretariatsbereich arbeiten ihrem Vorgesetzten zu und entlasten ihn, indem sie ihm Alltags- und Routinearbeiten abnehmen.

Christina Kaulbach ist gelernte Fremdsprachenkorrespondentin in Englisch und Französisch mit Fachrichtung Wirtschaft. Sie ist die rechte Hand ihrer viel beschäftigten Chefin, einer leitenden Angestellten in einem Medienunternehmen. Sie erlebt jeden Tag hautnah, wie ihre Chefin Fernsehen »macht«, und kann sie dabei sogar maßgeblich unterstützen. Bei ihr – wie bei vielen ihrer Kolleginnen – gehört es zur täglichen Arbeit, deutsche und fremdsprachige Schriftstücke vorzubereiten und diese vom Band oder eigenständig nach Stichworten zu tippen. »Mir bereitet das Tippen großen Spaß, wenn ich gut diktierte Bänder erhalte. Insbesondere das Tippen von englischsprachigen Kassetten finde ich bereichernd, weil ich dadurch meinen Wortschatz erweitere und mein Hörverständnis verbessere. Wenn der Text allerdings vernuschelt diktiert ist oder die englische Aussprache dermaßen zu wünschen übrig lässt, dass man ewig über ein Wort rätselt, ist das Tippen eher eine Qual«, berichtet Christina Kaulbach.

Allround-Talent Zu den täglichen Aufgaben gehört auch, die zahlreich eingehenden E-Mails und Dokumentenanhänge auszudrucken, thematisch zu sortieren und in Ordnern abzulegen sowie Unterlagen zu kopieren und mittels spezieller Maschinen zu ansehnlichen Ringbüchern zu binden. Häufig empfangen Fremdsprachenkorrespondenten auch aus- und inländische Besucher, bewirten sie mit Getränken und sind somit der erste Ansprechpartner im Unternehmen. Diese Aufgabe ist für Christina deshalb so wichtig, weil sie mit verantwortlich ist, ob sich der Besucher im Haus wohlfühlt. Mit nettem und gekonntem Small Talk können Sie viel zu einer angenehmen Gesprächsatmosphäre beitragen. Hier ist die Chance von Kommunikationstalenten, sich beim Besucher positiv hervorzutun. Und wer weiß, vielleicht wirbt Sie der Gesprächspartner für einen anderen Job ab… Fremdsprachenkorrespondenten im Sekretariat protokollieren häufig Besprechungen. Je nach Unternehmen und Teilnehmer kann es sein, dass ausschließlich in einer Fremdsprache gesprochen wird, sodass hier schriftliche und mündliche Fremdsprachenkenntnisse ein absolutes Muss sind. Zudem recherchieren sie im Internet, erstellen Tabellen, beispielsweise für Budgetabrechnungen, und PowerPoint-Präsentationen, rechnen Reisekosten ab und erledigen weitere administrative Dinge wie Botengänge. Vieles davon mag eventuell langweilig erscheinen und ist es für den ein oder anderen zum Teil auch. Doch auch diese Dinge müssen erledigt werde, da sonst der ganze Geschäftsbetrieb aufgehalten wird. Eine Kette ist nur so stark wie ihr schwächstes Glied und der Erfolg eines Unternehmens hängt von der Leistung der einzelnen Mitarbeiter ab – auch von der der »kleinen« Mitarbeiter. Wenn Sie eine Tätigkeit mit viel Verantwortung suchen, bei der Sie kein reiner Zuarbeiter sind, sollten Sie sich nach Alternativen umsehen. Gerade im Bereich (Fremdsprachen-)Sekretariat werden Sie selten selbst wichtige Entscheidungen fällen (dürfen).

Schauen Sie sich daher bereits vor der Bewerbung die Stellenanzeige sehr genau an. Welche Tätigkeiten und Aufgaben werden ganz konkret genannt? Welche Punkte lesen Sie nur zwischen den Zeilen? Steht dort, dass Sie »zeitlich flexibel« sein sollten, bedeutet dies, dass der Job mit Stress verbunden sein kann und Sie öfters Überstunden machen müssen. Auch die Position kann Hinweise auf den Inhalt geben. So ist es üblich, dass Fremdsprachensekretäre, die hierarchisch auf einer höheren Ebene angesiedelt sind, viel organisieren. Die Fremdsprachensekretäre eines Abteilungsleiters, Geschäftsführers oder Vorstandes sind oft dafür verantwortlich, ihre Chefs durch den Alltag zu schleusen. Sie müssen Termine und Besprechungen vereinbaren, verschieben oder absagen sowie Telefonate für die Vorgesetzten entgegennehmen und verbinden. Oft gehört es zu den Aufgaben, größere Veranstaltungen oder Meetings in Europa oder der ganzen Welt zu organisieren, zu buchen und während der Durchführung zu begleiten.

Euro-Korrespondent/Europa-Sekretärin

Das Aufbaujahr für Euro-Korrespondenten bietet die Möglichkeit, in einem dritten beziehungsweise vierten Ausbildungsjahr die ursprünglich zweite Fremdsprache zur Hauptsprache auszubauen und die im ersten Ausbildungsabschnitt erworbenen Kenntnisse in Fachkunde Wirtschaft zu vertiefen.

Manche Fremdsprachenkorrespondenten sind als Sachbearbeiter in Unternehmen tätig. So wie Petra Maier, die staatlich geprüfte Fremdsprachenkorrespondentin für Spanisch und Englisch. Sie arbeitet bei einem hessischen Industrieunternehmen. Dort ist sie zuständig für die kaufmännische Abwicklung der Aufträge von internationalen Kunden. Sie erfasst Kundenbestellungen am PC, klärt mit Kollegen aus der Produktionsplanung Liefertermine ab und teilt diese den Kunden mit. Sie fordert unterschiedlichste Exportdokumente wie Ursprungszeugnis oder Frachtbrief an, stellt diese fertig und leitet sie an die zuständigen Stellen weiter. Dabei kommt ihr zugute, dass sie in ihrer Ausbildung Fachkunde Wirtschaft belegt hatte. Jetzt kann sie das in der Schule erworbene theoretische Wissen in die Praxis umsetzen. »Ich wusste gleich, welche unterschiedlichen Exportdokumente es gibt und was jeweils dabei zu berücksichtigen ist«, erklärt sie. Da die Kunden weltweit aus ganz unterschiedlichen Ländern wie USA, Argentinien, Südafrika, Thailand oder Polen stammen, benötigt sie ihre Fremdsprachenkenntnisse Englisch und Spanisch täglich. Dies schätzt Petra Maier in ihrem Beruf ganz besonders. Durch den internationalen Kontakt lernt sie auch verschiedene Mentalitäten kennen. Und lieben? »Das nicht immer. Es gibt Mentalitäten, die ich privat zwar sehr schätze, aber beruflich doch etwas schwierig finde. Manche dieser Kunden bestellen Ware bei uns und die entsprechende Lieferung soll bereits am nächsten Tag erfolgen. Da unsere Ware nicht auf Lager ist, sondern zuerst hergesellt werden muss, ist es schwierig, dies dem Kunden entsprechend klarzumachen«, berichtet sie.

Tipps rund ums Sekretariat

Ein sehr guter Einstieg gerade für weniger Qualifizierte in den Beruf des Rechtsanwaltssekretärs ist das Abendsekretariat. Die Einstellungschancen sind gut, da erfahrungsgemäß die Zahl der Bewerber eher gering ist.

Adressen, Tipps und Links

www.bsb-office.de	Bundesverband Sekretariat und Büromanagement e.V. (bsb), Europas größter Bundesverband für Office Administration
www.assistante.com	Jobbörse in französischer Sprache für Sekretärinnen und Assistenten
www.officerecruit.com	Englischsprachige Online-Jobbörse für den Officebereich
www.secsinthecity.co.uk	Umfangreiche englischsprachige Jobbörse für kaufmännische Berufe in GB.
www.smi-seminare.de	Secretary Management Institute: zahlreiche Kurse zu Business und Legal English
www.sekretaria.de	Infos rund ums Sekretariat mit Stellenmarkt
www.workingoffice.de	Online-Auftritt des Fachmagazins für Sekretärinnen, Assistentinnen und Office-Managerinnen

Dozent/Trainer (w/m) im Bereich Fremdsprachen

Lieben Sie es, anderen Menschen Kenntnisse zu vermitteln über Fremdsprachen, fremde Wirtschafts-, Rechts- und Kulturräume? Dozenten lehren auch, wie man richtig übersetzt und dolmetscht. Sie sind überall da tätig, wo vertiefte Fremdsprachenkenntnisse erforderlich sind. Sie unterrichten beispielsweise im Sprachendienst von Behörden wie dem Auswärtigen Amt oder in den Trainingszentren von Wirtschaftsunternehmen, wo sie für die Mitarbeiterschulung verantwortlich sind. Ebenso unterrichten sie in Weiterbildungsinstituten der Erwachsenenbildung, wo sie beispielsweise Arbeitslose unterrichten. Weitere Einsatzmöglichkeiten sind Sprachenschulen, Volkshochschulen, Kindergärten mit mehrsprachiger Spracherziehung, Grund- und weiterführende Schulen, Fachhochschulen und Universitäten. Die Einsatzgebiete sind ebenso unterschiedlich wie die Berufsbezeichnung (Fremdsprachenlehrer, -dozent, -trainer) und der Bildungshintergrund der Lernenden (Kinder, Jugendliche, Erwachsene, Berufstätige, Arbeitslose, Akademiker, Gewerbliche).

Als Quereinsteiger ins Lehramt

Wie werde ich Fremdsprachendozent?

Je nach Einsatzort führen verschiedene Wege zur Tätigkeit des Fremdsprachendozenten. Für den klassischen Beruf des verbeamteten Lehrers sowie des Fremdsprachentrainers bei Behörden, Ministerien sowie großen internationalen Unternehmen ist das erfolgreiche Bestehen eines Studiums mit Master-Abschluss erforderlich. Beste Chancen bieten dabei das Lehramtsstudium (Sekundarstufe I oder II) mit anschließendem Referendariat oder ein Sprachenstudium der Linguistik oder das Übersetzer- oder Dolmetscherstudium an einer Hochschule. Die Ausbildung an einer staatlichen oder privaten Fachakademie ist dafür meist nicht ausreichend. Aufgrund des Lehrermangels an öffentlichen Schulen werden in den meisten Bundesländern auch Quereinsteiger als

Lehrer angestellt. Die Voraussetzungen, die an diese Quereinsteiger gestellt werden, sind unterschiedlich und können auf den Homepages der Kultusministerien der Länder abgerufen oder dort erfragt werden.

Neben dem Studienabschluss können noch weitere Kriterien eine Rolle spielen. Wenn Sie zum Beispiel in der Mitarbeiterschulung eines Unternehmens arbeiten, das Kenntnisse auf einem bestimmten Fachgebiet vermitteln soll, wie spezielle IT oder Technik, dann werden auch Fach-Experten mit sehr guten Fremdsprachenkenntnissen eingesetzt. Häufig wird darauf Wert gelegt, dass die Fremdsprachenkenntnisse vertieft wurden.

Bin ich als Lehrer/Trainer/Dozent geeignet?

Beobachten Sie Ihre Lehrer durch eine neutrale »Forscherbrille«. Wie gehen Ihre Lehrer mit den Fragen und Anliegen der Schüler um? Wie würden Sie es machen? Wie würden Sie reagieren?

Bereitet es Ihnen Freude, anderen Menschen zu helfen und ihnen Wissen zu vermitteln? Können Sie vor Gruppen frei sprechen und sich präsentieren? Machen Sie möglichst frühzeitig Praktika (vor Beginn des Studiums) an Schulen oder im Trainingsbereich, um zu sehen, ob der Beruf etwas für Sie ist; halten Sie dabei – wenn möglich – auch schon mal selber eine Unterrichtsstunde.

Was genau macht ein Fremdsprachendozent?

Möchten Sie gern in der Erwachsenenbildung tätig sein und zum Beispiel Arbeitssuchende in Englisch unterrichten, um ihnen so den Wiedereinstieg ins Berufsleben zu ermöglichen? Ja? Dann haben Sie gute Chancen mit einem Bachelor-Abschluss. In manchen Fällen genügt es, wenn Sie über das notwendige Sprach-Know-how verfügen. Der Abschluss eines Hochschulstudiums ist nicht immer erforderlich, sodass Sie ebenfalls Aussicht auf einen Job haben, wenn Sie Ihr Studium abgebrochen oder nicht (gut) bestanden haben. Fachfremde Quereinsteiger mit guten Fremdsprachenkenntnissen erhalten hier ebenfalls die Chance, ihren Traum vom Unterrichten zu realisieren. Wichtig ist, dass Sie pädagogische

Können Sie auch mit Arbeitslosen gut umgehen?

Fähigkeiten haben und in der Lage sind, eine gute Beziehung zu ganz unterschiedlichen Teilnehmergruppen aufzubauen. Weiterbildungsinstitute bieten meist Tageskurse mit Vor- und Nachmittagsunterricht für Menschen, die nicht berufstätig sind, sowie Abend- und Wochenendkurse für Berufstätige an. Die Teilnehmer der Tageskurse können einen ganz unterschiedlichen Hintergrund haben. Es können Akademiker, Handwerker, Langzeit- und Kurzzeitarbeitslose zusammengewürfelt in einem Kurs sitzen. Das bedeutet für den Dozenten, dass es nicht nur um die Vermittlung der Sprachkenntnisse geht, sondern auch darum, den Lernenden verständnisvoll und dennoch bestimmt gegenüberzutreten.

Die Dozenten müssen sich auch in Themengebiete einarbeiten, die ihren Standardfächern fern sind. So kann es sein, dass ein Dozent für Rechtsenglisch sich in Technisches Englisch einarbeiten muss, weil er einen Kurs mit Patentanwaltssekretärinnen unterrichten muss, bei denen beide Fächer auf dem Stundenplan stehen.

Erfahrungen einer freiberuflichen Fremdsprachendozentin

Miriam P. ist Europa-Korrespondentin und Amerikanistin. Sie arbeitet seit einigen Jahren als freiberufliche Dozentin an einem Weiterbildungsinstitut in Hamburg und unterrichtet dort Englisch für Anfänger, Fortgeschrittene, Akademiker, Gewerbliche, Managementassistentinnen, Patentsekretärinnen, Industriekaufleute. Sie erklärt: »Ich schätze es, dass ich viele unterschiedliche Fächer und Teilnehmer unterrichte. Denn dadurch arbeite ich mich in viele unterschiedliche Themen ein und das macht meine Tätigkeit so abwechslungsreich. Auch wenn das sehr viel Arbeit bei der Vor- und Nachbereitung bedeutet. Arbeit, die ich als Freiberufler nicht vergütet bekomme.« Zu diesen Vor- und Nachbereitungsarbeiten gehört, dass sie Übungstexte übersetzt, Vokabellisten für die Teilnehmer erstellt sowie themenspezifische Wortschatz- und Grammatikübungen heraussucht. Sie wählt ergänzende Literatur aus der internationalen Tagespresse aus sowie Audiomaterial für Hörverständnisübungen. Auch das Nachbereiten des Unterrichts und das Korrigieren von Prüfungen sind zeitintensiv. Dazu gehört, dass Miriam P. Prüfungsaufgaben erstellt, einen Notenschlüssel festlegt, sich gegebenenfalls mit Kollegen über die Notenverteilung abspricht. Von Zeit zu Zeit werden Exkursionen veranstaltet, die sie ebenfalls mit organisiert. Miriam P. weiter: »Bei manchen Bildungsträgern werden den Dozenten keine Lehrpläne vorgelegt, sodass wir die Einteilung und Ausarbeitung des Lernstoffs für das ganze Semester komplett selbst vornehmen müssen.« Zu Beginn ihrer Berufstätigkeit verbrachte sie daher mit Vor- und Nachbereiten des Unterrichts mehr Zeit als im Klassenzimmer selbst. »Mein Job ist also durchaus mit dem eines verbeamteten Lehrers zu vergleichen, nur dass bei uns die Konditionen größtenteils schlechter sind«, konstatiert sie.

Das Unterrichten in der Erwachsenbildung bietet – im Vergleich zum Beamtentum – allerdings den Vorteil einer gewissen Flexibilität hinsichtlich der Arbeitszeit. So gibt es nicht nur Vor- und Nachmittagsunterricht, sondern auch Abend- und Wochenendkurse. Miriam P. kann sich beispielsweise für einen Samstagskurs entscheiden und hat dafür mittwochs frei. Oder sie kann in Zeiten, in denen sie ein finanzielles Zubrot benötigt, an sechs Wochentagen unterrichten. Ein finanzielles Zubrot ist durchaus öfter erforderlich, da die Stundenhonorare in der Regel nur zwischen 15 und 25 Euro betragen (je nach Stadt und Weiterbildungsträger). Das Lehrerleben ist meist nicht nur schlecht bezahlt, sondern auch sehr anstrengend. In der Regel bekommt ein Dozent nicht genügend Aufträge von einem Weiterbildungsinstitut, sodass er täglich von Institut zu Institut hetzt, um rechtzeitig zum Unterricht zu kommen. Überdies sind die Dozenten abhängig von den Verantwortlichen an den Sprachzentren und Bildungsträgern, die für die Einteilung der Unterrichtsstunden zuständig sind. Miriam P. kennt auch die Schattenseiten dieses Berufs: »Manchmal fürchte ich, dass mir kurz vor Kursbeginn sämtliche Kurse an einem Institut gestrichen werden, wie das bei einem Kollegen passiert ist, der sich mit dem Institutsleiter überworfen hatte. Manchmal reicht es, wenn ein Kursteilnehmer sich beschwert, dass der Dozent schlecht

vorbereitet gewesen sei.« Von Zeit zu Zeit finden Teambespre-
chungen nach dem Unterricht statt und die ziehen sich lange hin.
Außerdem ist sie in ihrer Freizeit für die Institute und Teilnehmer
per E-Mail und Handy erreichbar. Die zahlreichen Antworten, die
sie verschickt, und Telefonate, die sie führt, honoriert und vergütet
niemand. Doch all das nimmt sie gern auf sich, denn sie hat den
Traum, selbst eines Tages ein Nachhilfeinstitut zu leiten, in dem sie
all ihre pädagogischen, sprachlichen und kaufmännischen Kenntnisse zum Einsatz bringen kann.

Erfahrungen einer fest angestellten Fremdsprachendozentin

Annette B. ist studierte Dolmetscherin für die Sprachen Englisch
und Russisch sowie zertifizierte Sprachtrainerin. Sie arbeitet als
angestellte Fremdsprachendozentin in einem mittelständischen
Unternehmen. Ihre Kursteilnehmer sind Mitarbeiter des Unternehmens aus ganz unterschiedlichen Hierarchieebenen: von der Sekretärin bis zum Abteilungsleiter. »Irgendwann sitzen sie alle bei mir
im Training«, sagt sie. In ihren Trainings geht es darum, die
Mitarbeiter mit dem nötigen sprachlichen Rüstzeug auszustatten.
Nicht alle Mitarbeiter sind gleich sprachbegabt und verfügen über
denselben Kenntnisstand, sodass sie unterstützende »Qualifizierung« benötigen. Annette B. vermittelt Wissen zu ganz unterschiedlichen Themen aus den Bereichen Management, Verwaltung
und Wirtschaft, wie »Richtig telefonieren auf Englisch«, »Business
Communication«, »Englisch/Russisch für Finanz- und Rechnungs-
wesen« oder »Verhandlungsführung auf Englisch/Russisch«. Ein
Kollege von ihr hat sich auf technische Themen spezialisiert, weil
er von der Ausbildung her Ingenieur ist. Für juristische Themen
wie »Vertragsgestaltung« schickt die Personalabteilung die Mitarbeiter auf externe Seminare. Neben der Vermittlung des Inhalts
liegt es Annette B. am Herzen, ihren Teilnehmern gute mündliche
Sprachfähigkeiten beizubringen. Ihrer Meinung nach ist es wichtig,
dass die Mitarbeiter flüssig sprechen und eventuell bestehende
Hemmungen vor dem Sprechen ablegen. Annette B. beklagt: »In

diesem Punkt sind Frauen meist etwas selbstkritischer und zurückhaltender. Leider wird heutzutage an den Schulen häufig nicht mehr so viel Wert auf Aussprache und Konversation gelegt, sodass viele Schulabgänger eine Fremdsprache zwar gut lesen können, sich jedoch im Alltag nicht ausdrücken können.« Annette B. empfiehlt, frühzeitig und möglichst häufig ins Ausland zu fahren und dort auch tatsächlich mit Muttersprachlern zu reden.

Da sie zu Beginn ihrer Berufstätigkeit über keinerlei Methodenwissen im Bereich Training verfügte, bildete sich Annette B. in ihrer Freizeit auf eigene Kosten weiter und erwarb das »Certificate in English Language Teaching to Adults« (CELTA). Das ist eine international anerkannte Lehrqualifikation der University of Cambridge. Sie hat sich weitere Grundlagenkenntnisse in Pädagogik angeeignet und interessiert sich für Methoden zur Persönlichkeitsbeschreibung wie MBTI (Myers-Briggs-Typenindikator). Seit einem Jahr bildet sie sich in Transaktionsanalyse weiter. Die Transaktionsanalyse[9] ist ein psychologisches Modell zum Beobachten, Beschreiben und Verstehen von Persönlichkeit und sozialen Beziehungen zwischen Individuen und sozialen Systemen. Annette B. erklärt: »Dadurch lerne ich das Verhalten von Menschen in und außerhalb von Unternehmen besser kennen und objektiver zu beurteilen.«

CELTA

Sprache und Menschen kennenlernen

Machen Sie viel Auslandserfahrung, um einerseits Ihre Sprachkenntnisse zu verbessern und andererseits interkulturelle Kompetenz zu erwerben. Bei einem schmalen Geldbeutel können Sie auch Stammtische, Lokale und Veranstaltungen von Muttersprachlern besuchen, vom »Irish Pub« bis zum karitativen »Mittagessen für russische Mitbürger«.

Annette B. legt ebenfalls Wert darauf, ihren Teilnehmern die Kultur und die Mentalität des anderen Landes näherzubringen. Da

---

9) www.dgta.de, Deutsche Gesellschaft für Transaktionsanalyse.

sie selbst mit einem US-Amerikaner verheiratet ist und längere Zeit im sonnigen Kalifornien gelebt hat, kennt sie die Mentalität dieses Volkes recht gut. Nach ihrer Schulzeit ist sie für ein halbes Jahr mit einer Freundin durch Australien getrampt. Interkulturelle Kompetenz, kurz IKK, so heißt die Fähigkeit, mit Menschen anderer Kulturkreise erfolgreich zu agieren[10]. In Zeiten der Globalisierung, in der unsere Welt näher zusammenrückt, wird es immer wichtiger, unser Gegenüber aus dem anderen Kulturkreis nicht nur sprachlich zu verstehen (lesen Sie zu diesem Thema auch das Kapitel »Berater für interkulturelle Kompetenz«, S. 117). Gerade im Geschäftsleben können Sie viele Missverständnisse vermeiden, wenn Sie die Kultur des anderen kennen. Dann sind Sie in der Lage, das Verhalten Ihres Geschäftspartners und seine Äußerungen vor diesem Hintergrund zu beurteilen. Wenn Sie wissen, wie eine Kultur aufgrund ihres gesellschaftlichen Systems traditionell denkt, sind Sie verständnisvoller und können besser einschätzen, wie jemand aus dieser anderen Kultur Geschäfte abwickelt und welche Prioritäten er bei Geschäften setzt. Annette B. gibt ein Beispiel: »Für manche gilt ›Time is money‹, in anderen Ländern ist es üblich, erst einmal einen guten Draht zum Geschäftspartner aufzubauen, und der frühe Sprung in Business-Details würde hier verprellen.«
Neben den Trainings fallen Annette B. noch andere Aufgaben zu. So fertigt sie Übersetzungen für Fachabteilungen an oder befasst sich mit Verwaltungstätigkeiten. Sie ist außerdem zusammen mit ihren Kollegen für die organisatorisch-verwaltende und für die fachliche Führung des Trainingscenters der Firma verantwortlich. Im Team ermitteln sie den bestehenden Bildungsbedarf, legen das Kursprogramm fest, kümmern sich um die Gewinnung und die fachliche Anleitung von (neuen) Trainern und verhandeln Honorare mit freiberuflichen Gasttrainern. Darüber hinaus erarbeiten sie schriftliche Seminarunterlagen für die jeweilige Trainingszielgruppe und testen neue Trainingsmethoden.

---

10) www.wikipedia.de.

Diese Eigenschaften und Fähigkeiten sollten Sie für diesen Beruf mitbringen:

- Sehr gute mündliche Ausdrucksfähigkeit
- Möglichst akzentfreie Aussprache auf muttersprachähnlichem Niveau
- Hohe didaktische Fähigkeiten und Methodenwissen im Bereich Training
- Neigung zum mündlichen Vortragen, öffentlichen Sprechen und Präsentieren
- Interkulturelle Kompetenz
- Großes Interesse an Menschen und an Wissensvermittlung
- Gutes Einfühlungsvermögen, Durchsetzungsstärke, Organisationstalent, Kontaktfähigkeit
- Neigung zu planender und organisierender Tätigkeit

Adressen, Tipps und Links

www.bildungsserver.de/jobboerse	Stellenbörse der Deutschen Gesellschaft für Erziehungswissenschaft im Deutschen Bildungsserver, Angebote im Bereich Pädagogik und Erziehungswissenschaft
www.fish4.co.uk/education/	Englischsprachiger Stellenmarkt für den Bildungsbereich. Angebote nahezu ausschließlich aus Großbritannien

Literaturübersetzer (w/m)

Ohne Literaturübersetzer wäre die Weltliteratur nur wenigen zugänglich und das Leben – nicht nur von literaturbegeisterten Menschen – um Vieles ärmer. Seit der Goethe-Zeit gilt Deutschland als klassisches Übersetzerland. Heute ist fast jedes zweite belletristische Buch eine Übersetzung. Der Dank für diesen Dienst an der Kultur fällt jedoch spärlich aus. Geringe Honorare, ausschließlich freiberufliche Tätigkeit und daher keine regelmäßigen Einkünfte,

100 Euro im Monat – nicht gerade üppig

keine soziale Absicherung, kaum positive Übersetzungskritik und mangelnde Anerkennung. Dafür die Garantie, dass Sie mit dieser Tätigkeit keinen Wohlstand erwerben. Übersetzer literarischer Texte werden schlecht bezahlt. Nach Angaben des Berufsverbandes VdÜ müssen Literaturübersetzer mit einem durchschnittlichen Bruttoeinkommen von 1000 Euro monatlich auskommen.[11] Ist also Literaturübersetzer ein Traumberuf mit albtraumhaften Arbeitsbedingungen? Ein anspruchsvoller Job für Anspruchslose und einsame Idealisten? Diese kritischen Aussagen mögen durchaus ihre Berechtigung haben. Doch wenn Sie ein kreativer Kopf sind und Fremdsprachen sowie Ihre Muttersprache lieben, Sie gern mit Stil und Bedeutung jonglieren und Ihren Beruf eher als Berufung statt als Mittel zum Gelderwerb sehen, dann kann Literaturübersetzen sehr wohl eine traumhafte und erfüllende Tätigkeit sein.

Was genau macht ein Literaturübersetzer?

Übersetzen oder übertragen?

Literaturübersetzer übertragen hauptsächlich sogenannte »schöne Literatur«, also Belletristik, schriftlich aus der Fremdsprache in die Muttersprache. Zum Arbeitsgebiet »Literatur« gehören neben der Belletristik noch weitere Genres wie Kinder- und Jugendbücher, Kriminalromane, historische Romane, Novellen, Kurzgeschichten, Fantasyromane, Theaterstücke, Kunstkataloge, Comics, Sachbücher und sogar Kochbücher. Dabei übertragen Literaturübersetzer nicht nur den Inhalt in ihre Muttersprache, sondern auch den Stil des Autors, damit der Charakter eines Textes erhalten bleibt. Literaturübersetzer sind fähig, den jeweiligen Text so zu übersetzen, dass er der Zielgruppe gerecht wird. Der Literaturübersetzer muss also unterscheiden können, ob der jeweilige Passus eine Eigenart der Sprache oder eine Eigenart des Autors ist. Die Textsorten in all diesen Büchern sind sehr unterschiedlich. Ein Jugendroman ist anders als ein Krimi und der wieder anders als ein historischer Roman. Der Literaturübersetzer muss sich den spezifischen Jargon, die in gewissen Genres übliche Sprache, erarbeiten.

---

11) www.literaturuebersetzer.de.

Das ist ein sehr breites Feld. Viele Literaturübersetzer spezialisieren sich deshalb im Lauf ihrer Berufsjahre auf ein bestimmtes Genre. »Es gibt aber auch Kolleginnen, welche die Abwechslung lieben. Das kenne ich selbst auch. Wenn ich mir an einem philosophischen Sachwerk die Zähne ausgebissen habe, bin ich froh, danach ein Jugendbuch zu übersetzen – und anders herum«, erzählt die Literaturübersetzerin Sonja Finck. Sie hat Literübersetzer an der Heinrich-Heine-Universität in Düsseldorf für Französisch und Spanisch mit Zielsprache Deutsch studiert. Zudem absolvierte sie ein Auslandssemester an der Universidad Complutense de Madrid im Rahmen des Romanistenprogramms des DAAD und lebte vor dem Studium ein Jahr lang in Frankreich.

Da Literaturübersetzer genauso wie Fachübersetzer ausschließlich im Bereich der schriftlichen Kommunikation tätig sind, ist ein perfekter sprachlicher Stil in der Muttersprache von zentraler Bedeutung. Literaturübersetzer brauchen zudem professionelles Handwerkszeug, um Literatur aus den unterschiedlichen Genres übertragen zu können. Zu diesem Handwerkszeug gehört auch die Fähigkeit, gezielt und effizient zu recherchieren. Was ist der Fock, die Rahe oder die Toppnant an einem Segelschiff? Wie nannte man im Mittelalter die verschiedenen Beinkleider? Vor solchen Fragen steht nicht nur der Sachbuchübersetzer, sondern häufig genug auch der Belletristikübersetzer. Bei der Suche nach einer Antwort ist das Internet eine unentbehrliche Informationsquelle. Literaturübersetzer müssen mit Suchmaschinen gut umgehen können. Dort finden sie die Informationen, die sie brauchen: vom Küchenjargon bis zu Fachbegriffen der Raumforschung. Es hängt vom Rechercheaufwand des Textes ab, wie intensiv das Internet gebraucht wird. »Wenn ich mehrere Tage ohne Internet arbeite, weil ich irgendwo bin, wo es keinen Anschluss gibt, funktioniert das nicht gut«, erzählt Sonja Finck. In den meisten Romanen oder Sachbüchern gibt es sehr viel zu recherchieren. Früher war das ein enormer Arbeitsaufwand für die Übersetzerin, denn sie musste immer in die entsprechende Bibliothek gehen und Fachbücher wälzen. Heute gibt es das Internet und das ist eine große

Das Internet als wichtigste und schnellste Informationsquelle

Zeitersparnis. Wenn das zu übersetzende Buch ein Krimi ist, recherchiert der Sprachmittler, wie Tatwaffen funktionieren. »Als studierte Literaturübersetzerin kenne ich mich nicht zwangsläufig mit großkalibrigen Waffen aus«, erklärt Sonja Finck. Dann sucht sie in entsprechenden Internetforen oder schreibt E-Mails an Experten und bittet um eine Erklärung des Unterschieds zwischen den einzelnen Schusswaffen. Ein schöner Nebeneffekt dieses Berufes ist, dass Literaturübersetzer quasi en passant in den unterschiedlichsten Bereichen ständig Neues dazulernen. Ein weiteres ganz wichtiges Handwerkszeug bleiben Wörterbücher und Lexika – eventuell auf CD-ROM. Die meisten Literaturübersetzer eignen sich im Laufe ihrer Berufsjahre eine stattliche Privatbibliothek an: ein- und zweisprachige Wörterbücher, historische Wörterbücher, Duden, Stilduden, Synonymwörterbücher, Bildlexika, Wortschatzsammlungen …

Wie werde ich Literaturübersetzer?

Viele Wege führen zum Literaturübersetzer. So wird beispielsweise an der Universität Düsseldorf der Studiengang »Literaturübersetzen« angeboten (www.phil-fak.uni-duesseldorf.de/lue). Auch ein Hochschulstudium der Linguistik, Anglistik, Romanistik, Literaturwissenschaft oder Übersetzungswissenschaft ist hilfreich. Zu empfehlen ist auch eine Ausbildung an einem Institut für Dolmetschen und Übersetzen oder ein Aufbaustudium »Literaturübersetzen«, wie es das Institut für Englische Philologie der Ludwig-Maximilians-Universität München anbietet (www.anglistik.uni-muenchen.de). Die Tätigkeit steht jedem offen, auch Quereinsteigern aus allen Bereichen, da der Berufstitel »Übersetzer« und damit auch »Literaturübersetzer« nicht geschützt ist.
Sonja Finck hat Literaturübersetzen studiert und schwärmt noch heute vom Inhalt dieses Studiengangs: »Es hat mir sehr geholfen, gewisse Anfängerfehler zu vermeiden. Manchmal höre ich von Kolleginnen, dass sie erst jahrelang ein eigenes Reflexionsvermögen entwickeln mussten, um gewisse Fettnäpfchen sprachlicher Art

oder im Kontakt mit den Verlagen zu vermeiden.« Der Düsseldorfer Studiengang ist europaweit der einzige Vollstudiengang im Fach Literaturübersetzen und wird ab dem Wintersemester 2008/09 als Master-Studiengang angeboten. Mona Wodsak, die Koordinatorin des Studiengangs, rät den zukünftigen Literaturübersetzern, »vor der Aufnahme oder während des Studiums einen mehrmonatigen Auslandsaufenthalt einzuplanen, der nicht nur zur Perfektionierung der Sprachkompetenz dient, sondern vor allem zur Erfahrung der >Kulturrealien< des jeweiligen Landes. Die Beherrschung der beiden Fremdsprachen muss – ebenso wie gutes Stilgefühl im Deutschen – bereits bei Studienbeginn vorliegen.« Die Ausbildung an der Uni Düsseldorf erfolgt in zwei Ausgangssprachen sowie der Zielsprache Deutsch. Als Ausgangssprachen können gewählt werden: Englisch (zwingend) sowie Französisch, Italienisch oder Spanisch – die auf dem Übersetzungsmarkt meistgefragten Sprachen. Die Vorlesungen zur Berufskunde waren für Sonja Finck besonders wertvoll, weil sie dort die Antworten auf Fragen bekam, die für Literaturübersetzer lebenswichtig sind: Wie funktioniert der Kontakt zu den Verlagen? Wie führe ich ein Auftragsgespräch mit einer Lektorin? Wie erstelle ich als Freiberufler eine Steuererklärung? Was muss in einem Vertrag drinstehen? Worauf muss ich achten? Was ist eine Normseite, nach der Literaturübersetzer bezahlt werden? Wie richtet man sie am Bildschirm ein? Wenn man – gerade als Berufsanfänger – keine Ahnung hat, wie man so eine Normseite abrechnet, wird man schnell über den Tisch gezogen. Sonja Finck erklärt: »Das ist eine sehr große Hilfe, weil man nicht ganz so blauäugig ins Berufsleben geht.«

Aufträge, Förderprogramme und Networking

Literaturübersetzer sind Freiberufler, das heißt, sie müssen ihre Aufträge und damit ihr Einkommen selbst akquirieren. Aufträge erhalten Literaturübersetzer fast ausschließlich von Verlagen und das ist meist die größte Herausforderung an diesem Beruf. Vieles läuft nur über Kontakte und diese gilt es erst einmal aufzubauen. Was auf jeden Fall hilft: bereits im Studium mehrere Praktika in Verlagen zu absolvieren und so Lektoren kennenzulernen.

 Praktika

Beweisen Sie Eigeninitiative und absolvieren Sie Praktika bei Verlagen. Machen Sie mehr als die im Studium vorgeschriebenen Praktika. Durch Praktika sammeln Sie wertvolle Praxiserfahrung und lernen Lektoren kennen. Sie bekommen die Chance zu zeigen, was in Ihnen steckt, und Lektoren nachhaltig auf Sie aufmerksam zu machen. Trauen Sie sich ruhig etwas zu!

Eine zweite gängige Akquisemöglichkeit ist, einem Verlag ein bislang unübersetztes Buch vorzuschlagen, das ins jeweilige Verlagsprogramm passt. Mit diesem Vorschlag liefern Sie eine Arbeitsprobe in Form einiger übersetzter Seiten (nicht mehr als zehn), meist vom Anfang des Buchs, und schlagen sich so gleich als Übersetzer dieses Projekts vor. Bringen Sie in diese Initiativbewerbung Ihre ganze Sorgfalt ein. Denken Sie immer daran, dass der Verlag nur über das Buch auf Sie als Übersetzer stoßen wird. Stellen Sie sich in Ihrem Anschreiben kurz und prägnant auf höchstens einer Seite vor. Beschreiben Sie aber vor allem das Buch und hoffen darauf, dass Ihre Arbeitsprobe überzeugt. Wichtig ist zudem, dass das vorgeschlagene Buch in das Verlagsprogramm passt, über das Sie sich in jedem Fall im Vorfeld informieren sollten.

Machen Sie auf sich aufmerksam

Ganz wichtig – vor allem bei den großen Sprachen – ist es, bei Verlagen angestellte Lektoren auf irgendeine Weise kennenzulernen. Suchen Sie auf Seminaren, Lesungen und größeren Veranstaltungen wie etwa der Leipziger oder der Frankfurter Buchmesse den persönlichen Kontakt zu Lektoren. Vereinbaren Sie vor dem Messebesuch unbedingt einen Termin mit dem Lektor, um sicherzustellen, dass Sie Gehör finden. Gehen Sie aktiv auf Fachleute zu. Die Erinnerung an ein Gesicht bleibt oft besser haften als eine schriftliche Bewerbung. Und auch in diesem Fall sollten Sie eine

Arbeitsprobe und ein unübersetztes Buch, das Sie dem Verlag vorschlagen, anbieten können. Mit leeren Händen nach dem Motto »Hallo, ich möchte für Sie arbeiten« vorstellig zu werden, bringt gar nichts.

Stipendien und Förderprogramme

In den letzten Jahren wurde eine Fülle von Stipendien und Preisen für Literaturübersetzer ins Leben gerufen. Wichtigste Anlaufstellen für projektgebundene Arbeits- und Reisestipendien sind der Freundeskreis zur internationalen Förderung literarischer und wissenschaftlicher Übersetzungen e.V. und der Deutsche Übersetzerfonds (DÜF, www.uebersetzerfonds.de). Vom Deutschen Übersetzerfonds erhalten ausgewählte Literaturübersetzer finanzielle Hilfen in Form von Stipendien. Ein weiteres Beispiel ist das dreimonatige Förderungsprogramm »Goldschmidt« für junge Literaturübersetzer (www.buchmesse.de/foerderprogramme).

Äußerst wichtig, um Austausch zu pflegen und an Aufträge zu kommen, ist das Networking unter Kollegen. Es empfiehlt sich, Büronetzwerke mit Kollegen zu etablieren, die in dieselbe Sprache übersetzen. Übersetzerstammtische, die teilweise auch von den Berufsverbänden organisiert werden, finden regelmäßig in diversen Städten der ganzen Republik statt. Hochburgen sind dabei Großstädte wie Berlin, Hamburg und München. Dort finden neben den monatlichen Treffen auch zahlreiche Fortbildungen, Veranstaltungen, Seminare und Lesungen statt. Der Kontakt zu den Kollegen ist auch deshalb so wichtig, weil Literaturübersetzen ansonsten ein sehr einsamer Beruf ist. Viele arbeiten zu Hause oder in einem kleinen Büro und sind allein mit ihrer Arbeit, ihrem Computer und ihren Büchern. Der Austausch mit Kollegen liefert fachlichen und zwischenmenschlichen Input. Sonja Finck berichtet von ihren Treffen mit Kolleginnen: »Wir arbeiten bei unseren monatlichen Treffs auch an Texten. Das sieht so aus, dass eine Kollegin einen Auszug aus ihrer aktuellen Übersetzung rumschickt und die anderen ihn sich ansehen. Beim Treffen diskutieren wir dann über die Übersetzungsschwierigkeiten. Gerade wenn man die

Ausbildung schon abgeschlossen hat, ist so etwas wichtig, um sich weiterzuentwickeln.«

 Diese Eigenschaften und Fähigkeiten sollten Sie für diesen Beruf mitbringen:

- Perfekte Kenntnisse der Muttersprache und stilistisches Sprachgefühl
- Sehr gute Kenntnisse der Fremdsprache sowie ein feines Gespür für die Sprache und Kultur des jeweiligen Herkunftslandes des Buches. Deshalb sind längere Auslandsaufenthalte wichtig, um die jeweiligen Sprachen und Kulturen kennenzulernen.
- Leidenschaft für Literatur und Lust, sich mit Sprache zu beschäftigen
- Kreativität und schöpferische Fantasie, um sich stets in neue Milieus und Charaktere einleben zu können
- Freude an der Detailarbeit, Tüftlermentalität, Ausdauer und sorgfältige Arbeitsweise
- Sehr gute Kenntnisse im Umgang mit dem PC (insbesondere Office und Internet)
- Unternehmerqualitäten, um Aufträge zu sichern, wie Kommunikationsstärke und Networking-Talent.

Adressen, Tipps und Links

www.euk-straelen.de	Europäische Übersetzer-Kollegium Nordrhein-Westfalen in Straelen e.V
www.literaturuebersetzer.de	VdÜ (Verband deutschsprachiger Übersetzer literarischer und wissenschaftlicher Werke e.V.)
www.bundesakademie.de/index.htm	Bundesakademie für kulturelle Bildung, Fachbereich Literatur

Übersetzer (w/m)/Fachübersetzer (w/m), freiberuflich

»Sprachkompetenz ist zu 10 Prozent Inspiration und zu 90 Prozent Transpiration«, so die sehr freie Übersetzung eines Zitats von Thomas Alva Edison.

Wollen Sie viel mit Menschen zu tun haben, im Team arbeiten, in Meetings Gedanken austauschen, Sachverhalte mit Ihrem Chef klären, einen Firmenwagen fahren? Dann können Sie hier schon die Lektüre dieses Kapitels beenden.

Wollen Sie viel allein arbeiten, die Bedeutung von Texten in einer Fremdsprache entschlüsseln, um gute Formulierungen in Ihrer Muttersprache ringen – und das alles oft unter gehörigem Termindruck? Dann lesen Sie ruhig weiter, eine Laufbahn als freiberufliche Übersetzer könnte für Sie die richtige sein.

Was genau macht ein (Fach-)Übersetzer?

Übersetzer übertragen schriftliche Texte in andere Sprachen. Die meisten Übersetzer übersetzen Fachtexte und spezialisieren sich auf bestimmte Sprachen und Fachgebiete wie Technik, Wirtschaft, Recht oder Naturwissenschaften. Eine weitere Spezialisierung erfolgt innerhalb des Sachgebiets, so ist das Sachgebiet »Recht« nicht gleich »Recht«. Es gibt Vertragsrecht, Familienrecht, Steuerrecht, Gesellschaftsrecht, um nur einige Untergliederungen zu nennen. Jedes Rechtsgebiet lässt sich wiederum in zahlreiche spezielle Themen unterteilen – genug Auswahl also für Übersetzer. In diesem Kapitel wird das Berufsbild des Übersetzers, der Fachtexte übersetzt, dargestellt. Deswegen wurde die Bezeichnung »Fachübersetzer« gewählt, um besser vom »Literaturübersetzer« und »Medienübersetzer« zu unterscheiden (Einzelheiten zu diesen Berufsbildern finden Sie in den entsprechenden Kapiteln).

Spezialisierung innerhalb eines Sachgebiets

Der Arbeitsalltag eines Übersetzers

Robert Leonhardt ist staatlich geprüfter Übersetzer für Wirt-
schafts- und Rechts-Englisch und arbeitet seit vielen Jahren als
freiberuflicher Übersetzer. Er kennt die Höhen und Tiefen dieses
Berufes ganz genau und schildert zwei Beispiele für den typischen
Arbeitstag eines freiberuflichen Übersetzers.

»Ich setze mich in der Früh an den Schreibtisch und führe die
Arbeit an einem größeren Auftrag fort, der in den nächsten Tagen
beim Kunden abgeliefert werden muss. Der Job ist übrigens
besonders aufwendig, denn es handelt sich um die deutsche
Adaption einer amerikanischen Broschüre mit einem festen Layout, in das auch der deutsche Text passen muss. Da der deutsche
Text 15 bis 30 Prozent länger wird, muss ich also extrem prägnant
formulieren und gegebenenfalls Streichungen dort vornehmen, wo
sie gefahrlos möglich sind. Ich werde durch einen Anruf unterbrochen – ein Kunde fragt an, ob ich für einen ›Schnellschuss‹ Zeit
hätte. (… schicke ich Ihnen per E-Mail gleich, ist nur eine Seite,
Herr Leonhardt, bis Mittag, ginge das?) Ich sage zu und warte auf
die E-Mail. Nach einer halben Stunde kommt der Job mit der
Bemerkung, dass der Text doch ein klein wenig länger ist (bei
genauerer Betrachtung: doppelt so lang). Ich mache mich an die
Arbeit, das Telefon klingelt: Ein englischsprachiger Kollege
braucht Hilfe, er versteht eine Passage in einem deutschen Text
nicht. Ich muss bestätigen, dass die Formulierung unverständlich
ist, gemeinsam suchen wir einen Ausweg aus der Misere. Dann
arbeite ich weiter am Eiljob, den ich gerade noch rechtzeitig
abliefern kann. Nun wende ich mich wieder meinem Tagesgeschäft
zu. Das Telefon klingelt: Ein Kunde braucht dringend ein Angebot
für die Übersetzung einer Website. ›Schauen Sie mal auf
www.xxxx.xx und schicken Sie uns dann ein Angebot.‹ Nach einer
Stunde habe ich mir einen Überblick über die ganzen Webseiten
verschafft und kann mich an die Kalkulation machen, die ich als
Excel-Sheet an den Kunden verschicke. Ich wende mich wieder
meinem Tagesgeschäft zu. Das Telefon klingelt: Mein Steuerbera-
ter benötigt dringend die Unterlagen für die Umsatzsteuererklä-

Mal „wegen Über-
füllung geschlossen"
– mal tote Hose

rung. Ich suche die Belege heraus und stecke sie in einen Umschlag. Fazit: Am Ende dieses Tages habe nur die Hälfte des Pensums in Bezug auf den größeren Übersetzungsauftrag geschafft, das ich mir vorgenommen hatte.«

Robert Leonhardt schildert einen ebenfalls typischen Arbeitstag einige Wochen später: »Ich habe nichts zu tun, ich sitze am Schreibtisch und surfe im Internet. Das Telefon: schweigt. Der E-Mail-Eingang: leer. Den ganzen Tag.« Auf das Jahr gesehen, ergibt sich eine Kombination der beiden geschilderten Arbeitstage als die Regel.

Bin ich geeignet?

Zu den wichtigsten Eigenschaften und gleichzeitig Erfolgsfaktoren eines Übersetzers gehören ein großes Interesse an der gewählten Fremdsprache sowie insbesondere an seiner Muttersprache, die er überdurchschnittlich gut beherrschen muss. Ein guter Übersetzer muss spielerisch mit Fremd- und Muttersprache umgehen können. Er jongliert mit Formulierungen und hat ein Gefühl auch für ganz feine sprachliche Nuancen, die im ursprünglichen Text enthalten sind. Er überträgt den Text, seinen Inhalt und Charakter »sauber« in die Zielsprache, also ohne dabei etwas zu unterschlagen oder hinzuzudichten. Manchmal sind es winzige Feinheiten, die einen Text entscheidend ausmachen und worin sich die Kunst des Übersetzens zeigt. Des Weiteren muss ein Übersetzer Spaß daran haben, fachliche und sprachliche Informationen zu recherchieren. Das alles wird abgerundet durch Beharrlichkeit, gute Nerven und Disziplin.

Robert Leonhardt erklärt: »Von größter Bedeutung sind jedoch Höflichkeit und professionelles Auftreten gegenüber dem Kunden. Denn zufriedene Kunden sind der wichtigste Erfolgsfaktor.« Die Erfahrung lehrt, dass die meisten Kontakte zu Neukunden durch vorhandene Auftraggeber entstehen. Die Akquisition von Neukunden durch Mailing- oder Telefonaktionen ist hingegen nur bedingt erfolgreich. Wichtig ist auch, einen guten Kontakt zu Kollegen zu

Zufriedene Kunden sind der wichtigste Erfolgsfaktor

pflegen. Dafür eignen sich besonders Übersetzerstammtische, Arbeitsgruppen, Mentoringprogramme und Veranstaltungen der entsprechenden Berufsverbände. Bereits während Ihrer Ausbildung können Sie als Studentenmitglied mit der Kontaktaufnahme beginnen. Je früher, desto besser! Schnuppern Sie einfach mal rein.

Wie werde ich (Fach-)Übersetzer?

»Übersetzer« ist in Deutschland keine geschützte Berufsbezeichnung. Daher kann sich theoretisch jeder, der meint, eine Sprache halbwegs zu beherrschen, so nennen. Aus diesem Grund findet sich unter Umstände auch unseriöse Konkurrenz. Knapp 70 Prozent aller in Deutschland tätigen Übersetzer besitzen jedoch einen fachlichen Abschluss.[12]
Eine echte Chance auf Festanstellung in einem Unternehmen oder von einem lukrativen Auftraggeber mit Übersetzungen beauftragt zu werden, haben Sie nur mit einem solchen Abschluss als Übersetzer. Die Situation für »Laien-Übersetzer« verschärft sich deutlich, da immer mehr Auftraggebern bewusst wird, in der Vergangenheit am falschen Ende gespart zu haben. Übersetzungsfehler verursachen Folgefehler, die bei Unternehmen zu finanziellen Verlusten in Millionenhöhe führen können. Für diese Übersetzungsfehler haftet der Übersetzer im schlimmsten Fall übrigens persönlich, sollte er nicht versichert sein!
In Deutschland gibt es zahlreiche Universitäten, (Fach-)Hochschulen und Fachakademien, die einen Studiengang für Übersetzer mit unterschiedlichen Abschlüssen, wie etwa Bachelor, Master oder Staatsprüfung, anbieten. Daneben bieten die Kultusministerien einiger Bundesländer und einige Industrie- und Handelskammern staatliche beziehungsweise staatlich anerkannte Prüfungen an, die Fachleuten anderer Gebiete wie beispielsweise Technikern, Ingenieuren, Juristen einen Berufseinstieg ermöglichen. Diese Prüfungen können Sie als »Externer« absolvieren, wenn Sie nachweisen können, dass Sie über das entsprechende Know-how verfügen.

12) 67 Prozent laut: ADÜ Nord Statistik, MDÜ 2/05.

Nähere Informationen dazu erteilen die zuständigen Kultusministerien. Die AKAD, die größte private Fernhochschule in Deutschland (www.akad.de), bietet Fernstudiengänge (mit Präsenzseminaren) zum staatlich geprüften Übersetzer in diversen Sprachen an.

Um sich in dem Dschungel der unterschiedlichen Abschlüsse zurechtzufinden, überlegen Sie sich vor Studienbeginn ganz genau, welche Richtung Sie beruflich einschlagen möchten und welches Know-how Sie dafür mitbringen müssen. Prüfen Sie dann eingehend die Angebote und Curricula der einzelnen Ausbildungsstätten. Sie unterscheiden sich hinsichtlich der Sprachen und der Fachgebiete. Zum Teil werden die Sprachen und Sachfächer nur in bestimmten Kombinationen angeboten. Setzen Sie sich daher bereits vor Studienbeginn mit dem angestrebten Studienabschluss, seinen Vor- und Nachteilen auseinander. Oft ebnet die Wahl der Ausbildungsstätte bereits den Weg in den einen oder anderen Job – oder eben auch nicht. Im Vergleich zum Universitätsstudium ist eine Ausbildung an einem Fremdspracheninstitut eher praxisorientiert. Allerdings haben Absolventen ohne Master-Abschluss einer bestimmten Universität häufig eher schlechte Chancen auf eine Festanstellung bei (internationalen) Behörden sowie EU-Gremien. Einige dieser Institutionen bevorzugen die Absolventen der renommierten Universitäten wie Mainz/Germersheim (lesen Sie hierzu auch die Anforderungen der einzelnen Arbeitgeber im Kapitel »Berufe bei Behörden, Ministerien und internationalen Organisationen«, S. 163). Bitte beachten Sie dies bei der Entscheidung für und gegen einen Bachelor- beziehungsweise Master-Titel. Ein Bachelor-Abschluss wird häufig als ausreichend erachtet, wenn der Bewerber über eine fachliche Qualifikation in Form einer Berufsausbildung oder eines (abgeschlossenen) Fachstudiums wie Rechts- oder Wirtschaftswissenschaften verfügt. Wenn Sie sich eine große Wahlmöglichkeit offenhalten und eventuell später promovieren wollen, sollten Sie an eine Universität gehen.

Wahl der Sprache und des Sachfachs/Fachgebiets

- Studieren Sie die Sprachen und Sachfächer, bei denen Sie mit Herz dabei sind.
- Englisch ist nach wie vor die wichtigste Sprache. Daher sollten Sie Ihre Englischkenntnisse nebenbei pflegen, auch wenn Sie sich für eine andere Sprachkombination im Studium entscheiden.
- Bei Englisch als Hauptsprache ist es eine Überlegung wert, ob Sie statt einer (oder mehrerer) Zusatzsprache(n) ein weiteres Sachfach wählen.

Der Einstieg in den Beruf

Übersetzer sind tätig als Angestellte, Beamte oder Freiberufler in der Wirtschaft, bei Behörden und internationalen Organisationen. Von einem direkten Einstieg in die Freiberuflichkeit unmittelbar nach Ende der Ausbildung ist abzuraten, weil dies nur selten von Erfolg gekrönt ist. Da Stellen für fest angestellte Übersetzer ohne Hochschulabschluss ebenfalls rar sind, passiert es (häufig), dass Übersetzerinnen (vorübergehend) im Sekretariat landen und sich ihre männlichen Kollegen anfänglich ebenfalls mit Hilfsjobs über Wasser halten müssen. So war es auch bei Robert Leonhardt, der nach Abschluss seiner dreijährigen Ausbildung zunächst als Rezeptionist jobbte und sich mit kleineren Aufträgen von Übersetzungsagenturen durchschlug.

Tipp für Einsteiger – Übersetzungsagenturen

Übersetzungsagenturen bieten eine gute Möglichkeit für Berufsanfänger, erste »professionelle« Erfahrungen in der Übersetzungsbranche zu sammeln. Die Agenturen haben oft einen großen und namhaften Kundenstamm, sodass Sie anhand echter Texte üben können und ein Gespür für das Fachgebiet bekommen.
Klären Sie mit der Agentur ab, dass Sie eine Korrektur Ihrer Übersetzung inklusive Nachbesprechung erhalten. So verbessern Sie schrittweise Ihre Übersetzungskompetenz. Neben Erfahrung können Sie allerdings nicht viel sammeln – die Agenturen zahlen nicht viel.

Für alle Übersetzer gilt, dass es entscheidend ist, sich einen Differenzierungsfaktor zu suchen. Nischen und Alleinstellungsmerkmale sind wichtig, kurz: alle Fähigkeiten, die helfen, sich von der Masse abzuheben und sich somit einen Namen auf dem Markt zu machen. Robert Leonhardt spezialisierte sich beispielsweise auf die Adaption von öffentlichkeitswirksamen Texten, also Hochglanzbroschüren, Anzeigen, Pressemitteilungen, Webseiten und so weiter. Um hier erfolgreich zu sein, musste er noch eine weitere ganz wichtige Sprachkompetenz verfeinern und perfektionieren: die Beherrschung der eigenen Muttersprache. Mit dieser Tätigkeit verdient er heute sein Geld.

Tipps vom Profi für Berufsanfänger:

- Übersetzen Sie nur in Ihre Muttersprache(n), niemals in die Fremdsprache (Ausnahme: ein Muttersprachler übernimmt das Abschlusslektorat).
- Arbeiten Sie ständig und kontinuierlich an Ihrer muttersprachlichen Kompetenz.
- Pflegen Sie Ihre Kontakte zu Kunden sehr sorgfältig – Ihre Kunden sind Ihre wichtigste Werbung.
- Bei den »großen« Sprachen (Englisch/Französisch/Spanisch/Italienisch) ist es zwingend notwendig, sich fachlich zu spezialisieren und eine Nische zu finden.
- Bei den »kleinen« Sprachen müssen Sie häufig damit leben, dass Sie fast jeden Auftrag annehmen müssen, der kommt. Die Folge ist oft ein entsprechend geringer Stundensatz, weil Sie in jeden Auftrag viel Zeit investieren müssen, um sich in neue Themen einzuarbeiten.
- Erkennen Sie Ihre eigenen Grenzen und lehnen Sie einen zu komplizierten Auftrag lieber ab, anstatt Unsinn abzuliefern.
- Networking mit Kollegen ist notwendig für die Klärung sprachlicher/fachlicher Verständnisprobleme sowie für gegenseitige Urlaubsvertretungen und Weitergabe von Jobs bei Überlastung.
- Gutes Zeitmanagement – ein vom Kunden gesetzter Termin ist kein Vorschlag, sondern Gesetz, also unbedingt einhalten!
- Unterschätzen Sie nicht die Arbeitsbedingungen – Übersetzen ist ein eher einsamer, stiller Beruf.

Selbst nach erfolgreichem Einstieg in das Berufsleben als Übersetzer und jahrelanger Erfahrung gilt die Devise: Lebenslanges Lernen! Bilden Sie sich fort – das ist ein entscheidender Qualitätsfaktor. Wenn Sie erst in der Berufspraxis stehen, müssen Sie sich ohnehin oft ganz von vorn wieder in verschiedene Fachgebiete einarbeiten. Dann erst beginnen Sie sich zu spezialisieren. Übersetzer müssen zu wahren Experten auf ihrem Fachgebiet werden. Es kann daher sein, dass Sie sich auf das Sachfach, das Sie während der Ausbildung gelernt haben, im Beruf absolut spezialisieren und von einer ganz anderen Seite kennenlernen und erforschen. Es kann aber auch sein, dass Sie im Beruf mit einem ganz anderen Fachgebiet zu tun haben. Außerdem ändert sich der Stand der Technik ständig, wer da nicht stets up to date ist, hat das Nachsehen. Die Berufsverbände, allen voran der BDÜ, bieten daher ein umfangreiches Weiterbildungsangebot für ihre Mitglieder an.

Kurze Statistik rund um den Beruf des Übersetzers

Fachübersetzungen fallen in vielen Themenbereichen an – von Abwasserbehandlung bis Zwölftonmusik. Typische Textsorten sind: Bedienungsanleitungen, Produktbeschreibungen, Geschäfts- und Finanzberichte, Fachaufsätze, Verträge, Vorschriften und Gesetze, Normen und Patente. Spezialisierung ist daher unverzichtbar. Laut einer Umfrage des ADÜ-Nord[13] ist die Verteilung der Übersetzer auf die Fachgebiete wie folgt: 61 Prozent Technik, 53 Prozent Wirtschaft und Finanzen, 49 Prozent Recht, 49 Prozent Marketing und Werbung, 44 Prozent Informationstechnologie; 13 Prozent arbeiten auch als Literaturübersetzer im Bereich Belletristik.

Fazit

Deutschland ist eine Export- und Reisenation – nur zwei von vielen Gründen, warum gute Übersetzungen auch in Zukunft stark

---

13) Mitteilungen für Dolmetscher und Übersetzer, MDÜ 2/05.

Die Universität Heidelberg[14] hat folgende Ergebnisse über die Wahl der Sprache hervorgebracht:

Sprachen	Selbstständige Übersetzer	Angestellte Übersetzer
	Prozent	Prozent
Englisch/Amerikanisch	68,6	74,5
Französisch	45,2	44,1
Spanisch	14,3	21,6
Italienisch	13,8	11,8
Andere romanische Sprachen	5,2	7,8
Russisch	7,6	4,9
Andere slawische Sprachen	9,0	1,0
Niederländisch/skandinavische Sprachen	8,6	2,9
Sonstige Sprachen	10,0	6,9

nachgefragt sein werden. Die Anforderungen an Übersetzer sind hoch, das Berufsbild ist sehr facettenreich, das Image oft gering und die Konkurrenz auf dem Markt sehr groß. Doch für viele ist Fachübersetzer ein absoluter Traumberuf, so wie für Robert Leonhardt, der schwärmt: »Als Übersetzer erweitere ich täglich mein Wissen – ich entdecke neue Wörter, neue idiomatische Wendungen, neue Fachbegriffe in der Fremdsprache sowie in der Muttersprache. Und auch fachlich lerne ich mit jedem Text Neues hinzu. So habe ich mir ein umfangreiches Fachwissen in Informa-

Das eigene Wissen täglich erweitern

---

14) www.cl.uni-heidelberg.de/kurs.

tions- und Kommunikationstechnik sowie Marketing und Werbung angeeignet.«

 Diese Eigenschaften und Fähigkeiten sollten Sie für diesen Beruf mitbringen:

- Sprachkompetenz: perfektes Beherrschen der Muttersprache und mindestens einer Fremdsprache sowie zumindest passiv gute Englischkenntnisse
- Übersetzungskompetenz: Fähigkeit, Sachverhalte inhaltlich und fachsprachlich korrekt aus der Ausgangssprache in die Zielsprache zu übertragen
- Fachkompetenz: Fachwissen in mindestens einem Sachgebiet
- Technische Kompetenz: Beherrschen von Kommunikationssoftware und TMS
- Hohes Maß an Selbst- und Zeitmanagement sowie Arbeitsorganisation
- Flexibilität und Belastungsfähigkeit
- Permanente Lernbereitschaft

Adressen, Tipps und Links

Die Vielzahl der bestehenden Ausbildungs- und Studienmöglichkeiten macht es unmöglich, eine vollständige und aktuelle Übersicht wiederzugeben. Ich empfehle Ihnen daher, sich direkt auf den Internetseiten der Hochschulen, die im Kapitel »Mitarbeiter (w/m) im Sprachendienst des Auswärtigen Amtes«, S. 170, aufgeführt sind, über die angebotenen Studiengänge zu informieren. Weitere Links zu Berufsverbänden finden Sie im Kapitel »Dolmetscher/ Konferenzdolmetscher, freiberuflich«, S. 45.

www.xlatio.de	Gute Darstellung der Tätigkeit und Ausbildung von Übersetzern und Dolmetschern
www.bdue.de	Online-Auftritt des Fachverbands der Berufsübersetzer und Berufsdolmetscher e.V.
www.transforum.de	Zahlreiche hilfreiche Informationen zu Ausbildung, Berufsbild und Zukunft der Sprachmittlerberufe

www.vued.de	VÜD-Verband der Übersetzer und Dolmetscher e. V. Membre de la Fédération Internationale des Traducteurs (FIT) Paris
http://uepo.de/	Zahlreiche Informationen rund um Beruf, Karriere und Kontakte
www.GoTranslators.com	Kundenakquise
www.akad.de	Fernstudium: Übersetzer an der AKAD
www.proz.com	Internationales Übersetzungsportal, täglich Vielzahl von Ausschreibungen, zahlende Mitglieder

6 Berufe in Wirtschaft, Verwaltung und Justiz

Markensachbearbeiter (w/m)

Sie erledigen gern eine Aufgabe nach der anderen? Rechtliche Fragestellungen wie »Muss die Vollmacht durch eine Apostille überbeglaubigt werden?« langweilen Sie? Sie werden bei Ihrer Arbeit nicht gern von Anrufen und eingehenden E-Mails unterbrochen? Wenn Sie diese Fragen mit »Ja« beantwortet haben, dann brauchen Sie nicht weiterzulesen, denn der Beruf des Markensachbearbeiters dürfte für Sie nicht geeignet sein.
Wenn Sie hingegen

- scheinbar acht Arme haben, die Sie auch noch mit Multitasking-Geschick einsetzen können,
- aufdrehen, wenn andere schon abschlaffen und das Handtuch werfen, und
- sich gern in rechtliche Themen selbstständig einarbeiten,

dann bietet Ihnen die Tätigkeit als Markensachbearbeiter ein abwechslungsreiches und interessantes Arbeitsgebiet. Kreative und »kühle« Köpfe können sich hier richtig austoben. Einsatzgebiete für Markensachbearbeiter sind Kanzleien für Marken- und Patentrecht, Behörden wie das Deutsche Patent- und Markenamt (DPMA) in München, Verbände und große Wirtschaftsunternehmen.

Was genau macht ein Markensachbearbeiter?

Markensachbear-
beiter – Betreuung
von der „Geburt"
bis zum Ende

Dem Markensachbearbeiter stellen sich täglich neue Herausforderungen, auf die er individuell reagieren muss und für die es kein Lehrbuch gibt. Das Aufgabengebiet variiert dabei von Arbeitgeber zu Arbeitgeber. Markensachbearbeiter in Kanzleien haben andere Tätigkeiten als solche in Unternehmen. Das Aufgabengebiet ist auch stark geprägt von der Unternehmenskultur, der Firmenstruktur und dem jeweiligen Vorgesetzten. Der besondere Reiz resultiert vor allem aus der Zusammenarbeit mit den Ansprechpartnern aus unterschiedlichen Abteilungen, Ämtern, Behörden, Kanzleien und Unternehmen. Generell kann man sagen, dass Markensachbearbeiter in Kanzleien den Anwälten bei rechtlichen Dienstleistungen wie Markenanmeldungen zuarbeiten. Sie holen Informationen und Input von externen Stellen wie Behörden ein und sind somit das Bindeglied zwischen Rechtsanwälten und Ämtern. Zum Teil übernehmen sie die Anmeldung von Marken selbstständig und reichen diese bei den zuständigen Stellen ein. Markensachbearbeiter verwalten Informationen über Marken und bearbeiten Angelegenheiten, welche die Anmeldung und den Erhalt von Marken betreffen. Sie betreuen eine unterschiedlich große Anzahl von Marken von deren Anmeldung und Registrierung über deren Verlängerung bis hin zur eventuellen Aufgabe einer Marke. Eine Tätigkeit besteht beispielsweise darin, Marken-, Firmen- und/oder Domainnamen zu recherchieren. Diese Recherchen über schon bestehende Markennamen geben die Sachbearbeiter häufig an Kanzleien und Firmen weiter, die sich auf diese Recherchen spezialisiert haben. Susanne Suárez, Markensachbearbeiterin in einem großen internationalen Unternehmen in München, übernimmt manchmal auch einen Teil der Recherche selbst. Das DPMA sowie viele andere europäische und internationale Institutionen haben auf ihrer Homepage eine Datenbank. Dort kann man abfragen, ob es diesen oder ähnliche Namen bereits gibt, und dadurch Konflikte mit anderen Marken vermeiden (sogenannte Kollisionsrecherche).

Markensachbearbeiter sind insbesondere verantwortlich für die formgerechte Anmeldung von Marken, deren Aufrechterhaltung und die Kontrolle der verschiedenen Fristen. Eine registrierte Marke kann beispielsweise alle zehn Jahre verlängert werden. Vorausgesetzt, der Markeninhaber nützt die Marke noch für die angemeldeten Waren und/oder Dienstleistungen. Dann zahlt er die Verlängerungsgebühr beim Patent- und Markenamt ein und das Amt verlängert die Registrierung. Die Zahlung muss aber bis zu einem bestimmten Stichtag erfolgen, danach ist die Frist verstrichen. Nach diesem Zeitpunkt wird noch eine kurze Nachfrist gewährt. Ist bis dahin die Gebühr nicht bezahlt, ist es nicht mehr möglich, den Markennamen verlängert zu bekommen. Dann hat das Unternehmen die Markeneintragung verloren. Die Fristenkontrolle ist also eine sehr wichtige Aufgabe, von der viel abhängt. Der Markensachbearbeiter muss daher sehr sorgfältig die Fristen notieren und nachverfolgen. Tut er das nicht, kann er dem Unternehmen hohe Verluste verursachen.
Susanne Suárez erzählt: »In dem Unternehmen, in dem ich arbeite, wird mit verschiedenen Kanzleien kooperiert. Diese übernehmen für uns auch die Nachverfolgung der Fristen und erinnern uns daher rechtzeitig an die notwendigen Aktionen, zum Beispiel das Einzahlen von Verlängerungsgebühren oder internationalen Eintragungsgebühren bei ausländischen Patent- und Markenämtern.« Daraufhin wird Susanne Suárez selbst tätig, denn sie muss bis zu diesem Stichtag die notwendigen Informationen einholen, unter anderem, ob die Marke überhaupt verlängert werden soll. Dies erfragt sie bei der jeweiligen Fachabteilung wie beispielsweise der Vertriebsabteilung der Niederlassung in Mexiko. Erhält sie aus dieser Abteilung keine Information, schickt sie einen »Reminder«, um an die Angelegenheit noch einmal zu erinnern. Diese Kontakte unterhält sie mit den deutschen wie auch ausländischen Unternehmen des Konzerns und dabei ist es oft notwendig, E-Mails in englischer oder spanischer Sprache zu verfassen. Ab und zu kommt es auch vor, dass die Fachabteilung auf den Reminder nicht reagiert und es notwendig ist, an die Angelegenheit erneut zu

erinnern. Dann versucht sie, um ihre Information pünktlich zu bekommen, die Kollegen im In- oder Ausland telefonisch zu erreichen. Manchmal muss sie dem Ansprechpartner schon auf die Füße treten, um die Informationen zu erhalten, die sie zur weiteren Bearbeitung braucht.

In internationalen Unternehmen ist es oft notwendig, dass Markensachbearbeiter die Korrespondenz mit den Abteilungen, Firmenniederlassungen und Anwälten in Deutsch, Englisch oder einer anderen Sprache führen. Außerdem unterhalten sie möglicherweise auch direkte Kontakte zum Deutschen Patent- und Markenamt, zum Harmonisierungsamt in Alicante/Spanien (Behörde für Anmeldungen innerhalb der Europäischen Union), zur WIPO (World Intellectual Property Organization) in Genf sowie zu anderen Behörden und Ämtern. Dieser Kontakt erfolgt meist auf dem schriftlichen Weg, per Brief, Fax oder E-Mail.

Wie werde ich Markensachbearbeiter?

Die beste Voraussetzung für diesen Beruf ist eine abgeschlossene Ausbildung zur/zum Patent- oder Rechtsanwaltsfachangestellten. Beide Ausbildungen dauern jeweils drei Jahre. Grundsätzlich ist keine bestimmte Vorbildung für den Lehrbeginn vorgeschrieben. Die meisten Rechtsanwälte erwarten mindestens Mittlere Reife. Bessere Chancen haben Sie mit Hochschulreife.

Ausbildung zum/zur Patentanwaltsfachangestellten

Patente sind etwas anderes als Marken, doch bringen Sie mit einer Ausbildung zur/zum Patent- oder Rechtsanwaltsfachangestellten eine ausgezeichnete Basis mit und können Ihr Wissen später auf Marken ausweiten. Gerade Patentanwaltsfachangestellte sind auf dem Arbeitsmarkt sehr begehrt und daher wird ihre Arbeitsleistung auch häufig gut entlohnt. Im Rahmen der Ausbildung zur/zum Patentanwaltsfachangestellten können Sie bis zu einem Viertel der gesamten Ausbildungsdauer im *Ausland* absolvieren. Achten Sie bereits vor Unterzeichnung des Ausbildungsvertrages darauf, dass Sie Auslandsaufenthalte in Ihrem Vertrag vereinbaren, wenn Sie das wünschen.

Auch sollten Sie sich im beruflichen Umfeld wohlfühlen. In Rechts-
anwaltskanzleien arbeiten sehr viele Juristen, Referendare, Dokto-
randen – Leute, die Rechtswissenschaften studiert haben. Patent-
anwälte sind jedoch – auch wenn der Name anderes vermuten lässt
– Ingenieure oder Naturwissenschaftler mit einer juristischen
Zusatzausbildung. Das heißt, Patentanwälte sind häufig Chemiker,
Physiker, Biologen oder Ingenieure der Elektrotechnik, des Maschi-
nenbaus oder der Metallurgie. Das sind ganz unterschiedliche
Bereiche und daher auch ganz unterschiedliche Arbeitsweisen.
Viele sagen, dass Naturwissenschaftler etwas »lockerer« seien als
Juristen – machen Sie sich selbst ein Bild.

Bonus: Juristisches Wissen

Als Markensachbearbeiter ist es wichtig, nicht nur Fremdsprachenkenntnisse mitzubringen. Sie müssen auch Wissen im Marken-
recht haben. Dieses erwerben Sie, wenn Sie beispielsweise eine
Ausbildung zur/zum Rechtsanwalts- oder Patentanwaltsfachangestellten abgeschlossen haben. Markensachbearbeiter ist eine zukunftsträchtige Job-Möglichkeit für Diplom-Juristen (Absolventen
mit erstem juristischem Staatsexamen) und Studienabbrecher im
Bereich Jura. Dann besitzen Sie das nötige fachliche Know-how für
diesen Job.
Neben »Recht« ist noch der technische oder naturwissenschaftli-
che Bereich von Bedeutung – je nachdem, in welchem Ihr Arbeitgeber tätig ist. Auch aufgrund der Globalisierung werden von vielen
Firmen bereits Sprachkenntnisse in zwei Fremdsprachen gefordert.

Welche Fremdsprachenkenntnisse benötige ich?

Die für Markensachbearbeiter wichtigsten Fremdsprachen sind
üblicherweise Englisch, Französisch und Spanisch. Wenn die verschiedenen Geschäftsbereiche des Unternehmens, in dem Sie arbeiten, im In- und Ausland liegen, ist hauptsächlich Englisch Arbeitssprache. Das bedeutet, ein Großteil Ihrer Arbeit vollzieht sich
mündlich wie schriftlich ausschließlich auf Englisch. Das ist heutzutage in vielen Unternehmen so. Gerade auch Unternehmen, die mit

**Englisch als
Konzernsprache**

einem ausländischen Unternehmen eine Fusion eingegangen sind oder die aus dem Ausland stammen, ist die Konzernsprache, also die Alltagssprache im Unternehmen, Englisch. Das hat als Konsequenz für die tägliche Arbeit, dass alle Schriftstücke und Dokumente gleich auf Englisch geschrieben werden und gar nicht mehr übersetzt werden müssen. Dies würde aufgrund der Menge der Daten den Ablauf sehr verzögern und eventuell Fristen gefährden.

Rechtsterminologie

Die sprachliche Herausforderung liegt darin, dass Sie Fachenglisch benötigen, nämlich rechtliches Vokabular. Um die Inhalte der rechtlichen Fragestellungen und Dokumente, die von den Patentanwälten kommen, zusammenfassen und weitergeben zu können, müssen Sie als Markensachbearbeiter die Texte verstehen. Das können Sie nur, wenn Sie einen englischen Fachwortschatz besitzen und die Dokumente sowohl von der sprachlichen als auch von der rechtlichen Seite verstehen. Rechts-Englisch lernt man jedoch nicht in der Schule und auch nicht in der Ausbildung – außer Sie studieren Übersetzer mit Fachrichtung Recht. Von daher sollten Sie

**Rechts-Englisch
„Legal English"**

sich – wenn Sie Interesse für die juristische Materie haben – auf eigene Initiative weiterbilden. Besuchen Sie Kurse für »Legal English«. Es gibt dafür einige wenige Anbieter, beispielsweise *Management Circle, Forum Institut* oder die *Deutsche Anwaltakademie*. Diese Kurse sind oft sehr hochpreisig, sodass nicht jeder diese Investition tätigen kann und mag.

Eine wesentlich preisgünstigere Alternative ist, wenn Sie juristische Romane wie die von *John Grisham* auf Englisch lesen oder als Audiobuch hören. Diese Bücher enthalten viel Fachvokabular, das Sie sich im Eigenstudium beibringen können. Wenn Sie Sachbücher bevorzugen, greifen Sie zu englischen Fachbüchern über das englische, amerikanische oder französische Rechtssystem. Zu empfehlen sind die juristischen Skripten von *Alpmann Schmidt*. Lesen Sie außerdem im Internet Seiten von deutschen und ausländischen Kanzleien, Anwälten oder Behörden, die oft mehrsprachig aufgebaut sind. Wenn Sie sich für den Patentbereich interessieren, so bietet die Homepage des Europäischen Patentamts (www.epo.org) eine wahre Schatzkammer für einschlägiges Vokabular. Die Homepage ist dreisprachig (Englisch, Deutsch und Französisch) aufgebaut und so können Sie zahlreiche einschlägige Vokabeln lernen, ohne diese nachschlagen zu müssen. Drucken Sie sich die Seiten aus und vergleichen Sie die Terminologie. Nutzen Sie auch die Chance, Gerichtsverhandlungen mitzuerleben, wenn Sie im Ausland sind. Viele Orte haben Gerichtshäuser, in denen Sie öffentliche Verhandlungen besuchen können. Verzweifeln Sie nicht, wenn Sie anfangs nicht so viel verstehen – auch ausgebildeten Übersetzern und Dolmetschern geht es am Anfang ähnlich. Das klingt jetzt vielleicht alles sehr anspruchsvoll, doch es ist absolut erlernbar! »Es sollte sich keiner erschrecken lassen wegen der Fachsprache. Die erlernen Sie im Laufe der Berufstätigkeit. Ich beherrschte sie am Anfang auch nicht so wie heute«, beruhigt Susanne Suárez.

Diese Eigenschaften und Fähigkeiten sollten Sie für diesen Beruf mitbringen:

- Sehr gute Englischkenntnisse
- Ausgeprägtes Interesse am Rechtswesen und an juristischen Sachverhalten; Interesse, sich in diese Materie einzuarbeiten und auf dem Laufenden zu halten
- Interesse an Büroarbeit und Spaß an viel »Papierkram«
- Sorgfältiges Arbeiten, ordentliches Führen von Ordnern, Akten und der Ablage
- Vernetztes Denken, da der Markensachbearbeiter oft das Bindeglied zwischen Kanzleien und verschiedenen Abteilungen ist und das große Ganze, einschließlich der Fristen, im Auge haben muss
- Freude an engagierter und verantwortungsvoller Arbeit sowie die nötige Souveränität, wenn es hin und wieder hektisch zugeht

Adressen, Tipps und Links

www.dpma.de	Deutsches Patent- und Markenamt
www.wipo.int	World Intellectual Property Organization
http://oami.europa.eu/de	Harmonisierungsamt für den Binnenmarkt
www.bmwi.de	Internetauftritt des Bundesministeriums für Wirtschaft und Technologie; Kurzbeschreibung einiger Ausbildungsberufe unter »Ausbildung und Beruf«
www.hs-magdeburg.de	Weiterbildendes Studienprogramm Dolmetschen und Übersetzen für Gerichte und Behörden.

Mitarbeiter (w/m) im Corporate Language Management der Daimler AG

In einem weltweit agierenden Konzern wie Daimler sind Fremd-sprachenkenntnisse unverzichtbar. Doch Sprachfertigkeit allein genügt nicht. Die Themen Fachübersetzung und Übersetzungs-prozesse spielen eine maßgebliche Rolle. Hinzu kommen spezielle Kompetenzen, die Sie besonders in einem Großkonzern mitbringen müssen. Bei Daimler ist der Bereich Corporate Facility Manage-ment (CFM) Gestalter und Manager zentraler Dienstleistungslö-sungen im Unternehmen. Die Verantwortung für die Gestaltung der internationalen multilingualen Kommunikation und alle unter-nehmensinternen Sprachdienstleistungen weltweit trägt dabei die Abteilung Corporate Language Management (CFM/LM). Die Leistungen der Abteilung umfassen Übersetzen, Dolmetschen, Synchronisation und Lektorat im gesamten Produktlebenszyklus des Fahrzeugs. Johannes Bursch, Leiter Corporate Language Management, erläutert: »In der Öffentlichkeit herrscht oft ein völlig falsches Bild von Sprache und Sprachberufen. Wenn Sie in einem Großkonzern Ihren Weg sehen, dann brauchen Sie Sprach-, Prozess- und Inhaltskompetenz.«

Die drei Schlüsselkompetenzen

Um im Language Management eines Großkonzerns Fuß zu fassen, brauchen Sie weitreichende Fähigkeiten auf den drei erwähnten Kompetenzfeldern. Und mehr als das. Zunächst müssen Sie über die notwendige *Sprachkompetenz* verfügen, also die Fremdsprache(n) wie die eigene Muttersprache beherrschen. Die Fremdsprache ist dabei sowohl Ausgangs- als auch Zielsprache. Das bedeutet, Sie übersetzen oder dolmetschen von der Fremdsprache (Ausgangssprache) in die Muttersprache und von der Muttersprache in die Fremdsprache (Zielsprache). In diesem Zusammenhang ist es unerlässlich, dass Sie Deutsch perfekt beherrschen. Und dass Sie genau wissen, worüber Sie schreiben oder sprechen (Inhaltskompetenz in der Mutter- und in der Fremdsprache). Sie müssen wissen, mit welchen Technologien heute übersetzt wird. Die Frage der *Inhaltskompetenz* klingt zunächst banal. Sie müssen den Inhalt des Textes oder des Gesprächs verstehen – na und? Doch Vorsicht: Es werden komplexe Fachtexte aus allen Unternehmensbereichen, im Schwerpunkt aber Automobiltechnik, übersetzt. Es geht dabei unter anderem um Entwicklungs- und Produktionsprozesse, Betriebsanleitungen oder Wartungsinformationen. Wer Technik übersetzen will, muss Technik inhaltlich verstehen und sich idealerweise dafür interessieren. Bei Daimler ist Technik das übergeordnete Thema. 80 Prozent der Texte haben einen technischen Inhalt. Die anderen Konzernfunktionen wie Einkauf, IT, Controlling, Accounting, Marketing und Recht machen zusammen die restlichen 20 Prozent aus. Auf mindestens einem dieser Themengebiete ist der Mitarbeiter inhaltlich ein Fachmann – eben auch in der Fremdsprache. Außerdem ist Kompetenz im sogenannten *Übersetzungsprozess* notwendig. Damit ist unter anderem die Kenntnis der gängigen »Tools«, die in der Übersetzungsbranche Stand der Technik sind (Translation Memory Systems, TMS), gemeint (lesen

Sprachkompetenz

Inhaltskompetenz

Übersetzungskompetenz

Sie zum Thema TMS auch die Kapitel »Projektmanager«, S. 99, und »Softwarelokalisierer«, S. 149). Die zu übersetzenden Texte werden nicht als Word-Dokumente verschickt, sondern in »Workflows«. In sogenannen Contentmanagement-Systemen (CMS) wird der Übersetzungsauftrag direkt verlinkt und somit online über das Mitarbeiter-Portal, das unternehmensinterne Internet, verschickt. CMS sind Softwareprogramme, welche die gemeinschaftliche Erstellung und Bearbeitung des Inhalts von Textdokumenten (Content) ermöglichen und organisieren. Daher müssen sich die Mitarbeiter mit Informationstechnologie wie XML auskennen und internetbasierte Technologien steuern können. Zum Übersetzungsprozess gehört ferner Fachkenntnis im Bereich Qualitäts- sowie Lieferantenmanagement, da die Übersetzungen zu fast 100 Prozent von externen Übersetzern, also Lieferanten, erstellt werden. Die Lieferantenauswahl und -befähigung sowie die Qualitätssteuerung ist damit die zentrale Aufgabe im operativen Tagesgeschäft der CFM/LM-Mitarbeiter.

Was genau macht ein Mitarbeiter im Corporate Language Management?

Das Aufgabengebiet bei Daimler ist breit gefächert. Sie gestalten und organisieren die oben beschriebenen Sprachprozesse in Kooperation mit der Informationstechnologie – und das multilingual. Sollten Sie eine rein übersetzerische Tätigkeit anstreben, würden Sie im Corporate Language Management des schwäbischen Automobilbauers also nicht glücklich werden. Es werden fast alle Übersetzungen an externe freiberufliche Übersetzer oder Übersetzungsagenturen vergeben. Wie sieht also ein Arbeitstag im Language-Management aus? Ein *ausgebildeter Übersetzer* im Corporate Language Management beurteilt die externen Übersetzer. Er überprüft (stichprobenartig) die übersetzten Texte und macht die Terminologiearbeit. Das heißt, wenn bestimmte Begriffe oder Zusammenhänge dem externen Übersetzer unklar sind, werden diese vom internen Übersetzer geklärt. (Mehr zum interessanten Themengebiet der Terminologiearbeit finden Sie im Kapitel »Terminologe«, S. 111.) Dazu wendet

Ausgebildeter Übersetzer

sich der Mitarbeiter bei Fragen an die Fachabteilung, aus welcher der zu übersetzende Text stammt.

Daimler beschäftigt auch einige *ausgebildete Dolmetscher* für die Sprachen Englisch, Französisch und Spanisch. Hauptaufgabe der Dolmetscher ist, alle Rahmenbedingungen zu organisieren, um das Dolmetschen, zum Beispiel bei Veranstaltungen, zu ermöglichen. Dazu gehört: die Organisation der Technik wie Dolmetscherkabinen, die Bereitstellung von Reden oder Präsentationen zur Vorbereitung, die Auswahl geeigneter externer Dolmetscher, das Qualitätsmanagement. Das heißt, die Daimler-Dolmetscher gehen zusammen mit freiberuflichen Dolmetschern (den »Lieferanten«) auf Dolmetscheinsätze und schätzen dort die Leistung des Lieferanten vor Ort ein: seine sprachliche Leistung, die inhaltliche Kompetenz, aber auch das Auftreten, die Umgangsformen.

Ausgebildeter Dolmetscher

Ein weiteres sprachenorientiertes Aufgabengebiet – allerdings außerhalb des Corporate Language Managements – ist der *Schulungsbereich*. Die Daimler AG beschäftigt mehrsprachige Schulungsleiter, die vor Ort im Ausland das Servicepersonal qualifizieren oder Verkäuferschulungen abhalten. Hier steht der inhaltliche Aspekt im Vordergrund, denn die Schulungsleiter können Personal in technischen Themen nur schulen, wenn sie selbst technisch versiert sind. Von daher sind die Schulungsleiter erfahrene Servicetechniker, die zusätzlich eine oder mehrere Fremdsprachen sehr gut beherrschen.

Mehrsprachiger Schulungsleiter

Sprach- und Inhaltskompetenz aneignen

Wenn Sie Ihren Lebensunterhalt mit Fremdsprachen verdienen möchten, suchen Sie sich ein Fachgebiet, das Sie auch persönlich anspricht. Überlegen Sie sich, was Ihnen Spaß macht. Ist es Technik? Ist es Wirtschaft? Ist es Recht? Eignen Sie sich Fachwissen an, um die sogenannte Inhaltskompetenz zu erwerben und um ein Spezialist auf Ihrem Gebiet zu werden. Erweitern Sie dann dieses Fachwissen mit Sprachwissen: Lesen Sie! Lesen Sie in der Fremdsprache! Wenn Sie sich sowohl für Sprache als auch Autos interessieren, lesen Sie fremdsprachige Berichte über Autos. Sehen Sie sich Betriebsanleitungen an. Gehen Sie ins Internet, dort finden Sie fremdsprachliche Texte in Hülle und Fülle zu allen möglichen Fachthemen.

Wie werde ich Mitarbeiter im Corporate Language Management bei Daimler?

Die meisten Mitarbeiter im Corporate Language Management verfügen über einen Universitätsabschluss als Übersetzer oder Dolmetscher. Voraussetzung ist künftig ein erfolgreich abgeschlossener Master-Studiengang in einer Sprachwissenschaft. Nach Ansicht von Johannes Bursch vermittelt der Master-Studiengang die inhaltliche Fachkompetenz, die in einem internationalen Konzern benötigt wird. Die im Bachelor-Studium erworbenen sprachlichen Grundlagen allein reichen dafür nicht aus. Eine Ausnahme gilt, wenn Sie bereits im Rahmen eines Fachstudiums wie Rechtswissenschaft oder einer technischen Ausbildung ausreichend Fachkenntnisse erworben haben. In diesen seltenen Fällen genügt ein sprachlich orientiertes Bachelor-Studium. Die Mitarbeiter im Language-Mangement bei Daimler beherrschen die Fremdsprachen wie die Muttersprache und sind zum Teil Muttersprachler. Um Sprachkenntnisse auf diesem Niveau zu erwerben, legt Johannes Bursch nahe, längere Auslandsaufenthalte beziehungsweise ein Studium im Ausland zu absolvieren. Daimler bietet Studierenden aus höheren Semestern zudem im Rahmen von Praktika die Chance, wertvolle Praxiserfahrungen zu sammeln.

 Folgende Eigenschaften sollten Sie für diesen Beruf mitbringen:

- Große Sprachkompetenz (Mutter- und Fremdsprache)
- Die Fremdsprache muss wie die Muttersprache beherrscht werden (gegebenenfalls Muttersprache).
- Inhaltskompetenz: fundiertes Wissen auf einem Fachgebiet, vornehmlich Technik
- Kenntnis im Umgang mit TMS, weitere Methodenkompetenz von Vorteil
- Affinität zur Automobilbranche
- Bereitschaft zum lebenslangen Lernen

www.daimler.com www.career.daimler.com	Internetauftritt der Daimler AG

Projektmanager (w/m) im Übersetzungsdienstleistungsunternehmen

»Irgendetwas mit Sprachen – das wollte ich schon immer machen«, erzählt Isabel Bieser. »Aber eben nicht nur Sprachen!« Deshalb entschied sie sich für einen interdisziplinären Studiengang an der Universität Mannheim mit dem schönen Namen »Diplom-Romanistik mit wirtschaftswissenschaftlicher Qualifikation« (jetzt: »Bachelor in Kultur und Wirtschaft – Romanistik«). Der Studiengang gliedert sich in ein philologisch-kulturwissenschaftliches Kernfach (Romanistik: Französistik und Italianistik oder Hispanistik) und ein wirtschaftswissenschaftliches Beifach. Die Inhalte sind aufgeteilt in ungefähr 75 Prozent Kernfach, in dem Kenntnisse in Literaturwissenschaft, Medienwissenschaft, Linguistik, Sprachpraxis, Kultur und Landeskunde der Romania vermittelt werden. Und zum anderen in rund 25 Prozent Beifach, in dem sich die Studierenden zwischen Betriebswirtschaftslehre oder Volkswirtschaftslehre entscheiden können. Mit dieser Ausbildung ausgestattet, ist Isabel Bieser die optimale Besetzung für die Stelle der »Projektmanagerin«. Seit 2000 arbeitet sie als Projektmanagerin in der Übersetzungsbranche, davon seit drei Jahren bei beo Gesellschaft für Sprachen und Technologie mbH (www.beo-doc.de). Dort hat sie die für sie perfekte Kombination aus Sprache und Wirtschaft gefunden und berichtet über ihren beruflichen Alltag.

Was genau macht ein Projektmanager bei einem Übersetzungsdienstleister?

Als Projektmanagerin (PM) ist sie das Bindeglied zwischen Auftraggeber und Übersetzer und deren Hauptansprechpartnerin. Sie befasst sich mit der Abwicklung und Steuerung von Übersetzungsprojekten. Projekte können dabei sein: kürzere Pressetexte, die vom Deutschen ins Englische übersetzt werden sollen; komplexe Anleitungen in einem speziellen Layout-Format in 15 Sprachen, die in mehreren Produktionsschritten über einen längeren Zeitraum hinweg erstellt werden sollen, oder umfangreiche Website-Lokalisierungsprojekte.

Koordination der Prozesse

Die Arbeit im Projektmanagement hat viel mit Organisation zu tun. Der Projektmanager koordiniert sämtliche Prozesse in Übersetzungsprojekten und arbeitet eng mit Kunden, freiberuflichen Übersetzern, internen und externen EDV- und DTP-Dienstleistern[15] im In- und Ausland zusammen. So können bei zahlreichen Projekten bis zu acht Parteien mit im Boot sitzen, die alle gehört und unter einen Hut gebracht werden wollen: Für Kunden, die zunächst ein Angebot für eine Übersetzung haben möchten, muss der Preis kalkuliert und die Machbarkeit eines Projekts im Vorfeld abgewogen und beurteilt werden. Wenn der Kunde den Auftrag erteilt, wird das Projekt an einen Übersetzer disponiert. Oftmals hat Isabel Bieser schon ihre Stammübersetzer, die immer wieder für den gleichen Kunden Projekte übernehmen. Wenn diese keine Zeit haben, muss sie einen anderen, für Fachgebiet und Sprachkombination geeigneten Übersetzer finden. Dabei greift sie auf eine sehr umfangreiche Datenbank mit Übersetzern zu, die ihre Firma schon geprüft hat und in regelmäßigen Abständen immer wieder prüft. Die Kunden werden hauptsächlich per Telefon und E-Mail betreut und beraten. Von Zeit zu Zeit besucht Isabel Bieser auch ihre Kunden (allein oder zusammen mit Kollegen), zum Beispiel für eine Firmenvorstellung bei neuen Kunden oder im Rahmen von Projekt-Meetings. »Dies ist einfach direkter und persönlicher. Sowieso ist es ja immer gut zu wissen, mit wem man es zu tun hat«, erklärt sie.

---

15) DTP = Desktop Publishing; rechnergestütztes Setzen hochwertiger Dokumente, die aus Texten und Bildern bestehen und später als Publikationen, zum Beispiel Broschüren, Magazine, Bücher oder Kataloge, ihre Verwendung finden (Quelle: www.wikipedia.de). Da viele Sprachen länger »laufen« als beispielsweise Deutsch, muss bei vielen Texten ein Fremdsprachen-Nachlayout gemacht werden.

Isabel Bieser findet an ihrer Arbeit besonders schön, »dass wir von der Angebotserstellung bis hin zur Rechnungsstellung ein komplettes Projekt betreuen und somit den gesamten Projektablauf auch mitgestalten«. Bei ihrer Arbeit hat sie immer wieder mit neuen und oft sehr unterschiedlichen Menschen, Unternehmen und Branchen zu tun. So betreut sie beispielsweise Kunden aus den Bereichen Maschinenbau, Elektrotechnik, Software, Kfz, Bauwesen, aber auch Werbeagenturen und Verlage. Diese stellen gleichzeitig auch neue Herausforderungen dar. Denn jeder Kunde hat so seine Eigenarten und sie muss sich immer wieder darauf einstellen und mit vielen sehr unterschiedlichen Charakteren klarkommen. »Und gerade das macht den Reiz aus – aufgrund dieser stets neuen Kundengegebenheiten lerne ich kontinuierlich dazu«, erklärt sie. Auch auf der technischen Seite muss ein Projektmanager stets flexibel sein und sich immer wieder in neue Softwareprogramme einarbeiten.

Translation Memory Systeme, TMS

Als Projektmanager im Übersetzungsbereich kommt man an übersetzungsunterstützender Software nicht vorbei. Mithilfe sogenannter Translation Memory Systeme (TMS), wie beispielsweise die von SDL Trados, werden Übersetzungsdatenbanken projektbegleitend angelegt, an deren Aufbau und Pflege auch Isabel Bieser mitarbeitet. Das Grundprinzip der Software ist dergestalt, dass der Originaltext in sogenannte Textsegmente zerlegt wird, die während der Übersetzung paarweise (in Original- und Zielsprache) in eine Datenbank (Translation Memory, TM) gespeichert werden. Bei wiederholtem Vorkommen von Segmenten oder Teilen davon im Übersetzungstext wird die Übersetzung aus der Datenbank durch das TM vorgeschlagen. Der Übersetzer prüft die Übersetzung im neuen Kontext und bestätigt diese oder passt sie gegebenenfalls an. Diese Vorgehensweise führt zu einer konsistenten Qualität der Übersetzungen.

Darüber hinaus werden mit jedem weiteren Projekt durch den kontinuierlichen Aufbau der Datenbank zunehmend Kosten und Zeit für die Übersetzung reduziert. Ein professioneller Übersetzer muss also nicht jeden Fachbegriff im Kopf haben. Vielmehr kann er sich seinen Berufsalltag erleichtern, wenn er mit einer solchen Übersetzungssoftware arbeitet. Der Projektmanager benutzt diese Software hauptsächlich, um die zu übersetzenden Dateien zu analysieren (und so den genauen Übersetzungsaufwand zu bestimmen), die Übersetzungen zu prüfen und das TM zu pflegen, also die Datenbank zu »füttern« und Korrekturen vorzunehmen. Um sicherzustellen, dass Fachbegriffe korrekt und einheitlich in kompletten Dokumentationen und gegebenenfalls über weitere Versionen verwendet werden, wird außerdem projektbegleitend jeweils

Terminologie-datenbank

eine kundenspezifische Terminologie angelegt. Diese wird in einer separaten Datenbank gespeichert und kontinuierlich erweitert. Sie kann mit dem Translation Memory verknüpft werden, sodass während des Übersetzungsprozesses die im Übersetzungstext enthaltenen Begriffe automatisch markiert werden und so die Konsistenz der Übersetzung eingehalten werden kann. Generell wird also unterschieden zwischen Translation Memory und Terminologie! Aber beides wird im Grunde durch den Projektmanager gepflegt. Auch wenn einige Kunden einen Zugang zur Terminologie haben und diese auch ändern und freigeben, muss Isabel Bieser doch den Überblick behalten. Es kommt auch vor, dass Neukunden ihre bereits bestehenden Übersetzungen an beo schicken zur Weiterverwendung.

Das Übersetzen mit TMS ist besonders sinnvoll bei technischen Texten oder solchen aus dem Bereich Softwarelokalisierung. Denn dort sind die Sätze meist kurz und prägnant und das verwendete Vokabular ähnelt sich. Sprachliche Finesse ist in diesem Bereich weniger vorrangig. Im Gegensatz dazu führt der Einsatz von TMS bei juristischen oder gar literarischen Texten selten zu sinnvollen Übersetzungen.

Wie werde ich Projektmanager für Übersetzungs-dienstleistungen?

Eine klassische Ausbildung oder ein spezielles Studium gibt es nicht, um sich auf diesen Job vorzubereiten. So arbeiten bei beo im Projektmanagement Übersetzer, Sprach- und Literaturwissenschaftler, aber auch beispielsweise Architekten. Man kann in dieser Branche entweder als Berufseinsteiger nach einer sprachlichen Ausbildung beziehungsweise dem Studium beginnen oder als Quereinsteiger Fuß fassen. »Generell ist zu empfehlen, schon vorher Sprachen, Wirtschaft und andere Bereiche zu kombinieren«, rät Isabel Bieser. »Wir, wie sicher auch viele andere Übersetzungsdienstleistungsunternehmen, bieten Berufseinsteigern auch im Rahmen eines meist sechsmonatigen Praktikums die Möglichkeit, einen Einstieg ins Projektmanagement zu finden.«

Bin ich geeignet?

Eine Affinität zu und Spaß an Sprachen ist die Mindestvoraussetzung. Schließlich ist dies das Hauptgeschäft bei Übersetzungsdienstleistern und der Projektmanager hat täglich mit Sprachen und Übersetzungen zu tun. Sehr gute Englischkenntnisse sind auf alle Fälle wichtig, da Projektmanager mehr oder weniger regelmäßig auch mit anderen Übersetzungsbüros und Kundenniederlassungen aus dem Ausland kommunizieren. Neben mündlicher Sprachkompetenz benötigt ein PM auch schriftliche Sprachkenntnisse, da er Übersetzungen prüft oder die entsprechenden Prüfschritte einleitet und damit die unternehmensinterne Qualitätskontrolle übernimmt. **Je mehr** Dabei achtet er neben Inhalt auch auf Vollständigkeit, Form und **Sprachkenntnisse,** Konsistenz. Bei beo besteht die Devise: »Je mehr Sprachkenntnisse, **desto besser!** desto besser!« Die Mitarbeiter sollen also nicht nur Englisch perfekt beherrschen, sondern auch andere Fremdsprachen können. Durch die Ost-Erweiterung ist es auch in diesem Bereich so, dass vor allem bei technischen Anleitungen die osteuropäischen Sprachen wie zum Beispiel Polnisch stark im Kommen sind. Wenn man diesbezüglich über Kenntnisse verfügt, ist das sicher ein Vorteil.

Es müssen oft schnell und selbstständig Entscheidungen getroffen sowie Lösungen für Kunden und Übersetzer gefunden werden, deshalb ist ein gewisses Maß an Entscheidungsfähigkeit unerlässlich. Zudem sollten Projektmanager Dienstleistungs- und Kundenorientierung mitbringen, um flexibel und kreativ auf Kundenwünsche einzugehen. Da die Projekte oft zur gleichen Zeit kommen und der Projektmanager daher zahlreiche Parteien der unterschiedlichsten Projekte gleichzeitig betreut, sollte er auch zu Multitasking fähig sein. Gleichzeitig muss er Prioritäten setzen können, um mit seiner Arbeit voranzukommen und den Überblick zu bewahren. Generell sind meist viele Aufgaben in wenig Zeit zu bewältigen. Dazu gehört auch eine gute Portion Organisationstalent. Dabei ist es oft wichtig, Ruhe zu bewahren und Schwierigkeiten nicht persönlich zu nehmen, sondern mit einem gewissen Abstand zu betrachten, sowie generell belastbar zu sein. In manchen Situationen wie bei Reklamationen gehört auch dazu, diplomatisch zwischen den Fronten zu agieren. Freude an PC-Arbeit und der Standardsoftware sollte der Kandidat ebenfalls mitbringen. Eher nicht geeignet ist diese Arbeit für Leute, die im Grunde lieber übersetzen möchten, und auch für solche, die vorhaben, direkt inhaltlich/redaktionell an Texten zu arbeiten!

 Diese Eigenschaften und Fähigkeiten sollten Sie für diesen Beruf mitbringen:

- Begeisterung für Sprachen
- Sehr gute Englischkenntnisse, weitere Sprachkenntnisse von Vorteil
- Entscheidungsfähigkeit, Selbstständigkeit, Flexibilität, Kreativität
- Dienstleistungs-/Kundenorientierung
- Organisationstalent, Belastbarkeit, diplomatisches Geschick
- Gute PC-Kenntnisse

Adressen, Tipps und Links

http://bakuwi.phil.uni-mannheim.de/startseite/index.html	Universität Mannheim, Bachelor-Studiengang: Bachelor of Arts Kultur und Wirtschaft für Anglistik, Romanistik

Senior Proofreader (w/m) bei einer großen Unternehmensberatung

Im Wörterbuch finden Sie unter »proofreader« die Übersetzung **Mehr als** »Korrekturleser«. Doch der Aufgabenbereich eines Proofreaders **Korrekturleser** kann noch sehr viel mehr umfassen. Jenny Glückert arbeitet seit 2001 in der Grafikabteilung einer großen Unternehmensberatung als Proofreader. Sie berichtet über ihren Beruf: »Wir bearbeiten Dokumente aus den unterschiedlichsten Branchen und die thematische Vielfalt macht die Arbeit, die tagtäglich auf meinem Tisch landet, extrem abwechslungsreich. Schon während meines Übersetzerstudiums hat es mich fasziniert, mit Texten aus diversen Fachgebieten zu tun zu haben, wobei ich mich immer wieder auf neue Themen einlassen musste. Das breite Spektrum von Themen ist es auch, was den Job als Proofreader so spannend macht.«

Was genau macht ein Proofreader?

Als Proofreader in der Medienabteilung einer Unternehmensberatung bearbeitet Jenny Glückert PowerPoint-Präsentationen in deutscher und englischer Sprache – dabei handelt es sich um Businessgrafik, die der visuellen Kommunikation dient und auf eine möglichst effiziente Vermittlung von Daten und Fakten abzielt. Das A und O sind dabei inhaltliche wie gestalterische Präzision, Prägnanz sowie eindeutige und schnelle Erfassbarkeit. Dies betrifft Grafik und Sprache gleichermaßen. Der Sprachstil ist für »Neueinsteiger« oftmals gewöhnungsbedürftig – aber genau

darin liegt auch die Herausforderung: Texte kurz und prägnant zu formulieren und die Aussage »auf den Punkt zu bringen«. Die zentrale Funktion des Proofreaders ist die Qualitätssicherung. Bei einer Schlusskorrektur liegt der Fokus auf der Fehlerfreiheit des Endprodukts. Das Dokument wird auf Rechtschreib-, Grammatik- und Interpunktionsfehler hin überprüft und es werden auch Summen sowie Durchschnittsangaben nachgerechnet. Darüber hinaus wird Augenmerk auf die Einhaltung der unternehmensinternen Standards gelegt. Das gilt einerseits für Schreibweisen und Formulierungen, andererseits auch für grafische Standards und Formatfestlegungen gemäß vorgegebenen Darstellungsrichtlinien bis hin zum Corporate Design, um so für ein einheitliches Erscheinungsbild des Unternehmens nach außen zu sorgen. So ist es beispielsweise wichtig, dass innerhalb eines Dokuments Schriftzüge, Linienstärken, Farben und Layouts einheitlich verwendet werden, aber auch, dass beim Durchblättern der Präsentation keine Titel »springen«. Zum Schluss überprüft der Proofreader den Text noch in sprachlicher und stilistischer Hinsicht, um die Dokumente gegebenenfalls noch besser auf die jeweilige Zielgruppe zuzuschneiden. Bei deutschen Dokumenten muss auch das mitunter stark mit Anglizismen und typischen Schlagwörtern durchsetzte Managementvokabular »entschärft« werden. So werden Stilblüten wie »Probleme adressieren« (aus dem Englischen »to address a problem«) oder »Kosten herunterbrechen« (aus dem Englischen »to break down costs«) mit »Probleme aufgreifen« beziehungsweise »Kosten aufschlüsseln« ersetzt. Ein weiterer Aspekt bei der Schlusskorrektur ist die Sicherstellung von Konsistenz innerhalb eines Dokuments. An dieser Stelle wird überprüft, dass Schreibungen und Bezeichnungen bis hin zu Satzstrukturen und grafischen Darstellungen einheitlich verwendet werden, damit das Dokument wie »aus einem Guss« wirkt. Nicht zuletzt ist der Proofreader auch Testleser, der die Dokumente auf inhaltliche Stimmigkeit, logischen Aufbau und Verständlichkeit überprüft.
Neben der Schlusskorrektur erfüllen Proofreader als Sprachexperten eine abteilungsinterne Funktion zur Unterstützung der Grafik-

kollegen und sie fungieren als »Sprachhotline«, um schnell und unkompliziert Hilfestellung bei Fragen rund um das Thema Sprache zu bieten.

Bei rund einem Drittel der anfallenden Aufträge handelt es sich um englischsprachige Dokumente. An dieser Stelle gilt es, dem Auftraggeber präzise den Leistungsumfang eines deutschsprachigen Proofreaders zu erläutern. Sollte es primär um die stilistische Überarbeitung und einen sprachlichen Feinschliff gehen, sind solche Aufträge bei englischen Muttersprachlern besser aufgehoben. Über das firmeninterne Netzwerk werden solche Jobs dann entsprechend weitergeleitet. Nichtsdestotrotz ist das sichere Beherrschen der englischen Sprache auf sehr hohem Niveau unabdingbare Voraussetzung für die Position eines Proofreaders, da das Korrekturlesen auch englischsprachiger Dokumente zur alltäglichen Arbeit gehört. Hier muss ein Proofreader in der Lage sein, über die Korrektur reiner Tipp- und Rechtschreibfehler hinaus grammatikalische Feinheiten, verschiedene Stil- und Sprachebenen sowie Bezüge und eine möglicherweise beabsichtigte emotionale Wirkung zu erkennen und in ihrer Funktion im Kontext zu überprüfen

Wie wird man Proofreader?

Die Einarbeitung eines Proofreaders erfolgt im Rahmen eines Coachings »on the Job«, das heißt, der Proofreader wird von Anfang an mit realen Aufträgen konfrontiert, die er anfangs gemeinsam mit einem erfahrenen Kollegen bearbeitet, bis er gängige Jobs auch eigenständig und zuverlässig erledigen kann. Bei komplexeren oder extrem wichtigen Arbeitsaufträgen, die zum Teil auch eine hohe Außenwirkung haben, wird auch über die Einarbeitungszeit hinaus das Vieraugenprinzip angewendet, denn vier Augen sehen immer mehr als zwei. Außerdem können die Proofreading-Kollegen sich so untereinander austauschen und voneinander lernen.

Generell gibt es keinen festgelegten Werdegang für die Position des Proofreaders. Grundvoraussetzung sind fundierte Sprachkenntnis-

Proofreader wird man „on the Job"

se in Deutsch und Englisch sowie ein sicheres Sprach- und Stilgefühl. Die Erfahrung zeigt, dass ein Sprachenstudium, wie Übersetzen, Germanistik, Anglistik/Amerikanistik (zum Beispiel auch auf Lehramt) oder auch vergleichende Literaturwissenschaft (Komparatistik) oder Wirtschaftsphilologie eine gute Grundlage bildet, um im Proofreading einzusteigen.

Jenny Glückert absolvierte ihr Studium zur Diplom-Übersetzerin für die Sprachen Englisch und Spanisch am Institut für Übersetzen und Dolmetschen (IÜD) der Universität Heidelberg. Daran schloss sie ein einjähriges interdisziplinäres Aufbaustudium in »Internationalen Studien« am Bologna Center der Johns Hopkins University, School of Advanced International Studies (SAIS), in Italien an. Damit verfügt sie neben perfekten Kenntnissen ihrer Muttersprache Deutsch auch über hervorragende Kenntnisse in Englisch, Spanisch und Italienisch. Zusätzlich hat sie aufgrund ihres Aufbaustudiums auch Grundkenntnisse in wirtschaftlichen Themen.

Adlerauge sei wachsam!

Ausschlaggebend für das Gelingen der Arbeit sind die Liebe zum Detail und der Spaß am kniffligen und kleinteiligen Arbeiten mit Texten. Die Herausforderung an der Arbeit eines Proofreaders liegt in der akkuraten und präzisen Korrektoratsarbeit. Dabei hilft ein verlässliches »Adlerauge«, das selbst winzige Fehler im Buchstaben-Dschungel entdeckt. Erste Erfahrungen mit dem Redigieren von Texten, zum Beispiel im Verlagswesen, sind von Vorteil. Aber auch Quereinsteiger mit kulturwissenschaftlichem Hintergrund haben Chancen, wenn ihnen das Korrekturlesen Spaß macht und sie eine Affinität zu Sprachen haben. Ein abgeschlossenes Hochschulstudium ist dabei in jedem Fall Voraussetzung. Sie müssen sich jedoch bewusst machen, dass es sich beim Proofreading weniger um eine kreative Tätigkeit handelt, die das selbstständige Verfassen oder Formulieren von Texten umfasst. Insofern fühlen sich »Schreiberlinge« zum Beispiel aus dem Journalismus- oder literarischen Bereich in der Regel weniger gut im Proofreading aufgehoben.

Bin ich geeignet?

»Da die Klienten, die von unserem Unternehmen beraten werden, aus den unterschiedlichsten Branchen kommen, muss auch ein Proofreader sich mit jedem Job auf ein anderes Themengebiet einstellen können«, sagt Jenny Glückert. Generell enthält Business-grafik viele Wirtschaftstermini, mit denen ein Proofreader sicher umgehen können sollte. Ein Grundverständnis von wirtschaftlichen Zusammenhängen und Kenntnis der entsprechenden Terminologie – in Deutsch und Englisch – gehören also zum Rüstzeug. So muss ein Proofreader Sachverhalte und inhaltliche Zusammenhänge erkennen und verstehen, auch wenn er die thematischen Einzelheiten der Materie nicht kennt, um so etwaige Unstimmigkeiten aufzudecken. Fundierte Wirtschaftskenntnisse sind jedoch nicht unbedingt erforderlich. Viel wichtiger als entsprechende Vorkenntnisse sind eine gewisse Neugier und vor allem Spaß daran, Dinge herauszufinden und zu verstehen, um so sicherstellen zu können, dass Fachbegriffe korrekt verwendet wurden und inhaltliche Bezüge stimmen. Dafür stehen diverse Hilfsmittel zur Verfügung: Das Recherchieren in Fachliteratur, im Internet und in unternehmensinternen Datenbanken gehört zur täglichen Arbeit. »Manchmal ist das wie ein Puzzle, aber mit zunehmender Erfahrung baut man sich eine gewisse Expertise auf und wird souveräner im Umgang mit dem Wirtschaftsvokabular«, berichtet Jenny Glückert.
Für den Arbeitsalltag eines Proofreaders sind ein hohes Maß an Flexibilität und Stressresistenz unabdingbar. Im Vorfeld ist oftmals ungewiss, wie ein Arbeitstag aussehen wird. Viele Anfragen schlagen ad hoc auf und müssen zeitnah erledigt werden. »Da die meisten Jobs termingetrieben sind, müssen wir oft unter Druck arbeiten; da ist es wichtig, auch in Stresssituationen einen kühlen Kopf zu bewahren und nicht den Überblick zu verlieren.« Hinzu kommt, dass auch Aufträge, die vorab gebucht wurden, häufig anders aussehen als ursprünglich angekündigt, wenn sie dann auf dem Schreibtisch des Proofreaders landen. Zwar werden Schluss-korrekturen in der Regel mit zwei, drei Tagen Vorlaufzeit gebucht, aber oft verändern sich die Rahmenbedingungen des Auftrags und

ein Dokument wird beispielsweise drei Stunden später geschickt oder besteht aus 60 anstatt der gebuchten 30 Schaubilder, soll aber dennoch zur ursprünglich vereinbarten Zeit fertig sein. In solchen Situationen muss ein Proofreader flexibel reagieren und konstruktiv nach einer sinnvollen Lösung suchen. »Hierbei muss ich mitunter einen Spagat zwischen Perfektionismus und Pragmatismus machen, denn viele Jobs erfordern, dass man vom idealen Prozess abweicht, um in Summe das bestmögliche Ergebnis zu erzielen. Dabei darf man natürlich das Ziel, 100 Prozent Qualität zu erzielen, nie aus den Augen verlieren. Aber ich muss auch realistisch einschätzen, was unter den gegebenen Bedingungen machbar ist«, erklärt Jenny Glückert. »Die Schwierigkeit liegt darin, zu entscheiden, wie weit ich guten Gewissens vom 100-Prozent-Ansatz abrücken kann. Denn ein Dokument, das nur oberflächlich zwischen Tür und Angel Korrektur gelesen wurde, enthält zwangsläufig noch Fehler, die der Proofreader auf die Schnelle nicht finden konnte. Das ist dann für alle Beteiligten wenig befriedigend und hat nichts mehr mit Qualitätssicherung zu tun«, fährt sie fort.

Abschließend lässt sich sagen, dass es sich bei dem Job eines Proofreaders um einen sehr interaktiven und kommunikativen Job handelt. Ein Proofreader sitzt nicht im stillen Kämmerlein, sondern arbeitet eng mit den Kollegen zusammen. Jenny Glückert teilt sich das Büro mit zwei weiteren Proofreading-Kollegen, was eine effektive Zusammenarbeit erleichtert. »Manchmal kommt es auch zu einem hohen Geräuschpegel, wenn zwei Telefone gleichzeitig klingeln und der dritte Kollege mit einem Grafiker zusammensitzt, um einen Job zu besprechen«, erzählt sie. Generell sprechen sich die Kollegen im Proofreading sehr viel ab. »Oft hilft einem auch schon eine zweite kompetente Meinung, um das eigene Sprachgefühl bestätigt zu wissen«, beschreibt Jenny Glückert. »Auch das enge und vertrauensvolle Zusammenspiel mit den Grafikern ist wichtig, damit keine Schüler-Lehrer-Konstellation entsteht, sondern der Proofreader als Sparringspartner gesehen wird, der kompetente Hilfestellung bietet.«

Diese Eigenschaften und Fähigkeiten sollten Sie für diesen Beruf mitbringen:

- Perfekte Kenntnisse der Muttersprache
- Sehr gute Englischkenntnisse, einschließlich gehobener Wirtschaftsterminologie
- Absolut akkurate und akribische Arbeitsweise
- »Adlerauge«
- Verständnis für wirtschaftliche Zusammenhänge
- Fähigkeit, komplexe Sachverhalte kurz und prägnant auszudrücken
- Teamfähigkeit, Stressresistenz und flexible Arbeitsweise

www.uni-mainz.de	Bachelor und Master-Studiengang Komparatistik / Europäische Literatur
www.komparatistik.uni-muenchen.de	Bachelor und Master-Studiengang Allgemeine und Vergleichende Literaturwissenschaft
http://www.fuberlin.de/studium/studienangebot/english/index.html	Englischsprachige Masterprogramme der Freien Universität Berlin und englischsprachige gemeinsame Masterprogramme mehrerer Hochschulen mit Beteiligung der Freien Universität Berlin

Terminologe (w/m)

»People can't share knowledge, if they don't speak a common language.«[16]

Ein eher wenig bekanntes Tätigkeitsfeld für Sprachtalente, die sehr analytisch denken, akribisch arbeiten, umsetzungsstark sind und Freude am Detail haben, ist das des Terminologen. Unter »Termino-

---

16) »Man kann Wissen nur mit jemandem teilen, wenn man eine gemeinsame Sprache spricht.« Thomas H. Davenport/Laurence Prusak: *Working Knowledge. How Organizations Manage What They Know.* Nähere Angaben zu allen im Text genannten Büchern finden Sie unter »Literaturtipps«.

logie« versteht man die Fachwörter eines Gebiets (zum Beispiel juristische Fachbegriffe, die speziellen Ausdrücke im Maschinenbau oder die in der Elektrotechnik verwendet werden). Mithilfe von Terminologie ordnen, speichern und transportieren Unternehmen und Behörden ihr gesammeltes Fachwissen. Auf Neu-Deutsch spricht man deshalb auch von »Knowledge-Management«. Da Terminologen dieses Wissen erarbeiten und verwalten, sind sie in allen Bereichen anzutreffen, die sich mit Daten, Informationen, Wissenstransfer und »Knowledge« befassen. Terminologiearbeit beschränkt sich nicht auf ein Fachgebiet, sondern ist interdisziplinär, daher arbeiten Terminologen häufig mit Fachleuten der unterschiedlichsten Fachgebiete zusammen. Sie sind – angestellt oder freiberuflich – anzutreffen in Sprachendiensten (Übersetzen und Dolmetschen), in der technischen Redaktion (siehe auch Kapitel »Technischer Redakteur«, S. 156), im Normen-, Patent- und Rechtswesen, in Unternehmensabteilungen, zum Beispiel »Forschung und Entwicklung« (häufig auch FuE beziehungsweise R&D, Research and Development genannt), und in (Wörterbuch-) Verlagen (siehe auch »Lexikograf«, S. 193) sowie bei Behörden wie beispielsweise der Europäischen Zentralbank oder dem Bundessprachenamt.

Diplom-Übersetzer Jörg Porsiel befasst sich seit 1990 mit Terminologiemanagement und verwandten Themengebieten. Er studierte Englisch und Französisch in Brüssel, Edinburgh, Metz und Heidelberg, wo er auch graduierte. Im Auftrag eines weltweit tätigen Unternehmens ist er unter anderem zuständig für Inhalte und Anwendungen des unternehmensinternen Sprachenportals sowie für maschinelle Übersetzung. Der Experte in Sachen Terminologiemanagement und fremdsprachige Kommunikation kennt den Markt genau und gibt wertvolle Insider-Tipps rund um den Beruf des Terminologen.

Was genau macht ein Terminologe?

Ein Terminologe wertet Texte aus und erstellt Datenbankeinträge in mehreren Sprachen. Häufig erarbeitet er fachspezifische Glossare, verwaltet die Dokumentation und betreut Übersetzer sowie

sonstige Datenbanknutzer. Als Fachleute für die Erarbeitung, Beschreibung, Verwaltung und Verbreitung von ein- und mehrsprachigen Fachwortschätzen sind Terminologen zentraler Bestandteil der (fremdsprachigen) Fachkommunikation und des Wissenstransfers[17]. Das Hauptziel der Terminologiearbeit liegt darin, die in einem Unternehmen[18] verwendete Sprache, die Unternehmensterminologie, einzugrenzen und festzulegen. Terminologiearbeit gewährleistet, dass die spezielle Terminologie eines Unternehmens einheitlich, eindeutig und damit unmissverständlich ist, also das ganze Unternehmen »mit einer Sprache« spricht und nicht jede Abteilung für denselben Gegenstand oder Vorgang zum Teil ganz unterschiedliche Benennungen verwendet. Das würde zu Missverständnissen innerhalb und außerhalb des Unternehmens führen (lesen Sie zu dieser Thematik auch das Kapitel »Softwarelokalisierer«, S. 149). Jörg Porsiel erklärt: »Dazu gehört, ein spezifisches Klassifizierungs- und Ordnungssystems (Ontologie) aufzubauen, das in der Regel Folgendes beinhaltet: Term (= Benennung), Definition, Kontext und Quelle.«
Wichtiger Bestandteil der täglichen Arbeit ist, die Terminologie »aufzubereiten«. Dazu gibt der Terminologe diese Wörter, Definitionen und Erklärungen in Terminologiedatenbanken ein und aktualisiert sie regelmäßig.
Terminologen recherchieren in Dokumenten nach Fachbegriffen, sie lesen unzählige Dokumente im Hinblick auf die in ihnen verwendete Terminologie. Begriffe, die aus dieser Dokumentenanalyse stammen, werden auf ihre terminologische Relevanz geprüft, das heißt, ob sie für das Unternehmen wichtig und verwendbar sind oder ob sie »entsorgt« werden müssen, also nicht (mehr) im Unternehmen verwendet werden dürfen. Terminologen analysieren vorhandene Fachwortbestände und ordnen sie thematisch. Neue und alte Begriffe werden dann in entsprechenden Terminolo-

**„Mit einer Sprache"
sprechen**

---

17) Siehe Fn. 14 a.a.O.
18) Aus Gründen der Einfachheit wird im Folgenden nur auf Unternehmen Bezug genommen. Die getroffenen Aussagen beziehen sich ebenfalls auf andere Organisationen und Behörden.

giegremien und mit den entsprechenden Experten abgestimmt und
gegebenenfalls als von nun an verbindlich angenommen.

Ein Terminologe, der für Terminologiemanagement verantwortlich ist, hat zusätzlich unter anderem Koordinierungsaufgaben
wahrzunehmen, zum Beispiel wenn es mehrere Terminologen und/
oder Dokumentationsabteilungen im Unternehmen gibt. Jörg
Porsiel beschäftigt sich darüber hinaus vor allem mit maschineller
Übersetzung, der Optimierung von (fremdsprachigen) Kommuni-
kationsprozessen und mit der Bewusstseinsbildung in Bezug auf
die Bedeutung und den betriebswirtschaftlichen Nutzen eindeuti-
ger Sprache für die Unternehmenskommunikation.

Wie werde ich Terminologe?

Der Beruf des Terminologen ist kein eigener Ausbildungsberuf und
deshalb gibt es auch keine vorgeschriebene Ausbildung, die genau
zu diesem Berufsziel führt. Vielmehr hängt es von der Qualifikation des Einzelnen, seinem Engagement und Networking-Geschick
ab, ob er eine der sehr begehrten Stellen als angestellter Terminologe ergattern kann. Voraussetzung für eine Beschäftigung als
Terminologe ist ein Hochschulstudium, beispielsweise als Über-
setzer/Dolmetscher, oder ein berufsqualifizierender Abschluss an
einem Fremdspracheninstitut. Terminologielehre und praktische
Terminologiearbeit sind heute Bestandteil fast jeder Sprachenaus-
bildung.

In Deutschland gibt es mittlerweile an sämtlichen Universitäten
und Fachhochschulen, die »Sprachmittler« (= Übersetzer und
Dolmetscher) ausbilden, einen (Teil-)Studiengang »Terminologiemanagement«. Einen Master-Studiengang »Terminologie und
Sprachtechnologie« gibt es an der FH Köln. Dies ist ein Aufbaustudium, das nach vier Semestern mit dem Abschluss »Master of Arts
in Terminology and Language Engineering« endet (www.f03.fh-
koeln.de). Ein weiterer Master-Studiengang »Terminologiearbeit«
wird an der Hochschule Magdeburg-Stendal (www.hs-magde-
burg.de) ab dem Sommersemester 2009 eingerichtet. An einigen

Hochschulen gibt es auch eigenständige Aus- und Weiterbildungsangebote zum Terminologen. Derartige (postgraduelle) Studiengänge werden auch in einigen anderen europäischen Ländern, wie der Schweiz und Belgien, angeboten. Empfehlenswert sind auch hier (Auslands-)Praktika und der Besuch qualifizierender Fortbildungsmaßnahmen. Informationen über Ausbildungsgänge und Weiterbildungsangebote im Bereich Terminologie finden sich auf dem Deutschen Terminologieportal (www.iim.fh-koeln.de/dtp). »Mir persönlich ist kein Terminologe bekannt, der nicht gleichzeitig auch Übersetzer oder Dolmetscher ist«, sagt Jörg Porsiel.

Bin ich geeignet?

Terminologen müssen ihre Arbeitssprache(n) auf dem Niveau ihrer Muttersprache oder muttersprachen-ähnlich beherrschen, über solide Kenntnisse in den ressortspezifischen Fachgebieten sowie in der computerunterstützten Übersetzung verfügen beziehungsweise die Bereitschaft mitbringen, sich in diese einzuarbeiten. Ein ausgeprägtes Gefühl für die eigene Muttersprache und deren Strukturen und Nuancen schärft das Gespür für die Details, die bei der Terminologiearbeit zu beachten sind.

Terminologen arbeiten (idealerweise) ausschließlich in ihrer Muttersprache, doch Fremdsprachenkenntnisse sind auf jeden Fall von großem Vorteil; denn in der Regel leisten sich nur Großunternehmen und größere Übersetzungsagenturen, also international tätige Firmen mit zahlreichen Mitarbeitern in der ganzen Welt und mit zahllosen globalen Kontakten, den »Luxus« eines Terminologen. Dieser Terminologe hat dann auch zwangsläufig Kontakt mit ausländischen Kunden, Lieferanten und Kollegen anderer Unternehmensstandorte.

Terminologiearbeit ist ein essenzieller Bestandteil der fachlichen Kommunikation und damit unverzichtbar für den Informations- und Wissenstransfer innerhalb eines Unternehmens. Da Sprache und Wissen sich permanent weiterentwickeln, lernen auch Terminologen lebenslang dazu. Ein guter Terminologe hat daher Interesse, täglich Neues dazuzulernen, und verfügt über ein großes Maß an Allgemeinbildung. Auch muss er sich von der (universitären) Theorie lösen können, wenn dies die Unternehmens- beziehungsweise die Berufspraxis erfordert. Verbissenheit und Beharren auf der erlernten universitären »reinen Lehre« oder eigenen Standpunkten ist in der Regel eher kontraproduktiv.

Die Tätigkeit als Terminologe ist …

geeignet für Leute	ungeeignet für Leute, die
mit (sehr) hoher Frustrationsschwelle	schnelle Erfolge sehen wollen
mit großem Interesse an Sprache, Kommunikation und Schreiben	keine Geduld haben
mit ausgeprägtem Sprachgefühl	glauben, man dürfe ausschließlich die »reine Lehre« (= universitäre Theorie) in die Praxis umsetzen
die stilsicher und wortgewandt sind	nicht zu Kompromissen bereit sind

Adressen, Tipps und Links

ww.dttev.org/	DTT, Deutscher Terminologietag
https://www.fh-koeln.de/studium/terminologie-und-sprachtechnologiemaster_5080.php	Fachhochschule Köln: Master-Studiengang »Terminologie und Sprachtechnologie«
www.hs-magdeburg.de	Bachelor Internationale Fachkommunikation

7 Berufe in Medien, Kultur und Kommunikation

Berater (w/m) für interkulturelle Kompetenz (IKK-Berater)

Die ICUnet.AG (www.icunet.ag) mit Hauptsitz in Passau lenkt ihre weltweiten Aktivitäten aus der Mitte Europas heraus. Der deutsche Marktführer für interkulturelle Beratung zählt zu seinen Kunden 21 DAX-notierte Unternehmen sowie über 250 große und mittelständische Unternehmen beziehungsweise sogenannte »Hidden Champions«[19] der deutschen Wirtschaft. Über 60 feste und weit über 200 freie Mitarbeiter bilden das interdisziplinäre Expertenteam mit Kompetenz für über 60 Länder und 20 Sprachen. Sie bereiten über 4000 Fach- und Führungskräfte pro Jahr auf die internationale geschäftliche Zusammenarbeit vor. Dr. Fritz Audebert, Vorstandsvorsitzender der ICUnet.AG, gründete das Unternehmen im Jahr 2001 in Passau und leitet es zusammen mit Linn Warzelhan im Vorstand. Der Diplom-Kulturwirt und Diplom-Verwaltungswirt (FH) spricht Russisch, Englisch, Spanisch und Portugiesisch und ist Fachmann in Sachen interkulturelle Kompetenz.

Seit März 2008 bieten die ICUnet.AG und die KEWA International Relocation GmbH (KIR) ihre interkulturellen Beratungs- und Relocation-Services aus einer Hand an. Unter Relocation-Service

„Hidden Champions"

---

19) Unter »Hidden Champions« (»versteckte Weltmarktführer«) versteht man in der Wirtschaft mittelständische Unternehmen, die mit unauffälligen Produkten europaweit, häufig sogar weltweit Marktführer sind, die aber in der Öffentlichkeit kaum bekannt sind. Überwiegend als Familiengesellschaften geführt, erbringen sie einen wichtigen Beitrag zur Leistungsbilanz ihres Landes, haben einen hohen Exportanteil und sind äußerst erfolgreich.

Relocation-Service versteht man Dienstleistungen für Personen, die aus beruflichen Gründen ihr Heimatland für längere Zeit verlassen und ins Ausland ziehen. Die Unterstützung vor Ort beinhaltet etwa die Wohnungssuche und Umzugshilfe, Behördengänge und Vertragsabschlüsse. Mit der KIR GmbH, eines der größten deutschen Unternehmen für Relocation-Services, verstärken mehr als 40 weitere Fachkräfte und Juristen mit internationalen Netzwerkverbindungen das Team der ICUnet.AG. Der Relocation-Anbieter hat über 4500 Auslandsentsendungen sowie 2500 Visum- und Arbeitserlaubnisverfahren für weit über 100 Unternehmen betreut.

Interview mit Dr. Fritz Audebert

Frage: Was ist interkulturelle Kompetenz (IKK)? Wieso ist IKK im Geschäftsleben wichtig?

Dr. Audebert: Interkulturelle Kompetenz ist die Fähigkeit, mit Menschen anderer Kulturkreise erfolgreich zu agieren. Dies stellt aus interkultureller Sicht jedoch eine große Herausforderung dar, denn internationale Kommunikation ist vielschichtiger, als sie auf den ersten Blick erscheint. So haben Menschen verschiedener Kulturen sehr unterschiedliche Auffassungen, unter anderem über die Gewichtung von Prioritäten, die Strukturierung der Arbeit, das Verständnis von Teamarbeit sowie den Kommunikationsstil. Diese unterschiedlichen Vorstellungen beinhalten ein oft unterschätztes Konfliktpotenzial auf dem Weg zu einer effizienten Zusammenarbeit. Gegenseitige Wertschätzung und ein Gespür für die unterschiedlichen Vorstellungen sowie ein angemessener Umgang miteinander tragen erheblich zum internationalen Geschäftserfolg bei.

Frage: Was genau macht ein IKK-Berater?

Dr. Audebert: Berater in Sachen interkulturelle Kompetenz führen Trainings und Coachings durch, in denen sie Fach- und Führungskräfte und deren Familien auf längere Auslandsaufenthalte vorbereiten. Wenn ein Mitarbeiter für mehrere Jahre beispielsweise nach Abu Dhabi (VAE) entsendet wird, hat dies vielschichtige Konsequenzen für sein Berufs- und Privatleben. So unterscheidet sich in anderen Ländern das Verständnis von Hierarchien, Arbeitsstilen oder Kommunikation im Geschäftsleben. Auch andere Familienmitglieder wie die Ehefrau sind davon maßgeblich betroffen. So ist in den VAE die Rolle der Frau eine andere als in der westlichen Welt.

Nach Rückkehr in das Heimatland unterstützen IKK-Berater die Arbeitnehmer (die sogenannten Expatriates, kurz Expats) und ihre Familien bei der Wiedereingliederung in die heimische Gesellschaft.

Die Dienstleistungen beziehen sich somit auf den gesamten Prozess der Auslandsentsendung sowie auf die Zusammenarbeit mit internationalen Kollegen und Geschäftspartnern im In- und Ausland. Das weitere Leistungs-Portfolio reicht von der Analyse interkultureller Prägung und Kompetenz bis hin zur Unterstützung durch länderspezifische Online Case Studies, internationale Mitarbeiter-Portale und Relocation-Services weltweit (dazu lesen Sie bitte auch den Abschnitt »Relocation Specialist«, S. 194).

Frage: Warum sind im Bereich IKK Fremdsprachenkenntnisse so wichtig?

Dr. Audebert: Die zunehmende Internationalisierung der Unternehmen erfordert mehr und mehr interkulturelle Kompetenz von Mitarbeitern auf allen Ebenen. Die ICUnet.AG unterstützt ihre Kunden bei der Zusammenarbeit mit internationalen Geschäftspartnern und Kollegen sowie im gesamten Prozess der Auslandsentsendung. Fremdsprachenkenntnisse sind dabei eine Grundvoraussetzung, um die Kultur des anderen Landes verstehen zu können.

Frage: In welchen Bereichen der ICUnet.AG sind Fremdsprachentalente besonders gefragt? Bei welchen Tätigkeiten kommen ihnen Fremdsprachenkenntnisse besonders zugute?

Dr. Audebert: Alle interkulturellen Berater und Trainer der ICUnet.AG sprechen mindesten zwei Fremdsprachen fließend. 40 Prozent unserer Beratungsgespräche und Trainings finden in einer Fremdsprache statt. Insgesamt sprechen wir im Team von 60 Beratern und Trainern mehr als 20 Sprachen. Die Mitarbeiter der ICUnet.AG haben zu 90 Prozent ein Studium erfolgreich absolviert, 10 Prozent eine Berufsausbildung.

Alle Mitarbeiter sind täglich gefordert, Trainings in der Fremdsprache zu halten, Angebote auf Englisch, Tschechisch, Mandarin oder Russisch zu verfassen oder Telefon-Coachings in Fremdsprachen zu tätigen. Die ICUnet.AG ist nicht zuletzt aufgrund der großen Bandbreite an Sprachkenntnissen deutscher Marktführer für interkulturelle Dienstleistungen.

Frage: Welche Sprachkenntnisse sind im Bereich IKK derzeit und künftig besonders gefragt?

Dr. Audebert: Folgende Sprachen sind bei der ICUnet.AG täglich im Einsatz (abnehmend nach Wichtigkeit): Englisch, Mandarin, Französisch, Spanisch, Russisch, Tschechisch, Polnisch, Slowakisch, Portugiesisch, Rumänisch.

Frage: Was muss ein guter Mitarbeiter im Bereich IKK können? Welche Eigenschaften braucht man für diese Tätigkeit?

Dr. Audebert: Wir erwarten von unseren Mitarbeitern ein erfolgreich abgeschlossenes Studium im Bereich Kulturwirtschaft, Romanistik, Interkulturelle Kommunikation oder einer vergleichbaren Disziplin. Wichtig ist uns die mehrmonatige praktische Erfahrung in dem jeweiligen Kulturraum durch Studium und Arbeitsaufenthalte. Dadurch vertiefen unsere potenziellen Mitarbeiter ihr interkulturelles Fachwissen und bringen fundierte Kenntnisse zum jeweiligen Kulturraum mit. Zusätzliche Kenntnisse über weitere Länder sind von Vorteil. Jeder Mitarbeiter sollte über verhandlungssichere Deutsch- und Englischkenntnisse sowie sehr gute Kenntnisse der jeweiligen Landessprache(n) verfügen. Wünschenswert sind Vorerfahrungen im Trainingsbereich und eine methodische Ausbildung. Für den täglichen Umgang mit den Kunden benötigen die Mitarbeiter eine ausgeprägte Kommunikationsstärke, sicheres Auftreten und eine hohe Kunden- und Serviceorientierung. Motivation und Freude an der Tätigkeit als interkulturelle Berater sowie Teamfähigkeit sind weitere ideale Voraussetzungen für diesen Berufszweig.

Frage: Welches sind die schönen Seiten an einem Job in der IKK, was ist das Schwierigste daran? Für wen eignet sich dieser Bereich besonders, für wen weniger?

Dr. Audebert: Als Trainer und Berater kann man permanent international unterwegs sein, trifft auf unterschiedlichste Menschen, darf Probleme über Grenzen hinweg lösen, darf beraten, erfährt die unglaublichsten Geschichten und hat viel Spaß an den täglich neuen Herausforderungen. Und genau dies ist auch das Schwierige daran. Wer also gern jeden Abend zu Hause ist, sich schwertut, vor Menschen zu stehen, und ungern moderiert, ist für Aufgaben im Bereich der interkulturellen Kompetenz nur bedingt geeignet.

Frage: Welche Tipps können Sie jungen Leuten geben, um sich optimal auf eine Tätigkeit im Bereich IKK vorzubereiten?

Dr. Audebert: Ein Großteil des Studiums sollte im Ausland absolviert werden. Praktika im Ausland von mindestens vier Monaten sind ideal, um die Mentalität anderer Länder kennenzulernen.

Frage: Welche Perspektiven bestehen in der Zukunft im Bereich IKK?

Dr. Audebert: Aus meiner Sicht wächst der interkulturelle Markt in den nächsten zehn Jahren jährlich zwischen 15 und 20 Prozent. Ein Wachstum, das nur in wenigen anderen Branchen in dieser Höhe erkennbar ist. Ursachen sind die weiter stark zunehmende Globalisierung und die internationale Verflechtung der Märkte.

Frage: Gibt es spezielle Aus- und Weiterbildungsmöglichkeiten oder Anlaufstellen, die Sie empfehlen können?
Dr. Audebert: Die beste Ausbildung für IKK findet an den Universitäten Jena (www.uni-jena.de), München (www.uni-muenchen.de), Halle (www.uni-halle.de), Hildesheim (www.uni-hildesheim.de) sowie Passau (www.uni-passau.de) statt. Als Weiterbildung eignen sich die interkulturelle Zertifizierung von artop in Verbindung mit der Humboldt-Universität in Berlin (www.hu-berlin.de) sowie ähnliche Angebote an den Universitäten Hildesheim und Jena.

Diese Eigenschaften und Fähigkeiten sollten Sie für diesen Beruf mitbringen:

- Verhandlungssichere Deutsch- und Englischkenntnisse sowie sehr gute Kenntnisse der jeweiligen Landessprache(n)
- Abgeschlossenes Studium im Bereich Kulturwirtschaft, Romanistik, Interkulturelle Kommunikation oder in einer vergleichbaren Disziplin
- Interkulturelles Fachwissen und fundierte Kenntnisse zum jeweiligen Kulturraum, möglichst erworben durch mehrmonatige praktische Erfahrung in dem jeweiligen Kulturraum
- Ausgeprägte Kommunikationsstärke
- Sicheres Auftreten und eine hohe Kunden- und Serviceorientierung

www.ikud-seminare.de	Interkulturelles Training und interkulturelle Trainer-Ausbildung
www.interculture-network.com	Netzwerk für zertifizierte interkulturelle Trainer und Coaches
www.sietar-deutschland.de	Organisationen für Personen, die auf dem Gebiet der interkulturellen Zusammenarbeit und der kulturellen Diversität tätig sind; weltweit vertreten
www.interculture-journal.com/index.php/icj	Online-Zeitschrift für interkulturelle Studien

Booker/Model Booker (w/m)

Germany's Next Top Model ...

Model Booker – das klingt nach der schillernden Welt der Schönen und Reichen, nach kreativen Köpfen, die sich darum kümmern, dass die Schönen dieser Welt noch schöner aussehen. Model Booker – das weckt aber auch Bilder von Leuten wie Peyman Armin – »knallharte« Profis, die gefragte Berater bei Model Contests und gefürchtete Jurymitglieder bei Sendungen wie »Germany's Next Top Model – by Heidi Klum« sind und die den Nachwuchsmodels mit ihren kritischen Kommentaren die Tränen in die Augen treiben.

Wahr ist, dass Model Booker den Schönen dieser Welt Jobs vermitteln: Heidi Klum, Claudia Schiffer, Nadja Auermann, Tatjana Patiz, Eva Padberg und Julia Stegner – sie alle arbeite(te)n eng mit ihren Bookern zusammen. Die Münchnerin Julia Stegner wurde genauso wie Eva Padberg von Louisa von Minckwitz, Inhaberin der Fotomodellagentur LOUISA MODELS, entdeckt.

Was genau macht ein Booker?

Model Booker sind – wie der Name schon sagt – dafür verantwortlich, dass »ihr« Model gebucht wird, und zuständig für die Abwicklung von Produktionen. Model Booker haben eine Vermittlertätigkeit zwischen Kunden und Models. Wenn ein Kunde eine Fotoproduktion plant, vermittelt der Booker die Models dazu. Manchmal hat der Kunde bestimmte Vorstellungen, wie das Model vom Typ her zu sein hat, und der Booker schickt entsprechende Vorschläge. Aufgrund dieser Vorschläge sucht sich dann **Models werden „optioniert"** der Kunde mehrere Models aus, die er »optioniert« für seine Produktion. Sonja Ostrowski, Head-Booker bei LOUISA MODELS, erklärt: »Unter optioniert versteht der Fachmann eine Art Reservierung. Der Kunde reserviert sich damit die Möglichkeit, mit diesem Model zusammenzuarbeiten.«

Die Gage

In diesem Stadium verhandelt der Booker auch die Gage des Models. Der Booker muss einen festen Preis aushandeln und dabei sehr preissensibel und klug vorgehen. Zum einen will er natürlich für das von ihm betreute Model eine möglichst gute Gage vereinbaren, zum anderen darf er den Kunden nicht durch zu hohe Preise verschrecken, sonst wendet dieser sich an eine andere Agentur. Der Booker benötigt Einfühlungsvermögen – nicht nur im Umgang mit dem Kunden, sondern auch bei seinen Models, denn er kümmert sich um sämtliche Belange der Models. Er achtet sogar darauf, dass Haut, Haare und Figur immer in Ordnung sind und die Mädels emotional stabil sind. Es kann auch vorkommen, dass ein Booker bei Sorgen und Nöten mal die Rolle des Kummerkastens übernimmt.

Wenn sich der Kunde für ein Model entschieden hat und dieses »booked«, organisiert der Booker alles für das Model, beispielsweise bucht er Hotels und kauft Flugtickets. Bei allem, was über ein Editorial (das ist Veröffentlichung in Magazinen wie beispielsweise »Vogue«, »Elle«) oder eine Katalogbuchung (die Verwendung der Fotos im Katalog oder einer Modebroschüre) hinausgeht, verhandelt der Booker auch die Nutzungsrechte.

Neben all den organisatorischen Aufgaben gestaltet der Booker – zusammen mit dem gesamten Team der Model-Agentur und der Grafikabteilung – die Sedkarten und Fotobücher der Models. Ob eine Karte im Hardcover gedruckt oder online aufbereitet wird: Der Booker pflegt dieses »Aushängeschild« seiner Models, steckt sie **Sedkarte** immer wieder neu zusammen und gestaltet sie optimal. Je besser die Bilder sind, umso größer ist die Chance, dass die Models gebucht werden. Sonja O. erklärt: »In einem Fotobuch befinden sich circa 15 bis 20 Bilder: Ein starker Head-Shot, also ein aussagekräftiges Cover, und zwei bis drei Bilder, die unterschiedliche Facetten eines Models zeigen: In der Regel sind das ein elegantes Bild, das die klassischen Kunden abdeckt, ein sportliches Body-Foto für die Wäsche- und Sportkunden plus weitere Bilder mit schönen Motiven, die dazu passen. Die Sedkarte verdeutlicht in drei bis vier Bildern, was dieses Model alles zeigt und repräsentiert.«

Ein guter Booker kennt sich in der Branche aus und kennt alle namhaften Fotografen, Stylisten, Hair- und Make-up-Artists.

Nicht nur deswegen muss ein Booker exzellent im Netzwerken sein und offen auf Menschen zugehen. Bestehende Kontakte aufrechtzuerhalten und neue zu knüpfen ist auch deswegen entscheidend, da der Booker Kundenkontakte pflegen und neue Kunden gewinnen muss. Dafür besucht er die Kunden und Fotografen, um sein Portfolio (das ist eine Auswahl der durch die Agentur vertretenen Models) vorzustellen. Er klärt mit jedem Kunden, welche Produktionen im laufenden Jahr anstehen, damit er schon im Voraus gut planen kann. Sonja O. erklärt: »Wenn man sich persönlich kennt und ein Gesicht zur Telefonstimme hat, dann macht das die Zusammenarbeit einfacher. Booker machen auch Mailings und stellen unsere Models persönlich vor – natürlich auch als Vorbereitung für kommende Aufträge.« In manchen Agenturen fällt auch

Scouting

das »Scouting«, vdie Suche nach jungen und neuen Gesichtern, in das Aufgabenfeld der Booker. Bei LOUISA MODELS gibt es dafür eine eigene Abteilung.

Bin ich geeignet?

Wer Booker werden möchte, muss kommunikationsstark sein und gern telefonieren. Das Telefon eines Bookers klingelt ununterbrochen, meist hat man mehrere Anrufer gleichzeitig in der Leitung. Wer da Angst hat, ans Telefon zu gehen oder schnell ins Schwimmen gerät, ist fehl am Platz. Da drei Viertel aller Telefonate auf Englisch geführt werden, sind ausgezeichnete Englischkenntnisse ein absolutes Muss. Ohne Englischkenntnisse geht im Model-Business gar nichts. Sonja O. erzählt: »Wir haben zwar hauptsächlich deutsche

„Amtssprache" Englisch

Kunden, bedienen aber auch Kunden ausländischer Märkte, unter anderem Frankreich, Schweden, Türkei, Indien und England. Schon allein dafür ist es wichtig, Englisch gut zu beherrschen. Englisch ist zudem unerlässlich für den Umgang mit den Models, weil die aus aller Welt stammen. Englisch ist schlichtweg die ›Amtssprache‹ im Model-Business. Weitere Fremdsprachen, insbesondere Französisch, sind ein absolutes Plus, weil Frankreich ein wichtiger Handelspartner in der Modeindustrie ist.«

Für die Aufgaben eines Bookers ist vor allem die mündliche Sprachfertigkeit von Bedeutung. Wichtig ist, dass Sie flüssig sprechen – auf perfekte und akzentfreie Aussprachen wird hier weniger Wert gelegt als auf den Sprachfluss. Sie brauchen kein Oxford English, sondern den Mut zu sprechen und die Fähigkeit, sich klar und charmant auszudrücken. Als Anfangsniveau für diesen Beruf reicht flüssiges Schulenglisch. Der Rest kommt mit viel Übung und der Berufserfahrung.

Und natürlich gibt es auch im Model-Business einen Fachjargon, den es zu beherrschen gilt. Doch im Gegensatz zu Business oder Legal English lernen Sie den nur durch Learning by Doing. Es gibt keine entsprechenden Sprachkurse und Lehrbücher. Sonja O. erklärt: »Ich kann allerdings beruhigen, denn man findet relativ schnell rein. Die Fachbegriffe lernt man sozusagen nebenbei, durchs Sprechen. Und jeder, der merkt, dass man neu ist, versucht es einem am Anfang leicht zu machen.«

Etwas schwierig wird es durch die Internationalität der Branche. In der Schule haben Sie vielleicht britisches Englisch gelernt, durch ein Austauschjahr in den USA können Sie sich auch fix in den amerikanischen »drawl« einhören. Und dann begegnen Ihnen plötzlich Australier, englisch sprechende Inder, Osteuropäer ... Sonja O. beruhigt auch in dieser Hinsicht: »Der spezielle Akzent einzelner Nationalitäten ist etwas, an das man sich gewöhnen muss, aber kein Buch mit sieben Siegeln. Das lernt man mit der Zeit.«

Da Booker häufig über Preise und Konditionen verhandeln, ist es wichtig, dass sie selbstbewusst auftreten. Insbesondere wenn Kunden mit etwas nicht zufrieden sind und nochmals über die Gage verhandeln wollen, ist es wichtig, weiterhin freundlich, kundenorientiert und dennoch bestimmt aufzutreten. Der Booker soll sich mit seinen Vorstellungen durchsetzen können, denn er muss auch auf dem Markt gegenüber Konkurrenten durchsetzungsfähig sein.

Wie werde ich Model Booker?

Da Model Booker weder ein Ausbildungsberuf noch ein Studiengang ist, führen viele Wege zu diesem Traumberuf. Häufig erfolgt der Einstieg über Praktika. Auch LOUISA MODELS bietet, genauso wie andere Model-Agenturen, unvergütete Praktika an. Interessenten sollten daher einen Blick auf die Homepages der Agenturen werfen. Für LOUISA MODELS finden Sie Infos unter der Rubrik »News« auf der Homepage (www.louisa-models.com). Gute Chancen haben auch Bewerber, die eine Ausbildung im Hotelbereich, beispielsweise zum Hotelkaufmann (w/m), absolviert haben, da diese häufig über die relevanten Soft Skills wie Stressresistenz und Kundenorientierung verfügen. Sie können mit Reklamationen von Kunden umgehen und sind sehr dienstleistungsorientiert, das heißt, sie verstehen das Prinzip »Der Kunde ist König« umzusetzen. Manche Booker waren vorher in der Werbe- oder Modebranche und haben dort Branchenerfahrung gesammelt. Es gibt die Möglichkeit, nach dem Abschluss einer Sprachschule direkt als Booker einzusteigen oder erst im Rahmen eines Praktikums diese Tätigkeit kennenzulernen.

Perspektive

Ob (Internet-)Werbung, Fernsehspots oder Printreklame: Unabhängig vom Medium braucht man immer Models, die Mode oder ein anderes Produkt für die Kunden attraktiv präsentieren. Und damit braucht man auch die Profis, die Models vermitteln. Der Beruf Booker ist daher ein Job mit Zukunft!

 Diese Eigenschaften und Fähigkeiten sollten Sie für diesen Beruf mitbringen:

- Sehr gute mündliche Englischkenntnisse, Französischkenntnisse von Vorteil
- Stressresistenz, selbstbewusstes Auftreten und Durchsetzungsstärke
- Einfühlungsvermögen, Kundenfreundlichkeit und Servicedenken
- Verhandlungsgeschick und Organisationsstärke

Lektor/Redakteur (w/m) im Fremdsprachenverlag

Der Idealkandidat für den Beruf des Verlagslektors ist die geborene Leseratte, die »alles Lesbare« verschlingt – von der Belletristik bis zum absoluten Fachbuch über Zahnmedizin. »Lektor« ist keine eindeutige Berufsbezeichnung: Die Begriffe Lektorat und Redaktion werden oft synonym verwendet. Der Schwerpunkt der Bearbeitung unterscheidet sich je nach Genre – Belletristik, Sach- oder Fachbuch, wissenschaftliches Fachbuch.

Was genau macht ein Lektor?

Genauso wie der Titel variiert, so unterschiedlich ist das Tätigkeitsbild des Lektors. Es schwankt von Verlag zu Verlag, ja zuweilen sogar von Projekt zu Projekt. Grundsätzlich kann man sagen: Im Verlag angestellte Lektoren entwickeln Buchprojekte und betreuen diese von der Idee bis zum fertigen Produkt. Auch nach dem Erscheinen des Buches ist der Lektor noch der zentrale Ansprechpartner für die Presse- und die Vertriebsabteilung. Damit ist er ein wahrer Allrounder, der eine große Bandbreite von unterschiedlichen Tätigkeiten meistert. Typische Fragen, mit denen sich ein Lektor beschäftigt, sind beispielsweise: Passt das Buch von seiner Thematik her in das Verlagsprogramm? Ist dieser Manuskriptvorschlag/dieser Autor sowohl fachlich als auch sprachlich-stilistisch geeignet für unseren Verlag?

Programm gestalten

In vielen Verlagen gestaltet der Lektor auch selbst das Programm – er entwickelt Themen für Bücher und sucht sich dann einen geeigneten Autor, der diese Ideen umsetzt. Sind bereits Autorenmanuskripte beim Verlag eingegangen, so prüft er diese kritisch im Hinblick auf Inhalt und Sprache. Dabei kommt es nicht auf den persönlichen Geschmack des Lektors an, vielmehr muss er die Interessen des Verlages und dessen Zielgruppe berücksichtigen. Zum Teil ist der Lektor auch mit Korrekturlesen betraut, zum Teil wird dies von freiberuflichen Korrekturlesern/Korrektoren außerhalb des Verlages übernommen.

Manuskripte prüfen

Projektmanagement Die wichtigste Aufgabe des Lektors ist das Projektmanagement. Zunächst muss ein Buchprojekt zusammen mit der Herstellungsabteilung kalkuliert werden, damit der Kostenrahmen von vornherein klar ist. Bei aller Liebe zu Texten und der Sprache dürfen also Zahlen heutzutage einen Verlagslektor nicht mehr abschrecken. Im Vorfeld eines Buchprojekts müssen außerdem klare Vorgaben erarbeitet werden, an denen sich Autor oder Übersetzer orientieren können. Dazu gehört etwa das Erstellen von Briefings für Illustratoren oder Fotografen, Vorgaben zu Sprachstil, Aufbau und Struktur des Textes sowie eventuell Kürzungswünsche bei Übersetzungen.

Während der Arbeit am Buch agiert der Lektor als Vermittler zwischen Autoren, Übersetzern, Agenten, externen Lektoren, Illustratoren, Fotografen und den Verlagsinteressen. Dies erfordert große Kommunikationsfähigkeit, Einfühlungsvermögen und Sensibilität bei gleichzeitiger Durchsetzungsstärke und Termintreue.

Der Lektor bietet nicht nur sprachliche und inhaltliche Lösungen, sondern auch darstellungstechnische. Dafür braucht er Sachverstand hinsichtlich Layout, Grafik, Bild- und Textgestaltung. Er muss sich einen ungestalteten Text als ansprechend gestaltetes Buch »denken« können. Diese erste Layout-Idee wird dann mit der Herstellungsabteilung oder externen Grafikern weiter vorangetrieben.

In den letzten Jahren sind neben Büchern vermehrt auch andere Produkte wie Software, Audio-Books und E-Learning-Programme in Verlagskatalogen zu finden. Dadurch hat sich auch die Arbeit des Lektors gewandelt. Beispielsweise kann es sein, dass ein Buch mit einer Audio-CD, einer Übungsanleitung auf DVD oder auch mit einem PC-Programm zusammen veröffentlicht wird. Künftig werden technische Tools noch mehr in den Vordergrund der Tätigkeit rücken. Ob XML-Dokumente, Content-Management-Software oder SQL: Lektoren müssen, je nach Verlag, über einiges an Know-how verfügen und sich rasch in neue technische Trends einarbeiten können.

Lektorat und Fremdsprachen

Will man als Lektor mit Fremdsprachen arbeiten, so bieten die Bereiche Schulbuch, Sprachlehrwerke, Wörterbücher und Lernhilfen dem Interessierten einige Chancen für eine Anstellung. Selbstverständlich werden Sprachkenntnisse auch in juristischen, naturwissenschaftlichen oder technischen Verlagen benötigt, dort aber meist in Verbindung mit sehr gutem einschlägigem Fachwissen, wie es beispielsweise ein Jurist oder ein Mediziner mitbringt. Deshalb bietet sich gerade hier die Chance für Quereinsteiger mit sehr guten Fremdsprachenkenntnissen.

Lektoren im Lehrmittelbereich müssen zudem einen guten Einblick in die schulischen Lehrpläne oder die Curricula an anderen Bildungseinrichtungen besitzen. Denn nur wenn der Lektor über Anforderungen und Inhalt der Sprachprüfungen eingehend Bescheid weiß, kann er das Produkt, das auf die jeweilige Prüfung vorbereiten soll, entsprechend lektorieren. Zum Teil bewerten Lektoren auch die Übersetzungswürdigkeit fremdsprachiger Texte. Aus diesem Grund braucht der Lektor einen großen allgemeinen Wortschatz sowie Fachvokabular und sehr gute Sprachkenntnisse – und das sowohl in fachlicher als auch in sprachlicher Hinsicht.

Lektoren im Lehrmittelbereich

Dies gilt nicht nur für Fachtexte, sondern auch für die Belletristik. In diesem Bereich gibt es, je nach Genre und Verlag, einen sehr hohen Anteil an Übersetzungen, welche von den Lektoren bearbeitet werden. Gerade Anglisten, Amerikanisten und Skandinavisten sind hier gefragt. Da immer mehr Deals mit ausländischen Verlagen über Agenturen laufen, geht der Bedarf nach Lektoren, die sehr gut Englisch (am besten auch Spanisch und Französisch) sprechen und lesen, allerdings zurück.

Wie werde ich Lektor?

Der Beruf des Lektors ist kein Ausbildungsberuf und deshalb gibt es auch keine konkrete Ausbildung, die genau zu diesem Berufsziel führt. Vielmehr hängt es von der Qualifikation des Einzelnen, seinem Engagement und Networking-Geschick ab, ob er eine der sehr begehrten Stellen als angestellter Verlagslektor ergattern kann. Da Lektoren in Verlagen sehr unterschiedlicher Größe und Produktionsrichtung arbeiten, ist es schwierig, eine generelle Aussage darüber zu treffen, welche Ausbildung nun »die richtige« für diesen Beruf ist. In der Regel wird für den Zugang zur Tätigkeit ein abgeschlossenes Studium der Geisteswissenschaften an einer Universität gefordert (zum Beispiel Diplom oder Lehramt).

Wichtig in allen Fällen ist, sich frühzeitig im Bereich Fremdsprachen zu qualifizieren. Knüpfen Sie Kontakte zu Verlagen durch Ferienjobs, Ausbildung (zum Beispiel als Verlagskaufmann) oder Praktika. Bei vielen Verlagen ist das Volontariat die beste Einstiegsvoraussetzung nach dem Studium. Böse Zungen behaupten, dass **„Preiswerte"** manche Redaktionen fast nur noch mit »preiswerten« Volontären **Volontäre** besetzt sind, die wenigsten werden anschließend in eine Festanstellung übernommen. Das Honorar ist meist kärglich und oft muss sich der Volontär selbst darum kümmern, dass das Volontariat auch tatsächlich für die Arbeit im Verlag ausbildet. Nutzen Sie daher diese Zeit und knüpfen Sie wichtige Kontakte, besuchen Sie auf Verlagskosten entscheidende Seminare und sammeln Sie so viel Praxiserfahrung wie möglich. Zeigen Sie Eigeninitiative: Überzeugen Sie den zuständigen Redakteur/Lektor, Ihnen eigene Projekte zu geben, oder bieten Sie sich für Urlaubsvertretungen an!

Networking-TIPP

Lektorinnen können auch über den Verband der BücherFrauen (als »Women in Publishing« international vertreten) gut Kontakte knüpfen.

Als Lektor selbst hat man die besten Berufschancen, wenn man schon über eine gewisse Verlagserfahrung verfügt. Je mehr Verlage Sie kennen, umso besser sind Ihre Einstellungschancen. Also eine gute Möglichkeit für netzwerkende Sprachtalente. Lektorats-Aspiranten sollten sich jedoch bewusst sein, dass derzeit und auch künftig eine Festanstellung in einem Verlag immer seltener wird.

Viele Verlage beschäftigen Lektoren aus Kostengründen auf freiberuflicher Basis. Daher heißt es: flexibel sein!

Diese Eigenschaften und Fähigkeiten sollten Sie für diesen Beruf mitbringen:

- Hervorragende Kenntnisse in Deutsch und mindestens einer Fremdsprache
- Ausgezeichnete sprachliche Ausdrucksfähigkeit
- Hohe Affinität zu Büchern und anderen Medien
- Sehr gute Kenntnisse in Office-Programmen, insbesondere Word, Excel und PowerPoint
- Urteilsfähigkeit, Verhandlungsgeschick

Adressen, Tipps und Links

www.buchmarktjobs.de	Die Stellenbörse für die Verlagswelt
www.vfll.de	Verband der freien Lektorinnen und Lektoren
www.lektorat.de	Suchdatenbank mit Branchenverzeichnissen und Angeboten für Freiberufler
Besuchen Sie außerdem die Homepages der renommierten Fremdsprachenverlage wie beispielsweise »Langenscheidt«, »Klett« oder »Cornelsen«.	

Medienübersetzer (w/m) und Untertitler/ Subtitler (w/m)

Sehen Sie sich gern MTV-Sendungen wie »Flavor of Love« oder »Date my Mom« an und vergleichen das gesprochene Original mit den deutschen Untertiteln? Denken Sie sich: »Das könnte ich genauso gut oder gar besser.«? Schauen Sie sich gern Filme an und fragen sich, wie es möglich ist, dass die Lippen von Johnny Depp und die deutsche Stimme so synchron laufen? Medien sind allgegenwärtig in unserem Alltag und haben Berufe aufkommen

Kann Johnny Depp Deutsch?

lassen, die es vor einem Jahrzehnt noch gar nicht gab. Die rasanten Entwicklungen unter anderem im Bereich Kommunikationstechnologie bringen ständig Neues hervor und stellen stetig neue Anforderungen an Medienübersetzer.

Was genau machen Medienübersetzer/Untertitler?

Multimediale Translation

Das Leistungsspektrum im Bereich »Multimediale Translation«, so der wissenschaftliche Alternativbegriff für Medienübersetzer, umfasst zunächst die Übersetzung der Skripte und Untertitel von Spiel-, Dokumentar- und Kurzfilmen für Kino, Fernsehen und DVD. Heutzutage kann eine DVD bis zu acht Synchronfassungen und 32 Untertitelversionen enthalten.[20] Die deutsche Fassung wird sowohl synchronisiert als auch untertitelt angeboten.

»Das Besondere am Beruf des Medienübersetzers ist die Abwechslung, die das Bearbeiten von audiovisuellen Werken mit sich bringt, und die künstlerische Kreativität, die man – ähnlich wie beim Literaturübersetzen – ausleben muss/darf/kann«, erklärt Gisela Schmitt, Inhaberin von Cologne Subtitling und erfahrene Medienübersetzerin.

Die Hauptaufgaben eines Medienübersetzers bestehen in der Übersetzung und Adaption (Anpassung) des Ausgangsmaterials. Konkret umfasst dies das Untertiteln von Filmen für Kino, DVD und TV sowie Audiodeskription für Blinde, Untertitel für Hörgeschädigte, Übertitel für Oper und Theater sowie Voice-Over-Synchronisation. Auch Filmexposés, Hörspiele, Webseiten, Fernsehformate, Interviews, Firmen-Newsletter oder CD-Begleithefte werden in die gewünschte Zielsprache übertragen. Der Medienübersetzer ist außerdem in die mehrsprachige Bearbeitung von Werbe- und Imagefilmen von Wirtschaftsunternehmen und Behörden involviert. Das Tätigkeitsgebiet ist also sehr breit gefächert. Oberste Zielsetzung ist die sachlich, sprachlich und inhaltlich korrekte Übersetzung.

---

20) www.untertitel-ag.de/dvd.html.

Untertitelung/Subtitling

Die Untertitelung ist die Vermittlung eines Filminhalts an Menschen, die der Filmsprache nicht mächtig sind, wobei die Bildsprache einbezogen wird. Eine gute Untertitelung ist diejenige, die der Zuschauer in Ruhe lesen kann und die – trotz Kürzung des Inhalts – sofort verständlich ist.

»Die Untertitelung ist eine sehr komplexe und anspruchsvolle Form der Sprachbearbeitung – manche nennen sie sogar eine Kunst«, erklärt Nicole Neumann, Untertitlerin und Dozentin an der Universität Hamburg. »Denn anders als bei jeder anderen Form der Übersetzung kann der Zuschauer bei einer Untertitelung unmittelbar feststellen, ob die Übersetzung gelungen ist oder nicht – zumindest wenn der Zuschauer die nötige Sprachkompetenz besitzt«, fährt sie fort.

Bei der Untertitelung wird die inhaltliche Kerninformation so zusammengefasst, dass sie in einem auf höchstens zwei Zeilen und zeitlich auf wenige Sekunden begrenzten Untertitel verständlich ist. Untertitler übersetzen den gesprochenen Dialog der Ausgangssprache und übertragen ihn schriftlich in die Zielsprache, indem sie höchstens zwei Zeilen verwenden mit insgesamt bis zu 40 Zeichen. Dazu muss der Untertitler unter anderem den Text kürzen, neu formulieren, den Satzbau vereinfachen, Wiederholungen und Ähnliches weglassen. Giovanna Runggaldier ist Dozentin des Aufbaustudiengangs »Untertitelung« an der Hochschule für Angewandte Sprachen, Sprachen & Dolmetscher Institut München. Sie erklärt: »Untertitelung ist die Kunst des Kürzens. Es wird gut ein Viertel der gesprochenen Dialoge bei der Erstellung der Untertitel weggelassen, ohne natürlich den Sinn zu verändern oder zu verlieren.«

Untertitler verteilen den Text ihrer Übersetzungen entsprechend dem Sprachrhythmus der Schauspieler, der Geschwindigkeit des Bilderwechsels und der Geschwindigkeit, mit welcher der Zuschauer liest. Dem Zuschauer muss beim Lesen der Untertitel genug Zeit bleiben, um dem visuellen Geschehen auf dem Bildschirm zu folgen. Jeder Untertitel muss eine Sinneinheit bilden. Der

Übersetzer muss dabei den Anspruch an sich und seine Arbeit haben, dass die Untertitel für den Zuschauer sofort verständlich und gut lesbar sind. Dafür braucht der Untertitler ein Gespür für den Filmrhythmus.

Untertitler benötigen auch technisches Geschick, da sie mit spezieller Software wie EZTitles und WinCaps arbeiten. Das sind Softwareprogramme, mittels deren der Untertitler in der linken Bildschirmhälfte den Film sieht und in der rechten den Text neben das jeweilige Bild schreibt.

Voice-Over-Synchronisation

Ein weiteres wichtiges Aufgabenfeld der Medienübersetzer sind Voice-Over-Synchronisationen, die häufig bei Dokumentarfilmen oder Nachrichtensendungen verwendet werden. Bei Voice-Over ist, wie der Begriff besagt, eine Stimme über dem Original zu hören. Die Übersetzung kommt zeitlich etwas verzögert und ist lauter als das Original. Bei der Synchronisation gilt ebenfalls, dass der Sprechertext in Rhythmus und Länge an das Original angepasst sein muss. Die Texte müssen leicht sprechbar sein und natürlich, also »nicht übersetzt«, klingen.

Wie werde ich Medienübersetzer/Untertitler?

Es gibt keinen geregelten Ausbildungsweg. Maßgeblich sind praktische Kenntnisse und nicht akademische Titel. Sammeln Sie also Erfahrung mit Untertiteln: Sehen Sie sich Filme mit Untertiteln an und achten Sie (im Ausland) auf die Untertitelung. Einige Universitäten wie die Universitäten Mainz und des Saarlandes sowie private Sprachschulen wie das SDI in München bieten Aufbaustudiengänge oder anderweitige Qualifizierung in Untertitelung an. Der Einstieg gelingt meist über ein Praktikum und/oder Volontariat bei Untertitelungsfirmen. Zu empfehlen ist ebenfalls ein Praktikum als Cutter.

Nicole Neumann eignete sich das notwendige theoretische Wissen zu Untertiteln mithilfe des Buches von Jan Ivarsson[21] audiodidaktisch an. Anschließend verfeinerte und erweiterte sie ihre Kenntnisse im Rahmen von Praktika, unter anderem bei der renommierten Firma Titelbild (www.titelbild.de) in Berlin.

Welche Sprachkenntnisse sind besonders gefragt?

Englisch ist und bleibt wichtigste Sprache im Bereich Medien. »Bei ungefähr 80 Prozent«, so schätzt Gisela Schmitt, »der in Deutschland zu synchronisierenden und zu untertitelnden Programme ist die Ausgangssprache Englisch – daran wird sich nach Einschätzung vieler Fachleute auch in Zukunft wenig ändern.« Neben den USA haben auch andere Länder eine florierende Film- und Fernsehindustrie, dennoch ist man mit exotischen Sprachkombinationen als Medienübersetzer selten voll ausgelastet. Gisela Schmitt berichtet weiter: »Japanisch könnte eventuell in Zukunft mehr gefragt sein, wie auch die skandinavischen Sprachen.« DVDs mit deutschen Filmen beinhalten häufig englische und französische Untertitel sowie Untertitel für Gehörlose. Auf dem inländischen deutschen Markt herrscht daher ein großer Bedarf an Untertitelübersetzung ins Englische und auch ins Französische.

Ausgangssprache Englisch

Was ist das Schwierige an dem Job?

Das Einkommen von Medienübersetzern und Untertitlern steht häufig im Konflikt zwischen qualitativer Effizienz und billiger Schnelligkeit. Denn je schneller sie arbeiten, umso besser ist der Stundenlohn. Die Tarife für Untertitler werden kontinuierlich gekürzt, in den letzten anderthalb Jahren um bis zu 50 Prozent[22] »Tatsächlich weiß ich gar nicht, ob ich diesen Beruf empfehlen soll. Er ist schlecht bezahlt und unsicher«, konstatiert Nicole Neumann. Auch Gisela Schmitt bestätigt: »Der Preiskampf im Syn-

---

21) *Subtitling* von Jan Ivarsson und Mary Carroll, Herausgeber: TransEdit, Schweden.
22) SUBTLE; The Subtitlers' Association, www.subtitlers.org.uk, siehe dort »Manifesto«.

chron- und Untertitel-Bereich wird immer stärker. Vor allem durch die Konkurrenz der Mitbewerber aus traditionell starken Unterti-tel-Nationen wie Skandinavien, Belgien, Holland.«

Medienübersetzer/Untertitler – Berufe der Zukunft?

Es entstehen kontinuierlich neue audiovisuelle Medien, wie bei-spielsweise die Übertitelung in Oper und Theater. Die Globalisie-rung macht Fortschritte und nationale Filmbranchen florieren. Immer neue Fernsehsender drängen auf den Markt und die Programme, die meist aus ausländischen Produktionen bestehen, müssen für den deutschen Zuschauermarkt bearbeitet werden. Der stets größer werdende DVD-Markt trägt ebenfalls dazu bei, dass mehr untertitelt wird. Die nächste DVD-Generation, die sogenann-te Blu-ray Disc, wird eine größere Speicherkapazität und damit mehr Platz für Untertitelung und Synchronfassungen enthalten. Das bedeutet, dass der Bedarf an Medienübersetzern und Untertit-lern noch steigen wird, auch wenn Kinofilme und TV-Sendungen künftig weniger untertitelt werden.

 Diese Eigenschaften und Fähigkeiten sollten Sie für diesen Beruf mitbringen:

Die Kunst des Filmübersetzens und Untertitelns bedeutet mehr als die reine Sprachübertragung von der Ausgangssprache in die Zielsprache – zumal bei der Medienübersetzung eine besondere Herausforderung darin besteht, das gesprochene Wort ins Schrift-liche zu übertragen. Dazu braucht es Kreativität und Fachwissen gleichermaßen. Darüber hinaus sind erforderlich:

- Perfektes Beherrschen der Muttersprache
- Sehr gute Kenntnisse einer oder mehrerer Fremdsprachen mit Verständnis der verschiedenen Sprachebenen (vom geho-benen Sprachniveau über Umgangssprache bis zu Slang)
- Fähigkeit, gehörte Sprache in schriftliche zu übertragen
- Affinität zum Film und Spaß am Anpassen von Sprache an Bilder
- Breit gefächertes Allgemeinwissen und Kenntnisse der Kultur des Landes

- Sehr präzises Arbeiten bei gleichzeitiger Einsicht, dass beim Untertiteln Kompromisse gemacht werden müssen
- Interesse an Film- und Fernsehtechnik (Tonspuren, Timecodes)

Adressen, Tipps und Links

www.sdi-muenchen.de/hochschule	Hochschule für Angewandte Sprachen, Sprachen & Dolmetscher Institut München
www.fask.uni-mainz.de	Johannes Gutenberg-Universität Mainz , Fachbereich Angewandte Sprach- und Kulturwissenschaft
www.uni-hildesheim.de	Masterstudiengang Medientext und Medienübersetzung – Start zum Wintersemester 2011/12
www.babel-fisch.com	Untertitelungsfirma, guter Abriss über Tätigkeit

Texter (w/m), zweisprachig

»Ich mache in Buchstaben«, antwortet die zweisprachige Texterin Stephanie Kranz aus München auf die Frage nach ihrem Beruf. »Das beschreibt es einfach am besten. Ich produziere Buchstaben in verschiedenen Sprachen für verschiedene Branchen, Kunden und Themenbereiche.« Stephanie Kranz ist seit 2003 freiberuflich als Texterin für Unternehmen wie Bogner, Red Bull oder Konica Minolta und im Einsatz. Sie schreibt außerdem redaktionell als Journalistin für Medien wie *Bunte*, *TZ*, *Mountainbike Rider Magazine* und *SkiMAGAZIN*. Und sie arbeitet als Übersetzerin. Kurz: Sie formuliert auf Deutsch, Englisch und Spanisch für Zeitung und Zeitschrift oder für Presse- und Werbetext, hauptsächlich im Bereich Sport, Lifestyle, Fashion und Film. Aufgrund

ihrer Erfahrung ist sie bereits ein Profi auf dem Gebiet der
mehrsprachigen Texterei, ihr Alltag ist actiongeladen und abwechslungsreich.

Was genau macht ein zweisprachiger Texter?

*Das Telefon klingelt. »Stephanie Kranz«, meldet sie sich. »Ja,
hallo, hier ist Martina Bürger, ich habe Ihren Kontakt über
Christian Grab bekommen, der Sie mir empfohlen hat«, sagt die
Stimme am anderen Ende. »Freut mich sehr«, antwortet Stephanie
Kranz und nimmt sich Stift und Zettel zur Hand. »Wie kann ich
weiterhelfen?« Frau Bürger fährt fort: »Ich war gerade auf Ihrer
Website www.stephaniekranz.com und habe gesehen, dass Sie sehr
viel im Sportbereich machen und sich dort sehr gut auskennen. Wir
als Ski- und Snowboard-Hersteller suchen nämlich einen Texter für
unsere Pressemappe für die Ispo (Internationale Sportmesse). Da
muss jemand ran, der sich sowohl mit Ski- und Snowboard-
Technologie auskennt und diese vermitteln kann als auch eine
Sprache beherrscht, welche die Medien außerhalb der Sportbran-
che verstehen und mögen. Und wenn die Texte fertig sind, müssen
sie auch gleich ins Englische übersetzt werden.« Stephanie entgeg-
net: »Klar, da sind Sie bei mir richtig. Können Sie mir nähere
Angaben machen?« Stephanie Kranz fragt gleich ganz gezielt,
worum es bei dem Auftrag geht: Welchen Umfang hat das Ganze?
Wer ist die Zielgruppe? Welche Infos sind bereits vorhanden, was
muss noch recherchiert werden? Und das Wichtigste: Wann
müssen die Texte geliefert werden? Meistens müssen die Aufträge
»bis vorgestern« fertig sein, oft wird das Infomaterial aber erst
spät geliefert, Nachtschichten sind programmiert. Perfekte Planung und Vorbereitung – und Mut, diese Planung auch wieder
umzuwerfen – sind angebracht beziehungsweise notwendig.*
Stephanie Kranz »macht« aber nicht nur »in Buchstaben« für
klassische Pressetexte. Mit ihrem Büro ist sie Untermieterin in
einer Werbeagentur und mittlerweile deren Haus- und Hoftexte-
rin. Hier fungiert sie als klassische Werbetexterin. Werbetexter

arbeiten üblicherweise in Werbe- und PR-Agenturen, Agenturen für Kommunikationsdesign und Unternehmensberatungen – teils angestellt, oft freiberuflich. (Werbe-)Texter entwickeln Texte für Broschüren, Radio- und Fernsehspots, Internetauftritte, Flyer, Stellenanzeigen, Kataloge und Poster. In Zusammenarbeit mit dem Art Director und den Kundenkontaktern wirken sie zudem an der Konzeption von ganzen Werbekampagnen mit.

»Texten Sie eigentlich auch gleich direkt auf Englisch?«, fragt Frau Bürger. »Ja, sehr gern sogar«, antwortet Stephanie Kranz. »Super, dann darf ich Ihren Kontakt an meinen Bekannten weitergeben? Er sucht nämlich einen Texter beziehungsweise eine Texterin, die Presseinformationen und Magazinstorys über eine große internationale Event-Serie vor Ort direkt auf Englisch textet. Idealerweise übersetzt der Texter die Texte dann auf Anfrage auch gleich ins Deutsche. Ihr Auftraggeber wäre das Unternehmen und Ihre Texte würden dann vom Unternehmen direkt an die Medien geschickt«, so Frau Bürger weiter.

Wie werde ich zweisprachiger Texter?

Stephanie Kranz ist ursprünglich ausgebildete Übersetzerin; für ihre Tätigkeit als Texterin hat sie eine weitere Ausbildung absolviert: bei Deutschlands Textguru Reinhard Siemes und seiner texterschule.de. Dort belegte sie ein zweimonatiges Online-Seminar für Werbetext, bei dem sie alle gestellten Aufgaben selbstständig im Internet abrufen, lösen und nach einem bestimmten System bewerten musste – nach eigenem Zeitplan, neben ihrem normalen Job. Die einzigen Institute, die eine texternahe Ausbildung sonst noch anbieten, sind die Hochschule der Künste in Berlin (HdK, Studiengang »Gesellschafts- und Wirtschaftskommunikation«) und die Texterschmiede in Hamburg. Problem: Das sehr theoretische Studium an der HdK dauert fünf Jahre, in der Texterschmiede gibt es nur 25 freie Plätze pro Halbjahr – beides sind Vollzeitstudien.

Welche Eigenschaften braucht ein zweisprachiger Texter?

Neben Kreativität, einem guten Sprachgefühl und einer Portion Witz sind Schnelligkeit und Belastbarkeit gefragt. Die Branche des Kunden zu kennen und ein Gespür für Trends zu haben sind ebenso wichtig. Ein Texter muss sich optimal in seinen Kunden und seine Zielgruppe hineinversetzen können, um das Produkt begreifen und beschreiben können. Dabei kommt ein Texter mit wenigen, sauber gewählten Worten schnell auf den Punkt. Klar, dass man dafür in jedem Fall seine Muttersprache perfekt beherrschen und einen guten Schreibstil und jede Menge sprachliches Feingefühl an den Tag legen muss. Und: Mit einer zusätzlichen Fremdsprache kann man optimal Brücken schlagen, eine größere Zielgruppe ansprechen. Auch fördern Fremdsprachen die Kreativität in der Muttersprache, da Sie sich von der Fremdsprache oftmals etwas »ausleihen« können. Außerdem wirken deutsche Werbetexte, die einfach nur eins zu eins in eine Fremdsprache übersetzt wurden, nicht so wie im Deutschen. Da muss jemand ran, der ein feines Gespür für Gebrauch und Wirkung der Fremdsprache hat. So wie Stephanie Kranz – sie textet einfach gleich direkt in der Fremdsprache, in ihrem Fall Englisch.

Und ... Action!

Aus dem Gespräch mit Frau Bürgers Bekanntem ergibt sich dann eine spannende Zusammenarbeit für eine Freestyle-Motocross-Wettkampfserie, die viel Reiserei und Texten unter Hochdruck und Motorenlärm die ganze Nacht nach dem Event hindurch von Stephanie fordert. Denn die ersten News-Texte werden bereits in der Nacht nach der Siegerehrung weltweit verschickt. Es geht zudem bereits in zwei Wochen los. Stephanie Kranz muss sich also blitzschnell mit dem Thema Freestyle-Motocross vertraut machen, sich im Internet und in der Fachpresse über den Sport und seine Protagonisten informieren. Zudem muss sie ihre laufenden Projekte so koordinieren, dass sie »weg kann«, ohne dass ihre anderen Kunden auf die bereits zugesagten Texte und Übersetzungen warten müssen. Vor Ort in Mexico City oder Irland interviewt Stephanie Kranz die Teilnehmer beim Wettkampf auf Deutsch, Englisch und Spanisch. Sie spricht mit den Event-Organisatoren und Motocross-Kursbauern und produziert die Updates für die Event-eigene Website. Sie schreibt kürzere und längere englische Texte, Reports und Interviews mit verschiedenen Schwerpunkten und Themen, die dann allesamt von der PR-Abteilung des beauftragenden Unternehmens an Medien weltweit verschickt werden. Schließlich soll der Event beziehungsweise die ganze Event-Serie international beworben werden. Die Magazine, Zeitungen und Online-Portale nehmen Stephanies Texte als Basis für ihre Geschichten und Artikel. Auf Anfrage übersetzt sie diese Texte dann gleich ins Deutsche. In beiden Sprachen muss Stephanie Kranz sowohl im förmlichen Stil als auch im Jargon der Freestyle-Motocrosser topfit sein.

Networking, Fachkenntnisse und Kundenkontakt

Dass sie mit ihrer Texterei mal so viel herumkommen würde, hätte sich Stephanie Kranz nicht gedacht. Doch freiberuflich als zweisprachige Texterin zu arbeiten ist nichts, was man sich mal eben aus dem Ärmel schüttelt. Es erfordert Mut, Fleiß, Energie, sehr gute fachliche Kenntnisse und eine umfangreiche Allgemeinbildung. Fließend Englisch in Wort und Schrift, perfekter Ausdruck in der Muttersprache Deutsch und Kenntnisse der gängigsten Computerprogramme sind die Mindestanforderungen. Zudem sind soziale Fähigkeiten wichtig. Sie müssen Menschen mögen, sie von sich begeistern, kommunikativ und aufgeschlossen sein. Denn Kontakte sind (fast) alles, um sich ein stabiles, ausbaufähiges und letztendlich gewinnbringendes Netzwerk zu schaffen. Sich gut zu präsentieren gehört einfach dazu, Freundlichkeit und professionelles Auftreten auch. Und Präsenz sowie Charisma. Um im Gespräch und in den Köpfen der potenziellen Kunden zu bleiben und ihr Branchenwissen zu erweitern, macht Stephanie Kranz noch mehr: Sie geht auf Messen, Firmenveranstaltungen, Sportveranstaltun-

Soziale und kommunikative Fähigkeiten

Das Netzwerk wächst ...

gen, Filmpremieren und Presse-Events. Und dort zückt sie ihre Visitenkarten. Nicht wahllos oder aufdringlich, sondern nur wenn sich die Situation ergibt und »es passt«. Eine gewisse Gelassenheit und Souveränität wirken ihrer Meinung nach besser auf Menschen als penetrantes »Sich-verkaufen-Wollen«. Ein gutes Netzwerk und hochwertige Arbeit verselbstständigt sich dann: Zufriedene Kunden sprechen ihre Empfehlungen an Bekannte und Kollegen aus, Stephanie Kranz' Kontakt wird weitergereicht, das Netzwerk wächst weiter, die Aufträge häufen sich.

Aber man muss nicht nur ein Netzwerk pflegen und erweitern, sondern auch vernetzt denken. Stephanie Kranz hat drei Jobs, die oft ineinandergreifen. Synergien zu nutzen bietet sich hier geradezu an: Im Detail sieht das dann beispielsweise so aus, dass ein Sportunternehmen Athletenporträts für zwei deutsche, vom Unternehmen gesponserte Profisportler braucht, die an einem großen internationalen Wettkampf teilnehmen werden. Stephanie Kranz wird mit der Produktion der Athletenporträts beauftragt. Sie textet auf Basis der Informationen über die Athleten, die der Kunde liefert, telefoniert mit den Sportlern selbst und recherchiert im Internet. Die Porträts werden dann im Vorfeld des Events vom Kunden an Zeitungen, Zeitschriften und Agenturen geschickt, die sich daraus ihre Storys basteln. Somit werden die Sportler und der Sponsor in der Presse promotet. Steht der Event dann unmittelbar vor der Tür, kann Stephanie Kranz die bereits getexteten Porträts und die gesammelten Informationen nutzen, um in ihrer Funktion als unabhängige Journalistin zum Beispiel für eine deutsche Tageszeitung redaktionell über den Event und die beiden deutschen Teilnehmer zu schreiben. Und weil sie zudem Übersetzerin und im Thema mittlerweile gut drin ist, wird sie später für die Übersetzung des englischen Sprechertexts der TV-Dokumentation über den Event ins Deutsche gebucht. Alles für ein und denselben Kunden und ein und dasselbe Projekt.

Bei fast allen Kunden und Aufträgen liefert Stephanie Kranz, wenn nötig, einen Mehrwert. Das heißt, sie bietet beispielsweise die Korrektur von fehlerhaften Originaldokumenten an, die als Vorlage oder Ausgangsbasis vom Kunden kommen. Im Telefonat mit dem Kunden bemerkt sie taktvoll und höflich, dass es fehlerhafte Stellen gibt, die sie gern korrigieren kann, wenn der Kunde es möchte – bei kleinen Fehlern auch teilweise ohne Zusatzkosten für den Kunden. Nicht immer, klar. Wenn die Zeit drängt oder die Korrektur viel zu umfangreich ist, ist so etwas nicht möglich. Dann stellt sie die Korrektur in Absprache mit dem Kunden in Rechnung oder macht lediglich auf die Fehler aufmerksam. Wichtig ist aber in jedem Fall: Stephanie Kranz hat immer eine »Lösung« für die auftretenden Probleme im Ärmel, bietet Varianten für Vorgehensweisen und Abläufe an.

Manche Projekte sind aber so aufwendig oder beinhalten eine Reise ins Ausland, dass Stephanie Kranz nicht jeden Auftrag selbst erledigen kann. Auch hier ist das Thema Netzwerk entscheidend. Bekommt Stephanie Kranz eine Anfrage für eine Übersetzung, die sie aus Zeitgründen nicht erledigen kann oder weil es sich dabei nicht um ihren Fachbereich (zum Beispiel IT) handelt, nutzt sie ihr Netzwerk an Freiberuflern: Übersetzungsexperten aus allen möglichen Fachrichtungen, die sie meistens noch von ihrer Ausbildung her kennt. Sie ruft sie an und beauftragt sie mit dem Job. Die **Freelancer** Rechnung der anderen Freelancer bezahlt sie und berechnet sie an ihre Kunden weiter. So bleiben ihre Kunden bei ihr, denn alles läuft über ihren Bildschirm. Zudem kann sie auch Aufträge annehmen, die sie in diesem Moment selber zeitlich nicht schafft, und ihre Kunden suchen sich niemand anderen. Trotzdem, auch hier liest sie immer noch mal selbst über die gelieferten Texte drüber, denn Vertrauen ist gut, Kontrolle ist besser. Schließlich steht Stephanie Kranz mit ihrem Namen für Qualität und Richtigkeit der gelieferten Dokumente. Texte, egal ob englische oder deutsche, schreibt sie alle selbst. Die Kunden schätzen ihr besonderes Verständnis in Bezug auf Thema und Zielgruppe, ihren Schreibstil, ihre präzise und professionelle Umsetzung. Und ihre schnelle Auffassungsgabe, ihren Blick fürs Wesentliche und ihre freundliche Art. Auch dafür steht Stephanie Kranz mit ihrem Namen.

Diese Eigenschaften und Fähigkeiten sollten Sie für diesen Beruf mitbringen:

- Perfektes Beherrschen der Muttersprache und sehr gute Kenntnisse der Fremdsprache
- Breites Allgemeinbildung
- Kreativität und Ideenreichtum
- Sehr guten Schreibstil und Feingefühl im Umgang mit der Mutter- und Fremdsprache
- Gespür für Trends, Sinn für Ästhetik und Verständnis für soziokulturelle Zusammenhänge
- Fähigkeit, sich in den Arbeitgeber und die Zielgruppe hineinzuversetzen
- Routinierter Umgang mit dem PC (Kenntnis von Grafikprogrammen von Vorteil)

8 Berufe mit Technik, IT und Naturwissenschaften

Softwarelokalisierer (w/m)/ Spieleübersetzer (w/m)

Inzwischen liest man im Zusammenhang mit Übersetzern häufiger den Begriff »Softwarelokalisierung«. Da fragt sich so mancher: »Was genau ist das denn, ›Lokalisierung‹? Und warum müssen Software oder Spiele ›lokalisiert‹ werden und können nicht einfach ›übersetzt‹ werden wie Bücher?«

Viele Produkte, insbesondere im Bereich der Unterhaltungselektronik und der Computersoftware, können nur verkauft werden, wenn die Produktinformationen in der jeweiligen Landessprache vorliegen. Die Produkte müssen dabei nicht nur an die sprachlichen, sondern auch an die kulturellen Gegebenheiten der Anwender im jeweiligen Land angepasst, also lokalisiert, werden. Will der Softwarehersteller einen neuen Markt erschließen, so muss sein Produkt lokalisiert werden – ebenso Handbücher, Hilfetexte, Schulungs- und Marketingmaterialien sowie Wartungsunterlagen. Auch Handy-, Computer- und Konsolenspiele sind Software und werden lokalisiert. Sie haben entscheidend dazu beigetragen, dass die Softwarelokalisierung seit den 1990er-Jahren zu einem florierenden Wirtschaftszweig geworden ist, der sich vermutlich noch ausdehnen wird. In diesem Zusammenhang hat sich auch die Softwarelokalisierung entwickelt und etabliert. Übersetzer, die in diesem Bereich arbeiten, müssen neben sprachlichem Können natürlich auch über fundiertes Wissen auf dem Gebiet der Informationstechnologie verfügen und Spaß daran haben, den technischen Trends in diesem Bereich zu folgen.

> Lokalisieren = an die sprachlichen und kulturellen Gegebenheiten der Anwender anpassen

Wo arbeiten Softwarelokalisierer?

International agierende Unternehmen beschäftigen für die Lokalisierung ihrer Produkte meist eigens dafür ausgebildete Spezialisten. Häufig werden Lokalisierungsaufgaben auch an externe Dienstleister vergeben. Der Markt der Unternehmen, die auf Softwarelokalisierung spezialisiert sind, ist recht unübersichtlich. Firmen verschiedenster Größenordnung bieten teilweise nur reine Übersetzungsleistungen an, teilweise übernehmen sie alle für die Lokalisierung erforderlichen Aufgaben. Manche Unternehmen bieten die Lokalisierung in nur wenigen Sprachen an, manche in einer großen Vielfalt von Sprachkombinationen einschließlich asiatischer Sprachen. Für Softwarelokalisierer auf Jobsuche könnten neben den großen Lokalisierungsfirmen auch interessant sein: Übersetzungsdienstleister (siehe Kapitel »Projektmanager«, S. 99), Softwareunternehmen, Übersetzungsagenturen, Terminologieabteilungen in Unternehmen (siehe Kapitel »Terminologe«, S. 111) sowie die freiberufliche Übersetzertätigkeit (siehe Kapitel »Übersetzer«, S. 75).

Was genau macht ein Softwarelokalisierer?

Laut der Localization Industry Standards Association (LISA) macht das Übersetzen des Softwareprodukts in eine andere Sprache zwar einen großen, aber nicht den gesamten Teil des Lokalisierungsprozesses aus.[23]

Bevor der Lokalisierer mit der Arbeit beginnen kann, sollte er zunächst die Terminologie des Originals sorgfältig prüfen. Gibt es beispielsweise Formulierungen, die widersinnig, missverständlich oder gar unverständlich sind? Es kommt durchaus vor, dass das fremdsprachige Original nicht immer sinnvoll und logisch ist oder dass es kulturelle Aspekte gibt, die sich nicht eins zu eins übertragen lassen.

Kennen Sie Bingo? Christiane Hesse, Softwarelokalisiererin und Spieleübersetzerin, stieß auf genau dieses Problem, als sie eine aus Australien

---

23) LISA: www.lisa.org, glossary, »localization«.

stammende Spielesammlung für Kinder lokalisierte. »Diese Spielesammlung setzte voraus, dass die Kinder das Spiel *Bingo* kennen.
Englische, amerikanische und australische Kinder kennen es,
deutsche aber nicht unbedingt. Der Softwarelokalisierer braucht in
so einem Fall ein Problembewusstsein. Er sollte den Kunden darauf
aufmerksam machen, dass *Bingo* in Deutschland nicht so verbrei-
tet ist und dass die deutsche Fassung des Spiels zunächst die *Bingo*-
Spielregeln erklären muss.« Dass viele der Programme und Spiele
für den englischen Markt entwickelt wurden, bringt beim Übersetzen noch ein weiteres Problem mit sich. Nehmen wir einmal an,
in einem Spiel erscheint auf dem Bildschirm die Nachricht: »Der
bösartige Goblin verwundet Franklin D. Roosevelt mit fünf
Punkten Feuerschaden.« Dieser Satz steht so nicht in der Original-
software. Vielmehr ist er das Produkt einer Formel, die lautet:
»Platzhalter verwundet Platzhalter mit Platzhalter Platzhalter.«
Die Formel greift auf eine Datenbank zu, die einsetzt: die Art des
Schadens, die Anzahl der Schadenspunkte, wer verwundet und wer
verwundet wird. Bei jeder Aktion holt sich die Formel die
entsprechende Information aus der Datenbank und setzt sie in den
Satz mit den Platzhaltern ein. Das hat für die Übersetzung
Konsequenzen: Jede Sprache ist anders aufgebaut. Und bei der
Programmierung im angloamerikanischen Sprachraum wird
manchmal nicht berücksichtigt, dass andere Sprachen Geschlech-
ter oder andere grammatische Eigenheiten kennen, die dem
Englischen unbekannt sind. Während sich im Englischen beispielsweise mit »the« einfach geschlechtsneutral verschiedene Platzhalter einsetzen lassen, muss sich der Softwarelokalisierer für die
deutsche Version fragen: Wird das »der«, »die« oder »das«? Und
muss Akkusativ oder Dativ berücksichtigt werden, damit der
Zugriff auf die Datenbank nicht Kauderwelsch produziert?
Neben der reinen Textübersetzung müssen beispielsweise auch
Angaben von Datum, Zeit, Währung und Temperatur geändert
werden. Auch Farben, Schriftarten, Zeichensätze, Bilder und
weitere audiovisuelle Einstellungen werden angeglichen. Gerade
bei Grafiken ist es wichtig, diese an die geografischen und

kulturellen Gegebenheiten sowie die besonderen Bräuche der jeweiligen Nutzer anzupassen. Auch das Übersetzen von CD-Etiketten oder Verpackungsaufschriften gehören zu den Aufgaben des Lokalisierers.

Zu den übersetzungsbezogenen Aufgaben kommen noch Veränderungen der Software selbst. Beispielsweise müssen Tastaturbelegungen, Tooltipps und die Größe von Schaltfläche angepasst werden, wenn die Zielsprache länger als das Original ist (siehe auch unten).

»Vieles beim Lokalisieren ist sehr technisch und (logischerweise) IT-lastig. Oftmals muss auch die Grafik verändert werden«, erklärt Christiane Hesse. »Nehmen wir einmal die Schaltfläche einer Software, die dem Anwender auf dem Bildschirm angezeigt wird. Hier muss eventuell der zugewiesene Platz angepasst werden, damit der lokalisierte String, also die ins Deutsche übersetzte Zeichenkette, überhaupt hineinpasst.«

Hilfreich für eine erfolgreiche Lokalisierung ist, wenn im Planungsstadium der Software bereits die Internationalisierung berücksichtigt wurde. Ist das nicht der Fall, kann es sein, dass beispielsweise bei Spielen für Videokonsolen zu wenig Platz für den Text vorhanden ist und daher die Übertragung in andere Sprachen schwierig wird – denn die englische (und erst recht die japanische und koreanische) Sprache braucht zumeist deutlich weniger Zeichen als andere (europäische) Sprachen. Auch muss – je nach Zielmarkt – das Schriftsystem des Ziellandes (zum Beispiel asiatische oder arabische Schriftzeichen) darstellbar sein. Wurde in der Planung die Internationalisierung nicht beachtet, kann eine Lokalisierung für das auftraggebende Unternehmen daher sehr zeit- und kostenintensiv werden. Sind diese Aufgaben allesamt erledigt, sollte geprüft werden, ob das lokalisierte Produkt sprachlich korrekt ist und ordnungsgemäß funktioniert. Werden Mängel festgestellt, werden diese behoben. Idealerweise folgen noch Qualitätskontrollen und später eine Nachbereitung des Projekts, in der man die gesammelten Erfahrungen schriftlich festhält, um sie für folgende Projekte gewinnbringend nutzen zu können.

Translation Memory Systeme, TMS

Auch bei der Softwarelokalisierung kommen häufig spezialisierte CAT-Programme (Computer-Aided Translation oder computerunterstützte Übersetzung) zum Einsatz. Eine fundamentale Komponente der CAT-Programme sind Translation Memory-Systeme (TMS, siehe auch Kapitel »Projektmanager«, S. 99, und »Technischer Redakteur«, S. 156). Mit diesen Tools können der Umfang der zu übersetzenden Textsegmente ermittelt und Quell- und Zieltext parallel auf dem Bildschirm angezeigt werden. Die Arbeit mit TMS gewährleistet außerdem, dass die Übersetzung einheitlich ist, das heißt, dass dasselbe Wort immer gleich übersetzt wird. Und genau das hat eine zentrale Bedeutung innerhalb eines »Loka-Projekts« (Kurzausdruck für »Softwarelokalisierungsprojekt«). Dreh- und Angelpunkt jeder Übersetzung ist daher die Terminologiearbeit (lesen Sie hierzu auch das Kapitel »Terminologe«, S. 111). Da Projekte sehr umfangreich sein können, arbeiten mehrere Lokalisierer und Lektoren zusammen daran, sie innerhalb der vorgesehenen Zeit fertig zu stellen. Eine Lokalisierungsagentur koordiniert dabei die Übersetzer und Lektoren, die sich häufig untereinander gar nicht kennen und über das gesamte Bundesgebiet und auch im Ausland verstreut sein können. Damit die verschiedenen Lokalisierer und Lektoren dieselben Begriffe verwenden und so übersetzen, dass der Leser meint, das Werk sei aus einem Guss, werden Glossare erstellt. Wenn ein englischer Begriff vom einen Lokalisierer als »roter Tannenbaum« übersetzt wird und vom anderen als »grüne Birke«, dann weiß der Spieler beziehungsweise der Anwender eines Programms nicht, was er machen soll. Wichtig ist eine einheitliche, konsistente Benennung nicht nur von Gegenständen, sondern auch von Handlungen, von Orten, von Personen und von Funktionen. Während der Laufzeit eines Projekts wird die Terminologie im Glossar laufend erweitert, geändert, gekürzt und allen an der Lokalisierung Beteiligten zur Verfügung gestellt. »Das ist ein lebendes Ding, so ein Glossar – es wächst und es verändert sich«, erzählt Christiane Hesse.

„Ein Glossar ist ein lebendiges Ding, es wächst ...“

Wie werde ich Softwarelokalisierer?

Eine Ausbildung zum Übersetzer ist hilfreich, doch keine Voraussetzung für diesen Beruf. Absolut erforderlich sind fundiertes IT-Wissen, sehr gute Sprachenkenntnisse und möglichst Branchenwissen. »Wenn nicht auf die Qualität geachtet wird, kann das teure und zeitaufwendige Folgen haben. Ich durfte neulich erst einen Karren aus dem Dreck ziehen und das ist nicht lustig«, konstatiert Christiane Hesse, die lange Zeit als Projektmanagerin im Lokalisierungsmanagement eines Computerspielevertriebs tätig war und dort die Softwarelokalisierung von der Pike auf gelernt hat. Sie empfiehlt dringend: »Lassen Sie sich erst einmal anstellen – und zwar irgendwo, wo man Wert auf Qualität legt und wo Sie das Handwerk lernen. Freiberuflichen Übersetzern, die direkt von der Uni/FH/Akademie in die Freiberuflichkeit wandern, fehlt es meist an den notwendigen Grundlagen.«
Sie können sich auch nach einer Übersetzerausbildung mit einen Master[24] in Softwarelokalisierung spezialisieren oder zuerst mit einem Bachelor[25] in Softwarelokalisierung beginnen. Beides bietet zum Beispiel die Hochschule Anhalt an (www.hs-anhalt.de). Einige private Institute, beispielsweise die Hochschule für Angewandte Sprachen/Fachhochschule in München, bieten kostenpflichtige Aufbaustudiengänge wie den »MA Technisch-wissenschaftliche Kommunikation« an, die mehr als die reine Softwarelokalisierung enthalten (www.sdi-muenchen.de).

Perspektiven

Computerspiele werden als Freizeitbeschäftigung immer selbstverständlicher. Allerdings muss sich ein Übersetzer in diesem Bereich stark in Konkurrenz zu Anbietern in Billigländern positionieren und das führt nicht zwangsläufig dazu, dass die Auftragsentscheidung zu seinen Gunsten ausfällt. Dateien kennen weder Landes-

---

24) Masterstudium Softwarelokalisierung, www.hs-anhalt.de.
25) www.hs-anhalt.de.

grenzen noch Zeitzonen. Und Qualität ist für manche Kunden nicht immer die erste Priorität.

Die Bedeutung von Englisch als sogenannter Quellsprache, also der Sprache, aus der übersetzt wird, bleibt zentral. Es wird sogar bei nicht-englischen Firmen sehr viel direkt in Englisch entwickelt und geschrieben. Christiane Hesse kennt die Kehrseite dieses Trends aus der Praxis: »Die Ergebnisse sind manchmal fragwürdig und verlangen Fantasie in der Interpretation dessen, was der Autor dieser vorgeblich englischen Worte gemeint haben könnte. Aber es spart den Entwicklern und Publishern, das sind Unternehmen, die Computerspiele oder Computerprogramme veröffentlichen, bei multilingualen Projekten und Computerspielen viel Zeit und Geld, direkt in Englisch zu entwickeln.«

Englisch als Quellsprache

Eine weitere für die Lokalisierung interessante Sprache könnte in Zukunft Japanisch sein. Allerdings dann eher hinsichtlich Übersetzungen aus dem Japanischen ins Englische, nicht ins Deutsche.

Diese Eigenschaften und Fähigkeiten sollten Sie für diesen Beruf mitbringen:

- Perfektes Beherrschen der Muttersprache sowie Englisch (weitere Fremdsprachen von Vorteil, aber keine Voraussetzung)
- Fundiertes Wissen in und großes Interesse an Informationstechnologie
- Lust, sich immer wieder mit neuen Themen und Trends auseinanderzusetzen
- Den eigenen Geschmack hintenanstehen lassen können (zum Beispiel eher einfache Spielchen fürs Handy zu übertragen)

Die Mischung macht's: Wenn Sie als Lokalisierer und Spieleübersetzer richtig gut sein wollen, sollten Sie sowohl kreativ-literarisch übersetzen können als auch fachlich-technisch. Ob Ihr Spezialgebiet für Lokalisierungen Büroanwendungen, Grafikprogramme oder Handy-Spielchen sind – Sie sollten sich exzellent in Ihrem Fachbereich auskennen! Auch deshalb ist im Games-Bereich immer noch die beste Voraussetzung, selbst gern zu »zocken«.

Adressen, Tipps und Links

www.hs-anhalt.de	Hochschule Anhalt Bachelor und Master »Software-lokalisierung«
www.aquarius.net	Online-Marktplatz für Übersetzungs- und Lokalisierungsprojekte

Technischer Redakteur (w/m)

„Hier du nicht ziehen müssen"

Sie sind dabei, Ihre soeben gekaufte japanische Küchenmaschine auszupacken, greifen nach der Bedienungsanleitung, um sich über die verschiedenen Funktionen zu informieren, und lesen: »Nicht für die anderen Benutzungen zu benutzen«!!!??? Sicher kennen Sie diese Situation, in der Sie eine unverständlich übersetzte Bedienungsanleitung in der Hand hatten. Auch deutsche Hersteller bringen mit ihren in die Fremdsprache übersetzten Bedienungsanleitungen so manchen ausländischen Kunden zum Lachen oder Weinen. Um Kosten zu sparen, wurden in der Vergangenheit häufig Billigkräfte wie vermeintlich sprachbegabte Mitarbeiter oder ausländische Studenten mit der Übersetzung solcher Anleitungen beauftragt. Doch aufgrund der zunehmend strengeren Gesetzgebung der Europäischen Union übergeben inzwischen immer mehr Unternehmen ihre Technische Dokumentation an Spezialisten. Daher hat sich in den letzten Jahren das Berufsbild des Technischen Redakteurs (TR) entwickelt. Inzwischen gehört die technische Fachkommunikation bei vielen Behörden, Verbänden sowie bei politischen und gesellschaftlichen Organisationen zum täglichen Geschäft. Dieses wird sich in Zukunft eher noch verstärken, da sowohl Technik als auch offizielle Regulierungen in immer mehr Lebensbereiche Einzug halten. Der Beruf des Technischen Redakteurs ist daher eine sehr gute und zukunftsträchtige Möglichkeit, Technik und Sprache miteinander zu verbinden.

Was genau macht ein Technischer Redakteur?

Technische Redakteure arbeiten in nahezu allen Industriebranchen und erstellen Gebrauchs- und Betriebsanleitungen. Ihre Arbeit ist mit einer Reihe anderer Unternehmensbereiche wie der Forschung und Entwicklung sowie der IT verzahnt.

Die Aufgabe des TR ist, technische Dokumentationen für Produkte, Anlagen und Systeme (Hardware und Software) zu erstellen.[26]

Das Geschriebene muss nicht nur verständlich, sondern auch inhaltlich und sachlich korrekt sein. Dafür muss der Redakteur – bevor er die erste Zeile schreibt – intensiv in verschiedensten Medien recherchieren, mit Entwicklern, Konstrukteuren, Ingenieuren und Anwendern des Produkts ausgiebig kommunizieren, sich auf ihre Sicht der Dinge einlassen und herausfiltern, was für den Anwender wichtig ist. Anschließend formuliert der TR die technische Dokumentation so, dass sie den Leser einfach, schnell und sicher zum Ziel führt. Der Technische Redakteur muss beim Verfassen der Texte stets die Zielgruppe vor Augen haben, damit diese die Dokumentation tatsächlich versteht. Tut er dies nicht, könnte das fatale Folgen haben, wenn beispielsweise die Anweisungen eines halbautomatischen Defibrillators missverständlich oder gar falsch beschrieben sind und der Ersthelfer deswegen keine wirksame Hilfe leisten kann.

Es ist eine außerordentlich abwechslungsreiche Tätigkeit, die den Umgang mit Menschen sowie mit Technik mit sich bringt. Da der Technische Redakteur seine Dokumentation so formulieren muss, dass der Laie schwierige technische Sachverhalte leicht versteht, ist es wichtig, dass der TR selbst die Technik, die er beschreibt, durchschaut. Eine weitere Zielgruppe für technische Dokumentationen sind Experten – die einen noch höheren Anspruch an die inhaltliche Qualität einer Dokumentation stellen. Um hier mithalten zu können und die beschriebene Technik wirklich zu verstehen, muss der TR mit den zuständigen Technikern und Ingenieuren sprechen und auch diskutieren. Insbesondere wenn er auf Unge-

Technische Dokumentation – schnell und einfach zu verstehen

---

26) »Berufsbild Technischer Redakteur« erstellt und herausgegeben von tekom.

reimtheiten stößt, die beim Produkttest untergegangen sind, muss er genau nachfragen. Da er dabei die Profis auf Fehler aufmerksam macht, ist diplomatisches Vorgehen bei der Kommunikation sehr hilfreich. Gunnar Meyer, studierter Linguist und zertifizierter Technischer Redakteur, kennt noch eine weitere Hürde: »Technische Redakteure gelten in den Augen von so manchem Ingenieur oder Entwickler zu Beginn als zu unwissend. Darum muss sich ein Redakteur intensiv in die Materie einarbeiten und viel technisches Wissen sammeln, um effektive Recherchegespräche zu führen. So kann man sich durch die Arbeit mit verschiedenen Produkten immer neue technische Bereiche erobern.«

Das Betätigungsfeld technische Dokumentation beinhaltet zudem vielfältige Aufgaben aus dem sprachlichen Bereich, beispielsweise das Übersetzungsmanagement, die Terminologiearbeit, Strukturieren von Texten und das Finden von Standards. Der TR organisiert die Übersetzungen in die benötigten Sprachen so, dass sie termingerecht fertig werden. Um mit einer Übersetzungsagentur Termine zu vereinbaren, muss er beispielsweise wissen, wann genau der Originaltext vorliegt. Anschließend kontrolliert er den übersetzten Text und arbeitet gegebenenfalls kurzfristige Änderungen ein. Die übersetzte Version der Produktdokumentation sollte natürlich fertig vorliegen, wenn das Produkt ausgeliefert wird.

Auch terminologische Arbeit ist für den Technischen Redakteur wichtig (mehr zu diesem Thema finden Sie auch im Kapitel »Terminologe«, S. 111, und »Softwarelokalisierer«, S. 149). Denn auch in der technischen Dokumentation ist es wichtig, eine einheitliche Definition für Begriffe festzulegen. Um Missverständnissen vorzubeugen, ist es gerade in der technischen Kommunikation wichtig, dass alle Beteiligten – vom Kunden, der das Produkt kauft, über den TR, der das Produkt beschreibt, bis zum Entwickler, der das Produkt konzipiert – für denselben Sachverhalt oder Bestandteil immer dasselbe Wort benutzen. Der Technische Redakteur erarbeitet diese Terminologie und überwacht den Sprachschatz. Er verwaltet die Wörter, Definitionen und Übersetzungen in mehreren Sprachen, indem er sie in eine Datenbank schreibt und bei Änderungen aktualisiert. Das Ergebnis ist im Idealfall eine **Terminologie-** mehrsprachige Terminologiedatenbank, die sowohl bei der Spezifi- **datenbank** kation von neuen Produkten als auch in Übersetzungsprojekten als Referenz genutzt wird.

Der Technische Redakteur legt Standards fest. Denn auch bei der Struktur von Sätzen und ganzen Dokumenten ist es sinnvoll, immer gleiche Muster anzuwenden. Wie auch bei der Terminologie kann dies die Kommunikation beschleunigen und Missverständ- nissen vorbeugen. Doch nicht nur für das Kommunikationsziel, sondern auch für die Verringerung der Übersetzungskosten ist es äußerst sinnvoll, im Originaltext nach Möglichkeit immer gleiche Satzmuster zu verwenden. Denn Übersetzungsdatenbanken **Übersetzungs-** (Translation Memory Systems, TMS) erkennen Satzteile und **datenbank** bieten Übersetzungsvorschläge, bei denen man dann oft nur ein einziges Wort austauschen muss. Je einheitlicher die verwendeten Formulierungen sind, desto schneller und günstiger lässt sich daher ein Text übersetzen. »Sprachliche Herausforderungen, Austausch mit Menschen, Beschäftigung mit Computern und Technik – und das alles in einem Job vereint, das macht den Reiz dieser Tätigkeit aus«, schwärmt Gunnar Meyer.

Muttersprache – Fremdsprache

Viele Technische Redakteure arbeiten häufig in ihrer Muttersprache. Je nach Unternehmen und Stelle gibt es jedoch auch eine große Zahl von Technischen Redakteuren, die fremdsprachige Dokumentatio- nen verfassen. Dabei handelt es sich nicht um eine Übersetzung, vielmehr schreiben diese Technischen Redakteure direkt in der Fremdsprache. Englisch ist als Weltsprache und internationale Arbeitssprache unverzichtbar, doch nicht allein maßgeblich. Technische Dokumentationen über Produkte, Anlagen, Hardware und Software sowie Betriebsanleitungen werden in jeder Sprache benötigt. Hier besteht also Bedarf für jede Fremdsprache. Je mehr Sprachen Sie beherrschen, umso größer Ihr Nutzen für den künfti- gen Arbeitgeber.

Wie werde ich Technischer Redakteur?

Bis vor einigen Jahren gab es viele Quereinsteiger aus der Technik, zum Beispiel Ingenieure, die Lust am Schreiben hatten. Seit einiger Zeit bieten jedoch mehr und mehr Bildungsinstitute spezialisierte Studiengänge an. Es wird zunehmend erkannt, dass technische Orientierung und Vorbildung nicht reichen, um benutzerfreundliche und verständliche Dokumentationen zu erstellen. Heute führt häufig, aber nicht ausschließlich, das Studium zum Berufsziel Technischer Redakteur. Quereinsteiger wird es in Zukunft sicher immer weniger geben.

Kostenlose Studentenmitgliedschaft in der tekom

Der deutsche Fachverband für Technische Kommunikation und Informationsentwicklung, kurz tekom, bietet eine kostenlose Studentenmitgliedschaft an, die schon wegen der hervorragenden Literatur (insbesondere des Jahresbandes) empfehlenswert ist.

Eine praxisnahe Ausbildung bietet die sechsmonatige Vollzeitausbildung zum Technischen Redakteur mit tekom-Zertifikat, welches sich an Quereinsteiger richtet, die über langjährige einschlägige Erfahrung, aber keinen formalen Qualifizierungsnachweis verfügen. Die Fachhochschule Flensburg (www.fh-flensburg.de/ifk) bietet sowohl einen Bachelor- als auch einen Master-Studiengang »Internationale Fachkommunikation« an. Als eine der wenigen deutschen Hochschulen hat Flensburg damit Technische Redaktion und Technikübersetzen unter einem Dach vereint.
Häufig gelingt der Einstieg in den Beruf auch über ein Volontariat. Das Technische Volontariat ist eine betriebliche Ausbildung in einem Unternehmen, die durch außerbetriebliche Weiterbildungsmaßnahmen ergänzt wird. Es lehnt sich in seiner Konzeption sowie der vertraglichen Ausgestaltung an das seit Langem bekannte journalistische Volontariat an.[27]

---

27) www.tecteam.de, Volontariat Technischer Redakteur.

Der Technische Redakteur – ein Beruf der Zukunft?

Die Richtlinien der EU-Kommission und andere internationale und nationale Gesetze regeln zunehmend die Mindestanforderungen an die technische Dokumentation. Dadurch wird die technische Dokumentation immer genauer und detaillierter. Dies spielt besonders dann eine große Rolle, wenn bei falschem Gebrauch Gefahren vom Produkt ausgehen können und sich der Hersteller dadurch schadensersatzpflichtig macht. Perfekt erstellte Anleitungen mit normenkonformen Gefahrenhinweisen sind und werden daher immer wichtiger. Technischer Redakteur ist damit ein zukunftsträchtiger Beruf.

Diese Eigenschaften und Fähigkeiten sollten Sie für diesen Beruf mitbringen:

- Sehr gute Kenntnisse mindestens einer Fremdsprache (möglichst Englisch) in Wort und Schrift und perfektes Beherrschen der Muttersprache
- Kenntnisse in Text- und Autorensystemen, DTP (Desktop Publishing)
- Methodenwissen in Typografie, Layout, Visualisierung, Bildgestaltung
- Kenntnisse in Projektmanagement; Kenntnisse im Planen, Kalkulieren, Organisieren und Durchführen von Dokumentationsprojekten
- Diplomatisches Geschick und beharrliches Vorgehen bei der Kommunikation mit den unterschiedlichen Ansprechpartnern
- Interesse an Technik und Fähigkeit, sich in immer wieder neue Entwicklungen und Themen einzuarbeiten

Adressen, Tipps und Links

www.tekom.de	tekom – deutscher Fachverband für Technische Kommunikation und Informationsentwicklung
www.tceurope.org	Internetauftritt des TCeurope – Dachverband für Technische Dokumentation
http://technische-redaktion-hannover.de	Fachhochschule Hannover: Bachelor Technische Redaktion (Master läuft aus)
www.tecteam.de/bildung/	Homepage der tecteam GmbH – Dienstleister und Bildungsinstitut für Technische Dokumentation. Besonders lesenswert sind die Tipps zur Aus- und Weiterbildung von Technischen Redakteuren, Master of Science Technische Kommunikation.

9 Berufe bei Behörden, Ministerien und internationalen Organisationen

Konferenzdolmetscher (w/m), fest angestellt beim Sprachendienst im Geschäftsbereich des Bundesministeriums der Verteidigung (BMVg.)

Sie sind stets präsent, doch nie im Mittelpunkt. Wenn der deutsche Verteidigungsminister ausländische Gäste empfängt oder selbst mit einer Delegation im Ausland ist, sieht man sie am Rande stehen und zwischen den Parteien vermitteln: die Konferenzdolmetscher des Bundesverteidigungsministeriums. Der Dolmetscherdienst im Bundesministerium der Verteidigung beschäftigt als zivile Mitarbeiter derzeit circa 20 Konferenzdolmetscher für die Sprachen Englisch, Französisch, Polnisch, Russisch, Spanisch und Ungarisch. Die meisten sind Frauen, die sich in der immer noch vorwiegend von Männern geprägten Arbeitswelt des BMVg. gut behaupten.

Was genau macht ein Dolmetscher im Sprachendienst des BMVg.?

Die Dolmetscher im Sprachendienst des BMVg. decken vorrangig den Dolmetschbedarf im Ministerium ab, aber auch in den nachgeordneten Bereichen wie beispielsweise verschiedene Bundeswehrdienststellen. Darüber hinaus werden die BMVg.-Dolmetscher bei Bedarf in sogenannter Amtshilfe in anderen Ministerien eingesetzt. Die Konferenzdolmetscher arbeiten konsekutiv und simultan bei internationalen Konferenzen und Tagungen, bei Besuchen hochrangiger Persönlichkeiten aus dem Ausland sowie auf Reisen deutscher Delegationen ins Ausland, zum Beispiel auch bei Truppenbesuchen des Verteidigungsministers in den Einsatzgebieten. Gedolmetscht wird zu einer breiten Themenvielfalt. Für das BMVg. sind dies zum Beispiel Themen wie Sicherheitspolitik, Militär, Technik, Recht, Wirtschaft, Medizin. Beim Dolmetschen für andere Ministerien stehen Themen wie Umweltschutz, Landwirtschaft, Außenpolitik, Kultur, Bildung und Forschung auf der Tagesordnung.

Gelegentlich fertigen die Konferenzdolmetscher auch schriftliche Übersetzungen an. Das können Programmhefte, Vortragstexte, PowerPoint-Folien, Dankschreiben oder Ähnliches sein. Die Konferenzdolmetscher bereiten ihre Dolmetscheinsätze terminologisch vor, das heißt, sie recherchieren das entsprechende Fachvokabular in ihrer Mutter- und Arbeitssprache. Nach einem Dolmetscheinsatz ist der Dolmetscher mit der terminologischen Nachbereitung seines Einsatzes beschäftigt. Dabei gibt er unter anderem das Fachvokabular in eine Terminologie-Datenbank des Ministeriums ein.

Szenen aus dem Berufsalltag

Der Beruf des Konferenzdolmetschers im BMVg. ist mit einer regen Reisetätigkeit in die verschiedensten Länder verbunden. So begleiten die BMVg.-Dolmetscher den Verteidigungsminister, seine Staatssekretäre und hochrangige Delegationen auf deren offiziellen Auslandsreisen. Dabei ist der Dolmetscher fester Bestandteil der Delegation und damit in den gesamten Programmablauf eingebunden. Das heißt, dass er nicht nur die offiziellen Gespräche wie beispielsweise Vier-Augen-Gespräche der Minister dolmetscht, sondern auch bei Besichtigungen, Randgesprächen und nicht zuletzt bei Tisch als Dolmetscher gefordert ist. Es kann also durchaus sein, dass ein Konferenzdolmetscher auf einer einzigen

Dienstreise mit den unterschiedlichsten Gesprächsthemen konfrontiert wird. Morgens ein intensives Gespräch zur Sicherheitspolitik, mittags eine kulturhistorische Führung durch eine Kirche oder Moschee, nachmittags die Besichtigung einer Fertigungsanlage für Dieselmotoren und dazwischen Small Talk über Fischzucht oder andere Steckenpferde der Gesprächspartner. Eine solche Reise dauert in der Regel zwischen zwei und fünf Tage. In Abhängigkeit von der jeweiligen Arbeitssprache führen die Dienstreisen zum Beispiel den Französischdolmetscher nicht nur nach Frankreich, Belgien und in das frankophone Afrika, sondern im Rahmen von internationalen Tagungen auch in nahezu alle EU-Länder oder auch in die USA. Der Russischdolmetscher hingegen deckt vor allem den gesamten osteuropäischen und zentralasiatischen Raum ab. Der Englischdolmetscher reist fast in alle Erdteile.

Ein angehender Dolmetscher sollte jedoch nicht dem Trugschluss erliegen, solche Dienstreisen mit touristischen Ausflügen zu verwechseln. Häufig ist im Besuchsprogramm kein individueller Freiraum gegeben. Mitunter sieht man nichts vom Land außer Flughafen, Konferenzsaal und Hotelzimmer. Auch wenn das Delegationsprogramm die Besichtigung von Sehenswürdigkeiten vorsieht, kann der Dolmetscher dies nur bedingt genießen, weil er diese Führungen zu dolmetschen hat. Neben diesen Dienstreisen ins Ausland finden viele Dolmetscheinsätze auch im Inland statt, wenn das BMVg. oder andere deutsche Ministerien und Dienststellen mit ausländischen Delegationen Verhandlungen, Besprechungen beziehungsweise Besuchsprogramme in der Bundesrepublik durchführen. Zwischen den einzelnen Dolmetscheinsätzen erledigen die Dolmetscher administrative Aufgaben im Zusammenhang mit ihren Einsätzen. Dazu gehören neben terminologischen Aufgaben das Bearbeiten von Dienstreise- und Visaanträgen, das Beantragen von Flug- und Zugtickets sowie das Abrechnen von Reisekosten.

Vorteile der Festanstellung

Ein großer Vorteil gegenüber freiberuflich arbeitenden Dolmetschern ist, dass die Konferenzdolmetscher im BMVg. sehr gut in die administrative Organisationsstruktur eingebettet sind. Sie sind Teil eines professionellen Sprachendienstes und werden damit bei der Forderung nach Einhaltung international anerkannter Arbeitsbedingungen für Dolmetscher unterstützt. Darüber hinaus bieten verschiedene Arbeitszeitmodelle für Teilzeitbeschäftigung den Konferenzdolmetschern Flexibilität, um ihr Berufs- und Privatleben miteinander in Einklang zu bringen. Daneben schätzen die Mitarbeiter das kollegiale Miteinander, was auch den Terminologieaustausch mit den Dolmetschern der anderen Ministerien sowie mit Kollegen aus dem Bundessprachenamt erleichtert.

Stressfaktoren

Ein langer Dienst-Tag   Sowohl fest angestellte als auch freiberufliche Konferenzdolmetscher sind einer ganzen Reihe von Stressfaktoren ausgesetzt. Die Arbeitstage bei Dolmetschterminen können sehr lang sein, da ein offizielles Abendessen selten vor 22 Uhr endet. Häufig sind protokollarische Vorgaben vor allem bei hochrangigen Terminen einzuhalten. So sollte ein Dolmetscher zum Beispiel immer wissen, wo er sich am besten neben dem Minister platziert, um einerseits niemanden zu stören, andererseits aber akustisch alles aufnehmen zu können. Besondere Belastungen entstehen zudem bei öffentlichkeitswirksamen und presserelevanten Terminen. Da von den anwesenden Journalisten mit notiert oder aufgenommen wird, was gedolmetscht wird, sind die Anforderungen an die Genauigkeit der Verdolmetschung und die treue Wiedergabe der Intentionen des Redners besonders hoch. Nichts ist vernichtender für den Ruf und die Glaubwürdigkeit eines Dolmetschers als Pressezitate, die auf eine ungenaue Verdolmetschung zurückzuführen sind! Hier ist also höchste Konzentration gefragt. Häufig jedoch finden Pressekontakte im Stehen statt, was das Notieren der Ausführungen durch den Dolmetscher erschwert; das Gedränge der Kameras und

Mikrofone ist groß, die Scheinwerfer blenden und die Fragen der Journalisten gehen durcheinander. Damit sind die Arbeitsbedingungen gerade hier besonders ungünstig und belastend. Ohne eine gewisse Kaltblütigkeit und Nervenstärke kann kein Dolmetscher diese Situation meistern. Gleiches gilt beim Dolmetschen politisch sensibler Themen. Geraten zwei Politiker beispielsweise während eines Gesprächs in eine Sackgasse, weil sie zu einem bestimmten Thema keinen Konsens finden, sind sie verständlicherweise unzufrieden, die Stimmung ist angespannt. Auch der Dolmetscher leidet unter der zunehmenden Ungeduld und der belasteten Atmosphäre und muss mitunter als Blitzableiter fungieren. Wichtig ist dann für den Dolmetscher, die Ruhe zu bewahren in dem festen Wissen, sehr genau gedolmetscht zu haben, und im Zweifel unberechtigte Kritik wegzustecken.

Besonderer Stress entsteht auch, wenn ein Dolmetscher mehrere unterschiedliche Dolmetscheinsätze in kurzer zeitlicher Folge wahrzunehmen hat und die Vorbereitungszeit für die einzelnen Termine knapp wird. Nicht zu unterschätzen sind letztendlich auch die Reisestrapazen, die durch die unterschiedlichen klimatischen Bedingungen, lange Nachtflüge und Zeitverschiebungen entstehen. Diese werden teilweise dadurch ausgeglichen, dass sich der Dolmetscher fest in seine reisende Delegation integriert weiß, denn dadurch entstehen schnell ein Zugehörigkeitsgefühl, Vertrauen und Teamgeist zwischen den Reisenden.

Reisestrapazen

Welche Sprachkenntnisse sind derzeit und künftig besonders gefragt?

Nach wie vor und auch in der Zukunft ist Englisch als Arbeitssprache stark gefragt. Bei den anderen Sprachen ist es schwer, eine Prognose abzugeben, da der Dolmetschbedarf stark von den jeweiligen politischen Entwicklungen abhängt. Für die Tätigkeit im BMVg. sind ausgezeichnete Kenntnisse in einem Sprachenpaar (Muttersprache, eine Fremdsprache) eher gefragt als passive Kenntnisse in mehreren Fremdsprachen.

In der Regel arbeitet der Konferenzdolmetscher im BMVg. mit einer Fremdsprache. Diese muss aktiv und passiv nahezu wie eine Muttersprache beherrscht werden, da meist aus der Fremdsprache und in die Fremdsprache gedolmetscht wird. Das Studium sieht zwar eine zweite Fremdsprache vor, diese wird jedoch meist nur passiv beherrscht, das heißt, es wird nur aus der Fremdsprache in die Muttersprache gedolmetscht. Nur wenige Konferenzdolmetscher im BMVg. und in den anderen Ministerien arbeiten mit einer zweiten aktiven Arbeitssprache. Rein passive Fremdsprachenkenntnisse sind hier seltener einsetzbar, weil meist in beide Sprachrichtungen zu dolmetschen ist. In diesem Punkt unterscheiden sich die Dolmetscher in den Ministerien stark von den Dolmetschern, die in EU-Institutionen tätig sind. Letztere dolmetschen immer aus mehreren Fremdsprachen, die sie passiv beherrschen, aber immer nur in die Muttersprache. Die Sprachkenntnisse müssen sowohl allgemeinsprachlich als auch fachsprachlich ständig erweitert und vertieft werden. Dies gilt auch für die Muttersprache, die ein Dolmetscher im Übrigen überdurchschnittlich gut beherrschen sollte. In jedem Fall muss der Dolmetscher unabhängig von seiner Arbeitssprache zusätzlich über solide Grundkenntnisse im Englischen verfügen, da Vorbereitungsunterlagen häufig in englischer Sprache verfasst sind.

Wie werde ich Dolmetscher beim Bundesministerium der Verteidigung?

Voraussetzung für eine Tätigkeit als Dolmetscher beim BMVg. ist ein Master-Abschluss als Konferenzdolmetscher, wie ihn die Universitäten Germersheim/Mainz, Heidelberg, Leipzig, Saarbrücken und die FH Köln anbieten. Mit einem solchen Abschluss können Sie sich auf eine Stellenausschreibung des BMVg. bewerben oder eine Initiativbewerbung an den Dolmetscherdienst (Adresse siehe unten) senden. Bei Bedarf an Neueinstellungen erfolgt ein Auswahlverfahren. Ein erster Teil der Eignungsprüfung besteht aus Übersetzungen in beide Sprachrichtungen, die im Bundessprachenamt in Köln-Hürth durchgeführt werden. Der zweite Teil besteht aus Konsekutiv- und Simultandolmetschprüfungen, die beim Dolmetscherdienst des BMVg. durchgeführt werden. Hier werden auch die Bewerber für einen Konferenzdolmetscher-Dienstposten im Bundessprachenamt geprüft.

Tipps fürs Studium

Knüpfen Sie möglichst viel Kontakt mit Muttersprachlern, reisen Sie ins betreffende Land und machen Sie dort ein Praktikum oder einen Ferienjob. Ein oder mehrere Auslandssemester sind dringend zu empfehlen! Informieren Sie sich politisch, verfolgen Sie das Zeitgeschehen in den Nachrichten und eignen Sie sich eine breite Allgemeinbildung an. Nehmen Sie bereits während Ihres Studiums Gelegenheiten zum Dolmetschen wahr, beispielsweise im Rahmen von Messejobs und bei Vereinen.

Bin ich geeignet?

Dieser Beruf erfordert ständige Anpassungsfähigkeit, Spontaneität und Flexibilität. Sie sollten gut mit Kritik umgehen können. Auch ein gesundes Selbstbewusstsein und souveränes Auftreten sind gefragt. Es ist von Vorteil, von Natur aus kommunikativ zu sein. Insbesondere bei der Vorbereitung von Dolmetscheinsätzen muss der Dolmetscher in der Lage sein, eigenständig und initiativ zu handeln. Außerdem sollte er psychisch und physisch belastbar sein. Und er muss in der Lage sein, zu schweigen. Denn Diskretion und Verschwiegenheit sind im BMVg. wie überall im Dolmetscherberuf unabdingbar.

Diese Eigenschaften und Fähigkeiten sollten Sie für diesen Beruf mitbringen:

- Überdurchschnittlich gute Kenntnisse der Muttersprache
- Perfekte Kenntnisse einer Fremdsprache (Allgemeinsprache und Fachsprache)
- Solide Grundkenntnisse im Englischen unabhängig von der Arbeitssprache
- Diskretion und souveränes Auftreten
- Gute körperliche Konstitution

- Sehr hohe Reisebereitschaft
- Freude an Terminologiearbeit
- Kommunikationsstärke und gutes Selbstbewusstsein
- Ständige Anpassungsfähigkeit, Spontaneität und Flexibilität

Adressen, Tipps und Links

www.bmvg.de	Internetauftritt des Bundesministeriums für Verteidigung
Ihre Initiativbewerbung an den Dolmetscherdienst schreiben Sie bitte an: Bundesministerium der Verteidigung Dolmetscherdienst BMVg. Org 7 DD, Postfach 1328, 53003 Bonn	
Einen direkten Blick hinter die Kulissen des Dolmetscherdienstes BMVg. können Sie einmal jährlich (im August) im Rahmen der Veranstaltung »Tag der offenen Tür« der Bundesministerien in Berlin werfen.	
Informationen zu den Berufsbildern im Sprachendienst der Bundeswehr erhalten Sie unter der Karrierehotline 0800-9800880 (bundesweit kostenfrei)	

Mitarbeiter (w/m) im Sprachendienst des Auswärtigen Amtes (AA)

Der Sprachendienst des Auswärtigen Amtes in Berlin beschäftigt heute insgesamt 85 Mitarbeiter, darunter circa 60 Angestellte und Beamte des sogenannten vergleichbaren höheren Dienstes, die als Dolmetscher, Übersetzer, Terminologen und Dozenten tätig sind beziehungsweise Leitungsaufgaben wahrnehmen. Ferner gibt es Lexikografen, Sachbearbeiter und Registratoren sowie einen Kanzleidienst mit etwa 20 Fremdsprachenassistenten, die für Schreibarbeiten, Korrekturlesen und Inhaltsangaben in den wichtigsten Fremdsprachen sowie für Sekretariats- und sonstige Querschnittsaufgaben zuständig sind.

Der Sprachendienst ist in fünf Fachbereiche gegliedert: Dolmetsch-dienst, allgemeiner Übersetzungsdienst, Übersetzungsdienst für völkerrechtliche Übereinkünfte, IT/Terminologie/Dokumentation und Sprachlernzentrum. Die Mitarbeiter des Sprachendienstes sind – je nach Sprache, Auslastungsgrad und Eignung – in bis zu fünf Fachbereichen tätig.

Interview mit Antonio Reda

Herr Antonio Reda ist Leiter des Sprachendienstes des Auswärti-gen Amts und damit *der* Experte für diesen Tätigkeitsbereich. Der gebürtige Italiener hat das Übersetzerstudium in den Sprachen Französisch und Italienisch an der Universität des Saarlandes in Saarbrücken absolviert. Seit 1976 ist er im Sprachendienst des Auswärtigen Amtes, zunächst als Leiter des Fachbereichs Termino-logie, seit 1992 zusätzlich verantwortlich für fremdsprachige Informationstechnik und Personalplanung, seit 2002 als Leiter des Sprachendienstes. Aus seiner langjährigen Berufserfahrung und breiten Expertise zieht er das folgende Fazit: »Die Tätigkeit als Dolmetscher und Übersetzer im AA gilt für viele Außenstehende als das Karriereziel schlechthin. Nach über 30 Jahren im Auswär-tigen Dienst bin ich überzeugt, dass sie damit Recht haben!« Als Experte in Sachen Karriere im Sprachendienst des Auswärtigen Amts kennt Herr Reda die Anforderungen an die Bewerber sehr genau. Er verrät wertvolle Insider-Tipps, die Ihnen helfen, diesen Traumberuf zu ergreifen.

Frage: Welche Ausbildung(en) sollte man für die Tätigkeit im Sprachen-dienst des AA mitbringen? Gibt es einen klassischen Weg?
Reda: Die deutschen Muttersprachler sind bis auf wenige Ausnahmen Absolventen der einschlägigen universitären Ausbildungsstätten (Germers-heim, Heidelberg, Saarbrücken, Leipzig, HU Berlin). Die meisten sind Diplom-Übersetzer beziehungsweise Diplom-Dolmetscher, es gibt auch schon erste Master-Absolventen aus den neuen Bologna-Studiengängen. In Sprachen, für

die keine Translationsstudiengänge an deutschen Universitäten angeboten werden, greifen wir überwiegend auf Philologen (Slawisten, Sinologen, Japanologen) zurück und vermitteln diesen die fehlenden Fertigkeiten.
Bei fremden Muttersprachlern ist der Anteil anderer Studienrichtungen etwas höher als bei deutschen Muttersprachlern.
Die Mitarbeiter des Sprachlernzentrums, das für die sprachliche Vorbereitung der Beschäftigten des Auswärtigen Amtes auf künftige Auslandsposten zuständig ist, sind überwiegend Philologen.

Frage: Haben Quereinsteiger aus anderen Branchen (wenn ja, aus welchen?) ebenfalls eine Chance, im Sprachendienst des AA zu arbeiten?
Reda: Quereinsteiger werden seltener berücksichtigt als früher, weil es zunehmend auch im Ausland einschlägige Studiengänge gibt. Zurzeit beschäftigen wir neben etlichen Philologen einen Juristen und einige andere Geisteswissenschaftler. Früher waren auch Theologen gut vertreten.

Frage: Ist ein Diplom zwingend erforderlich? Welche Chance haben Absolventen mit BA oder Master-Abschluss?
Reda: Ein Diplom ist nicht zwingend erforderlich. Ein für den Zugang zum höheren Dienst zertifizierter Master-Abschluss gilt als gleichwertig. Bachelor genügt nicht.

Frage: Worin besteht das Einstellungsprozedere? Welche Tests sind zu absolvieren?
Reda: Die Bewerber, die im Rahmen einer Übersetzerausschreibung zum schriftlichen Eignungstest zugelassen werden, übersetzen unter Klausurbedingungen aus der ersten Fremdsprache in die Muttersprache und umgekehrt sowie aus der zweiten Fremdsprache in die Muttersprache. Die besten Teilnehmer aus dem schriftlichen Verfahren werden zu einem mündlichen Eignungstest eingeladen, der neben Fragen zur Person auch Fragen zum Bildungshintergrund und zum politischen Allgemeinwissen beinhaltet.
Falls der ausgeschriebene Dienstposten auch Dolmetschaufgaben umfasst, absolvieren die Bewerberinnen und Bewerber zusätzlich einen Dolmetschtest (Konsekutiv). Bei reinen Dolmetscherstellen (eher die Ausnahme) beschränkt sich der Eignungstest auf den mündlichen Teil.

Frage: Welche Aufgaben fallen den Mitarbeitern im Einzelnen zu?
Reda: Je nach Sprache und persönlicher Eignung: Übersetzen und Dolmetschen (das sind die beiden Hauptaufgaben) sowie Terminologiearbeit, Abnahme von Prüfungen, sprachliche und landeskundliche Beratung, Sprachunterricht. Einige wenige Mitarbeiter sind in allen fünf Fachbereichen des Sprachendienstes tätig. Die meisten haben einen klaren Aufgabenschwerpunkt in ein bis zwei Fachbereichen.

Frage: Wie verläuft der Arbeitstag? Wie sind die Arbeitsbedingungen?

Reda: Für Übersetzer, Terminologen und Dozenten in aller Regel innerhalb der Rahmenarbeitszeit in Einzelbüros beziehungsweise Schulungsräumen. Gelegentlich gibt es aber Sondereinsätze außerhalb der Dienstzeit, am Wochenende (bei besonderen politischen Ereignissen) oder auch als Übersetzer bei Konferenzen (zum Beispiel G8, Vereinte Nationen, NATO). Während der deutschen EU-Präsidentschaft haben wir für Übersetzer in den Sprachen Englisch und Französisch einen Spätdienst und einen Wochenenddienst organisiert.

Die Arbeitszeiten der Dolmetscher sind sehr unregelmäßig und reichen häufig in die späten Abendstunden oder ins Wochenende hinein.

Frage: Was muss ein guter Mitarbeiter im Sprachendienst können? Welche Eigenschaften braucht man für diesen Beruf und insbesondere beim AA?

Reda: Neben sprachlicher Kompetenz, sicherem Ausdrucksvermögen und gutem Stilgefühl erfordert das Übersetzen und Dolmetschen ein breites Allgemeinwissen mit soliden Kenntnissen der unmittelbaren Arbeitsbereiche des Auswärtigen Amtes: Diplomatie, Politik, Wirtschaft, Recht (insbesondere Außenpolitik, Völkerrecht), Kultur; Technik eher selten. Geistige Wendigkeit und die Fähigkeit, sich rasch in neue Sachgebiete einzuarbeiten und Texte und Äußerungen analytisch zu erfassen, sind unerlässliche Voraussetzungen.

Frage: Welche Sprachkenntnisse sind in diesem Beruf derzeit und künftig besonders gefragt?

Reda: Bei Übersetzern vor allem Englisch mit deutlichem Abstand vor Französisch (jeweils als Muttersprache oder erste Fremdsprache), gefolgt von Spanisch, Russisch und einer Reihe weiterer Sprachen wie Polnisch, Arabisch, Portugiesisch oder Italienisch. Tendenz bei Englisch deutlich steigend.

Bei Dolmetschern liegt Englisch deutlich vor Französisch und Russisch (diese Sprachen sind seit Jahren nahezu gleichrangig), gefolgt von Chinesisch, Arabisch, Spanisch und einer Reihe weiterer Sprachen. Auch hier ist die Tendenz bei Englisch deutlich steigend, ebenso bei Arabisch und Chinesisch.

Frage: Welches sind die schönen Seiten der Tätigkeit beim AA? Was ist an der Tätigkeit besonders reizvoll?

Reda: Eine besondere Herausforderung ist die thematische Vielfalt der Texte und Themen, mit denen Übersetzer und Dolmetscher im Auswärtigen Amt konfrontiert sind. Das Gefühl, einen – wenn auch winzigen – Beitrag zur deutschen Außenpolitik und damit zur Völkerverständigung leisten zu können, verschafft besondere Befriedigung. Als besonders reizvoll auf den verschiedenen Stationen als Terminologe, Personalplaner und Sprachendienstleiter empfand ich immer die Möglichkeit, Sprachkompetenz mit organisatorischen Fähigkeiten und Personalführungsverantwortung zu verbinden.

Frage: Was ist das Schwierigste an dem Beruf? Für wen eignet sich dieser Beruf besonders, für wen weniger?

Reda: Wer im Sprachendienst des Auswärtigen Amtes als Übersetzer oder Dolmetscher erfolgreich sein will, muss einen Sinn für feinste sprachliche Nuancierungen haben. Ferner muss man wissen, dass erfolgreiche Außenpolitik langfristig angelegt ist und allen Akteuren einen langen Atem abverlangt. Wer zur Ungeduld neigt und primär an konkret greifbaren, kurzfristig umsetzbaren Inhalten interessiert ist, sollte sich beruflich anderweitig orientieren.

Frage: Welche Facetten gibt es sonst noch an einem Einsatz beim AA? Was ist das Besondere daran?

Reda: Das Besondere an der Tätigkeit im Sprachendienst des AA ist die enge Zusammenarbeit in einem internationalen Team. Innerhalb eines großen Referats arbeiten Menschen unterschiedlichster Herkunft, Nationalität und Muttersprache in unterschiedlichen sprachmittlerischen Berufen. Verstärkt wird die internationale Ausrichtung durch regelmäßigen Personalaustausch mit Außenministerien anderer Staaten (USA, Frankreich, Spanien) und Sprachendiensten internationaler Organisationen (Europäische Union, Vereinte Nationen). Hinzu kommt, dass etliche Mitarbeiterinnen und Mitarbeiter regelmäßig auf Auslandsposten des jeweiligen Sprachraums versetzt werden. Dies betrifft die meisten mittel- und osteuropäischen Sprachen sowie Chinesisch.

Frage: Welche Tipps können Sie jungen Leuten, die wissen, dass sie sich beruflich mit Fremdsprachen beschäftigen wollen, geben, um sich optimal auf eine spätere Berufstätigkeit beim Auswärtigen Amt vorzubereiten?

Reda: Wir erheben den Anspruch, nur die Besten der Besten einzustellen. Es kommt also entscheidend darauf an, durch herausragende Studienleistungen, sinnvoll strukturierte Auslandsaufenthalte, einschlägige Referenzen und Praktika bei renommierten Arbeitgebern auf sich aufmerksam zu machen. Den Ausschlag gibt aber letzten Endes das Ergebnis des Eignungstests.

Frage: Wie sollten sie in der Ausbildung/im Studium vorgehen?

Reda: Wer schon zu Beginn des Studiums weiß, dass er/sie eine Tätigkeit im Auswärtigen Amt oder im Sprachendienst eines anderen Bundesministeriums anstrebt, sollte sich für eine Universität mit einem besonders guten Ruf entscheiden und eine Sprachenkombination wählen, für die es auch außerhalb der Bundesministerien eine breite Nachfrage gibt. Wer sich auf eine wenig nachgefragte Sprache spezialisiert, geht ein großes Risiko ein, wenn er/sie seinen Traumjob wider Erwarten nicht bekommt. Wer aber aufgrund seines Lebenslaufs über hervorragende Kenntnisse oder gar muttersprachliche Kompetenz in einer relativ ausgefallenen Sprache mitbringt, sollte dennoch diesen Startvorteil nutzen. Denn Erfolg haben nicht nur im Auswärtigen Amt immer die Besten der Besten.

Frage: Was sollten sie bei der Bewerbung beachten?
Reda: Neben den üblichen Kriterien spielt die sprachliche Qualität der Bewerbung in diesen Berufen eine zentrale Rolle. Unklare Formulierungen, Fehler in der Interpunktion oder gar in der Orthografie führen dazu, dass die Bewerbung keine Berücksichtigung findet.

Frage: Ist das Berufsfeld zukunftsträchtig? Welche Perspektiven bestehen in der Zukunft?
Reda: Angesichts der fortschreitenden Globalisierung ist das Berufsfeld in jeder Hinsicht zukunftsträchtig. Marktanalysen haben ergeben, dass der Markt für Sprachmittlungsleistungen zurzeit um durchschnittlich 8 Prozent jährlich wächst.

Frage: Gibt es spezielle Aus- und Weiterbildungsmöglichkeiten oder Anlaufstellen, die Sie empfehlen können?
Reda: Zu den besten Anlaufstellen gehören die Institute der oben erwähnten universitären Ausbildungsstätten; weniger die Berufsberatung durch staatliche oder private Einrichtungen.

Frage: Wo können junge Sprachtalente nähere Informationen zur Mitarbeit im Sprachendienst des AA einholen?
Reda: Informationen finden Interessierte auf der Website des Auswärtigen Amts. Dort erscheinen auch Ausschreibungen zu vakanten Stellen im Sprachendienst der Zentrale sowie der deutschen Auslandsvertretungen.

Diese Eigenschaften und Fähigkeiten sollten Sie für diesen Beruf mitbringen:

- Hervorragende Beherrschung aller Ausdrucksregister der Muttersprache
- Sichere aktive Beherrschung der ersten Fremdsprache
- Sichere passive Beherrschung der zweiten Fremdsprache
- Intellektuelle Neugier
- Interesse an politischen Zusammenhängen
- Fundierte Allgemeinbildung
- Belastbarkeit
- Verschwiegenheit

Bei Dolmetschern zusätzlich:

- Gewandtes Auftreten
- Gute körperliche Verfassung

Adressen, Tipps und Links

www.fask.uni-mainz.de	Johannes-Gutenberg-Universität Mainz, Fachbereich Angewandte Sprach- und Kulturwissenschaft in Germersheim
www.uni-saarland.de	Universität des Saarlandes, Angewandte Sprachwissenschaften sowie Übersetzen und Dolmetschen
www.zu.uni-leipzig.de/	Universität Leipzig, Institut für angewandte Linguistik und Translatologie

Mitarbeiter (w/m) beim Bundesnachrichtendienst (BND)[28]

Der Bundesnachrichtendienst ist als Auslandsnachrichtendienst der Bundesrepublik Deutschland eine weltweit agierende Behörde mit vielfältigem Auslandsbezug. Im Auftrag der Bundesregierung und ihrer Ressorts bearbeiten die Mitarbeiterinnen und Mitarbeiter des BND die politischen, wirtschaftlichen, wissenschaftlich-technischen und militärischen Entwicklungen in aller Welt, sammeln auf unterschiedlichen Wegen relevante Informationen und werten diese Erkenntnisse aus. Die internationale Ausrichtung erfordert von den Mitarbeiterinnen und Mitarbeitern zwangsläufig vielfältige Sprachkenntnisse sowie Auslandserfahrung. Daher verfügen die Beschäftigten in fast allen Arbeitsbereichen neben der fachlichen Qualifikation auch über fundierte Sprachkenntnisse. Einsatzmöglichkeiten für speziell ausgebildetes Fremdsprachenpersonal und Sprachtalente finden sich vor allem in den Bereichen des zentralen Sprachendienstes und der Schule des BND sowie in

---

28) Im Rahmen dieses Artikels wird Bezug genommen auf rein sprachliche Berufe wie etwa im zentralen Sprachendienst oder der Schule des BND.

den verschiedenen Arbeitseinheiten der Abteilung für Technische Nachrichtenbeschaffung.

Interview mit dem BND

Frage: Welche Ausbildungen sollte man für diese Tätigkeit mitbringen?
BND: Voraussetzung für eine Festanstellung ist eine grundlegende Ausbildung in einem Fremdsprachenberuf oder ein abgeschlossenes Sprachstudium. Gesucht werden Diplom-Dolmetscher und Diplom-Übersetzer mit einem universitären Abschluss (Diplom-, Master-Abschluss), mit einem Fachhochschul- oder Bachelor-Abschluss beziehungsweise staatlich geprüft, aber auch Fremdsprachenkorrespondenten, Europakorrespondenten oder Fremdsprachensekretäre, sofern sie ihre sprachlichen Fähigkeiten im Verlauf des Einstellungsverfahrens unter Beweis gestellt haben. Neben den gängigen Verkehrssprachen, wie zum Beispiel Englisch, Französisch und Spanisch, spielen aufgrund der internationalen Entwicklungen und der daraus resultierenden Bandbreite der Themen für den BND Sprachen und Dialekte aus dem asiatischen, arabischen und afrikanischen Raum eine besondere Rolle.

Frage: Welche Abschlüsse werden bevorzugt?
BND: Die Einstellungsmöglichkeiten sind grundsätzlich abhängig von den Vakanzen in den verschiedenen Fachbereichen im BND und von den aktuell benötigten Sprachprofilen und Ausbildungsvoraussetzungen. Wie im öffentlichen Dienst üblich, erfolgt der Einstieg je nach Ausbildungsstand in die verschiedenen Laufbahnen. Der Diplom- und der Master-Abschluss eröffnen den Bewerbern den Zugang in den höheren Dienst im BND, Fachhochschul- oder Bachelor-Abschlüsse in den gehobenen Dienst. Mit einem fremdsprachlichen Ausbildungsberuf steigen die Bewerber in die Laufbahn des mittleren Dienstes ein.

Frage: Worin besteht das Einstellungsprozedere?
BND: Nach Eingang und Prüfung der schriftlichen Bewerbungsunterlagen werden die Bewerberinnen und Bewerber zu einem persönlichen Vorstellungsgespräch eingeladen, in dem bereits die Sprachkenntnisse durch die jeweiligen Fachabteilungen überprüft werden, unter anderem durch einen Spracheinstufungstest.

Nach dessen positivem Verlauf müssen Bewerber mit einem Hochschulbeziehungsweise Fachhochschulabschluss ihr Können im Rahmen eines zweitägigen Assessment-Centers (AC) unter Beweis stellen. Dieses besteht aus einem schriftlichen und einem mündlichen Teil, in denen die Bewerber beweisen sollen, ob sie aufgrund ihrer Kenntnisse, Fähigkeiten und persönlichen Eigenschaften für eine Einstellung geeignet sind. Der schriftliche Teil soll insbesondere Kriterien zur Bewertung der Denkfähigkeit, Gedankenführung und der Fähigkeit zur logischen und geordneten Darstellung liefern. In einem eignungspsychologischen Test werden insbesondere die Konzentrationsfähigkeit, die Belastbarkeit und die Intelligenzstruktur getestet. Der mündliche Teil bewertet vor allem Denk-, Ausdrucks- und Reaktionsfähigkeit der Bewerber, ihre Sicherheit und Gewandtheit in der freien Rede und im Auftreten.

Bewerber mit einer dreijährigen abgeschlossenen Berufsausbildung zum Beispiel als *Fremdsprachenkorrespondenten* oder *Europakorrespondenten* durchlaufen kein AC. Sie müssen im Verlauf des Vorstellungsgespräches einen Spracheinstufungstest bestehen, der ein Bild über die Sprachkompetenz im Übersetzen, Leseverstehen und Hören vermittelt.

Der Bundesnachrichtendienst ist eine Behörde mit einem hohen Sicherheitsbedürfnis. Die Mitarbeiterinnen und Mitarbeiter unterliegen daher besonderen sicherheitlichen Anforderungen und müssen sich gesetzlich vorgeschriebenen Sicherheitsüberprüfungen unterziehen. Eine sicherheitliche Überprüfung der Bewerber erfolgt im Laufe des Bewerbungsverfahrens im Anschluss an das Einstellungsgespräch beziehungsweise Auswahlverfahren, was sich auf die Dauer des Einstellungsverfahrens auswirkt. Das Bewerbungsverfahren im BND kann bis zu neun Monaten dauern. Die bearbeitenden Stellen stehen dabei in Kontakt mit den Bewerberinnen und Bewerbern. Online-Bewerbungen sind im BND nicht möglich.

Frage: Welche Aufstiegschancen bietet die Tätigkeit beim BND?
BND: Die Karrieremöglichkeiten für die Mitarbeiter im Bundesnachrichtendienst ergeben sich im Rahmen der verschiedenen Laufbahnen des öffentlichen Dienstes. Gefördert wird nach den Kriterien Eignung, Leistung und Befähigung. Das sogenannte Laufbahnprinzip und die Jobrotation innerhalb der Fachbereiche sind dabei Garant einer mittel- und langfristigen Karriereplanung innerhalb der jeweiligen Laufbahn. Als Auslandsnachrichtendienst bietet der BND seinen Mitarbeitern einen krisenfesten Arbeitsplatz und gute Karrieremöglichkeiten an verschiedenen Dienststellen im In- und Ausland.

Die Vergütung der Beschäftigten erfolgt nach dem Tarifvertrag für den öffentlichen Dienst (TVöD), der Beamtinnen und Beamten nach dem Bundesbesoldungsgesetz. Neben den im öffentlichen Dienst üblichen sozialen Leistungen erhalten die Beschäftigten im BND zusätzlich eine behördenspezifische Zulage.

Frage: Wie erfolgt die hausinterne sprachliche Qualifizierung der Mitarbeiter?

BND: Die Fort- und Weiterbildung des Personals übernimmt die Schule des BND. Hier sind ausgebildete Sprachlehrer dafür zuständig, den Mitarbeitern das am Arbeitsplatz notwendige sprachliche Können und die erforderlichen Landeskenntnisse zu vermitteln. Sollte es sich um die Ausbildung in einer »exotischen« Sprache handeln, für die keine eigenen Lehrkräfte zur Verfügung stehen, werden gegebenenfalls auch Ausbildungen an externen Einrichtungen im In- und Ausland durchgeführt.

Frage: Welche Aufgaben fallen den Mitarbeitern im Einzelnen zu und welche Qualifikationen sind erforderlich?

BND: Nach einer kurzen Einarbeitungsphase übernehmen die Mitarbeiter im Sprachendienst des BND die originären Aufgaben eines Dolmetschers, wobei Simultandolmetschen nur in Ausnahmefällen erforderlich ist. Sie werden zu den verschiedensten Anlässen und Veranstaltungen herangezogen und begleiten die Leitung des BND beziehungsweise die Vertreter der Fachabteilungen bei Konferenzen und Besprechungen, bei Reisen ins Ausland. Besonders reizvoll und eine große Herausforderung stellt die unglaubliche Bandbreite der zu behandelnden Themenkomplexe dar.

Bewerber sollten *zwei Fremdsprachen* beherrschen und nach Möglichkeit bereits über Berufserfahrung verfügen. Darüber hinaus werden fundierte Kenntnisse über Kultur, Gepflogenheiten und Menschen des jeweiligen Sprachraumes benötigt. Ausgeprägte Kommunikations- und Teamfähigkeit werden ebenso erwartet wie absolute Diskretion, Vertraulichkeit und Zuverlässigkeit, Kriterien, die besonders für die Mitarbeit in einer Sicherheitsbehörde von großer Bedeutung sind. Gute Umgangsformen und ein gepflegtes Erscheinungsbild sind ebenfalls unabdingbar.

Übersetzer im Sprachendienst verfügen je nach Anforderungsprofil über einen Diplom-, Master-, Fachhochschul- oder Bachelor-Abschluss beziehungsweise in Einzelfällen über die Qualifikation staatlich geprüfter Übersetzer. In eigenständiger und selbstverantwortlicher Weise übersetzen die Mitarbeiter im Auftrag der verschiedenen Fachabteilungen des Dienstes die unterschiedlichsten Texte mit politischen, wirtschaftlichen, technischen und militärischen Inhalten. Dies erfordert umfangreiches themenbezogenes Fachwissen, eine intensive Terminologiearbeit und die Bereitschaft, sich stetig weiterzubilden, um die Fremdsprachen- und Übersetzungskompetenzen zu verbessern.

Diplom-Dolmetscher und Diplom-Übersetzer beziehungsweise ausgebildete Lehrer können auch an der Schule des BND abwechslungsreiche und anspruchsvolle *Lehrtätigkeiten* übernehmen. Ihre Aufgabe ist die Konzeption, Durchführung und Betreuung von Lehrgängen, um somit für die sprachliche

Qualifizierung des Personals entsprechend den Anforderungen des Arbeits-
platzes zu sorgen. Dabei werden neben den Sprachkenntnissen auch
vielfältige Landeskenntnisse vermittelt. Die Ausbildung findet in Intensivpha-
sen oder im Rahmen von dienstzeitbegleitenden Lehrgängen statt.

Frage: Bei welchen Aufgaben sind die Mitarbeiter besonders gefordert?
BND: Aufgaben und Tagesablauf der Mitarbeiter im BND sind sehr unterschiedlich und variieren je nach Tätigkeit in den verschiedenen Abteilungen.
Die sehr unterschiedlichen Aufgabenstellungen der Fachbereiche bedeuten
zwangsläufig auch unterschiedliche Anforderungen, welche die Mitarbeiter
zu bewältigen haben. Aufgrund des breit gefächerten Auftrags des BND muss
man in der Lage sein, sich sehr flexibel auf veränderte Situationen
einzustellen und sich entsprechend einzuarbeiten. Eine besondere Herausforderung ist dabei sicherlich, dass eine Mitarbeit in einem Nachrichtendienst
eine besondere Loyalität, Zuverlässigkeit und Verschwiegenheit von jedem
Einzelnen erfordert.

Frage: Wie sieht der Idealkandidat im BND aus?
BND: Als wichtige Anforderungen an das Persönlichkeitsprofil sind hervorzu-
heben Loyalität, Verschwiegenheit, Vertrauenswürdigkeit und Zuverlässigkeit. Weiterhin legen wir besonderes Gewicht auf eine überdurchschnittliche
Leistungs- und Gestaltungsbereitschaft sowie eine ausgeprägte Fähigkeit, im
Team zusammenzuarbeiten, da neben der gewöhnlichen Behördenstruktur
in vielen Bereichen des Dienstes die Notwendigkeit zur Teamarbeit gegeben
ist. Hier ist insbesondere das Krisenmanagement mit entsprechenden
Einsatzstäben zu nennen. Natürlich wird auch auf eine physische und
psychische Belastbarkeit der Bewerberin beziehungsweise des Bewerbers
geachtet, da viele Verwendungen eine Reisetätigkeit erfordern, auch ins
Ausland. Unverzichtbar für eine Festanstellung im Bundesnachrichtendienst
ist die deutsche Staatsangehörigkeit. Eine Tätigkeit in einem Nachrichtendienst und der Umgang mit geheimen Sachverhalten setzen eine besondere
Verbundenheit dem Staat gegenüber voraus, die ihre Wurzeln unter anderem
in der Staatsangehörigkeit hat.

**Frage: Welche Sprachkenntnisse sind derzeit und künftig besonders
gefragt?**
BND: Gefragt sind neben gängigen westlichen Sprachen wie Englisch, Franzö-
sisch, Spanisch zunehmend Sprachen aus dem arabischen und asiatischen
Raum. Der personelle Bedarf ist wechselnd und richtet sich nach den aktuellen
Aufklärungsschwerpunkten des Dienstes und den bestehenden Vakanzen im
Bereich des Sprachendienstes und den Fachabteilungen. Momentan suchen wir
Dolmetscher und/oder Übersetzer für die Sprachen Englisch, Spanisch, Serbo-
kroatisch, Arabisch, Farsi, Dari, Paschtu und Russisch als Mitarbeiter.

Frage: Inwieweit unterscheidet sich die Tätigkeit beim BND vom herkömmlichen Berufsalltag eines Sprachmittlers? Was zeichnet den Arbeitgeber BND aus?

BND: Der wesentliche Unterschied liegt nicht in den Aufgaben- und Tätigkeitsfeldern eines Sprachmittlers beim BND, sondern darin, dass der BND als Sicherheitsbehörde einem hohen Sicherheitsbedürfnis unterliegt und an die Mitarbeiter daher hohe Anforderungen an Verschwiegenheit gestellt werden. Natürlich dürfen sie im privaten Freundeskreis nichts über dienstliche Belange erzählen. Während sich viele Menschen über ihren Beruf und die darin erzielten Erfolge identifizieren, müssen sich unsere Mitarbeiter mit Stillschweigen begnügen. Das kann manchmal belastend sein, aber die Notwendigkeit und die Verantwortung sind unserem Personal bewusst.

Frage: Welches sind die schönen Seiten der Tätigkeit beim BND? Was ist besonders reizvoll?

BND: Der einzigartige und außergewöhnliche Auftrag des Dienstes und seine internationale Ausrichtung sind besonders reizvoll. Daraus ergeben sich für die Mitarbeiter vielfältige Einsatz- und Verwendungsmöglichkeiten. Als Sprachmittler kommt man mit sehr interessanten Persönlichkeiten in Kontakt und bekommt Einblicke in verschiedenste sicherheits- und außenpolitische relevante Zusammenhänge.

Frage: Was ist das Schwierigste an dem Beruf? Für wen eignet sich der Beruf besonders, für wen weniger?

BND: Sicherlich gehört die Akzeptanz der sicherheitlichen Einschränkungen und die Tatsache, dass man nicht offen über seine Tätigkeit beim BND sprechen darf, zu den schwierigen Seiten einer Mitarbeit. Grundsätzlich bleibt aber festzuhalten, dass jeder Beschäftigte im BND sein Privatleben eigenverantwortlich gestaltet. Die Entscheidung darüber, wen man über die Mitarbeit informiert, trifft jeder Mitarbeiter selbst – natürlich unter Beachtung der geltenden sicherheitlichen Auflagen. In der Regel wissen die Familie und enge Freunde Bescheid. Über Details der Arbeit darf man aber auch mit ihnen nicht sprechen. Besonders geeignet sind kommunikative, teamfähige und souverän auftretende Persönlichkeiten, die in der Lage sind, sich flexibel und spontan auf unterschiedliche Aufgaben und Situationen einzustellen. Introvertierte, ängstliche Typen und Einzelgänger, die Probleme im Umgang mit anderen Menschen und fremden Kulturen haben, sind genauso wenig für eine Mitarbeit im BND geeignet wie Abenteurer.

Frage: Welche Tipps können Sie jungen Leuten geben, um sich optimal auf eine spätere Berufstätigkeit beim BND vorzubereiten?
BND: Wichtig ist, die Ausbildung oder das Studium mit guten Leistungen und Noten zu beenden. Wir achten bei unseren Bewerbern neben den bereits angeführten Profilen und Soft Skills verstärkt darauf, ob ein Bewerber ein Auslandssemester absolviert hat oder/und über auslandsbezogene Berufserfahrung verfügt.

 Detaillierte Informationen über die aktuellen Stellenangebote finden Sie fortlaufend auf der Homepage des BND (www.bundes-nachrichtendienst.de) unter »Jobs & Karriere«. Selbstverständlich können sich Interessenten auch jederzeit initiativ bewerben. Die Personalabteilung prüft nach Eingang der Bewerbungsunterlagen, ob geeignete Dienstposten zur Verfügung stehen.

Mitarbeiter (w/m) im Sprachendienst des Bundessprachenamtes (BsprA)

Die Bundeswehr verfügt über einen eigenen Sprachendienst. Das Bundessprachenamt mit Hauptsitz in Hürth bei Köln beschäftigt derzeit rund 1000 Mitarbeiter. Am zentralen Sitz in Hürth sind circa 500 Mitarbeiter beschäftigt. Etwa 500 weitere Mitarbeiter sind dezentral, das heißt an über 100 Dienstorten in der ganzen Bundesrepublik Deutschland, tätig. Über 400 Sprachlehrer, wissenschaftliches und sonstiges Fachpersonal sowie rund 450 Angehörige der Abteilung Sprachmittlerdienst, die unter anderem als Übersetzer, Terminologen und Dolmetscher sowie Fremdsprachenassistenten für die internationale Kommunikation, vor allem im sicherheitspolitischen, militärischen, wehrtechnischen und naturwissenschaftlichen Bereich, tätig sind.

Zu den Aufgaben des Bundessprachendienstes gehören unter anderem die fremdsprachliche Ausbildung für Angehörige der Streitkräfte sowie für Personal des Bundes und der Länder, die fremdsprachliche Unterstützung der deutschen Einsatzkontingente, die nationale und internationale Zusammenarbeit mit den Sprachendiensten der Bundes- und Länderbehörden und Kooperation mit den Sprachendiensten anderer Staaten sowie die Betreuung militärischer Lehrgangsteilnehmer aus aller Welt.

Im Sprachendienst existieren vielfältige Berufsbilder. Zur Deckung des fremdsprachlichen Bedarfs der Bundeswehr werden ständig neue Mitarbeiter gesucht. Bevor Sie in den Sprachendienst der Bundeswehr eingestellt werden können, müssen Sie neben den unten dargestellten Einstellungsvoraussetzungen erfolgreich ein Auswahlverfahren beim Bundessprachenamt durchlaufen. Ablauf und Inhalt des Auswahlverfahrens sind abhängig vom angestrebten Berufsbild. Nähere Informationen hierzu finden Sie auf der Homepage des Bundessprachenamtes.

Sprachlehrer in der Abteilung Sprachausbildung

Als Sprachlehrer unterrichten Sie Angehörige der Bundeswehr sowie Bedienstete des Bundes und der Länder. Sie erteilen »verwendungsbezogenen fertigkeitsorientierten« oder »fachsprachlichen« Fremdsprachenunterricht für militärische und zivile Mitarbeiter und nehmen Sprachprüfungen ab. Als Fremdsprachenlehrer wirken Sie auch bei der Erstellung von Lehr-, Lern- und Prüfmaterialien mit. Als Sprachlehrer für den sogenannten vergleichbar gehobenen Dienst können Sie eingestellt werden, wenn Sie ein abgeschlossenes Studium in der Fremdsprache oder vergleichbare Kenntnisse und über Unterrichtserfahrung verfügen, muttersprachenähnliche Sprachkenntnisse haben sowie bereit und befähigt sind, sich in die computergestützte Sprachausbildung einzuarbeiten. Für den vergleichbar höheren Dienst benötigen Sie zusätzlich noch eine einschlägige wissenschaftliche Abschlussprüfung (zum Beispiel das zweite Staatsexamen für das Lehramt in der Fachsprache), gute Kenntnisse im Bereich Fremdsprachendidaktik und -methodik sowie Unterrichtserfahrung – auch mit Erwachsenen.

Fremdsprachenassistent im Sprachendienst der Bundeswehr

Ihre Aufgabe als Fremdsprachenassistent im Sprachendienst der Bundeswehr besteht darin, bei der Organisation und Vorbereitung von fremdsprachlichen Lehrgängen und Prüfungen mitzuwirken. Sie arbeiten bei der Erstellung fremdsprachlicher Übungsmaterialien zum allgemeinen Gebrauch zu und betreuen Multimediaklassenräume. In der Abteilung Sprachmittlerdienst übersetzen Sie einfache Texte von der Fremdsprache ins Deutsche und umgekehrt und unterstützen die Übersetzer durch Vor- und Nachbereitung von computergestützt gefertigten Übersetzungen. Außerdem leisten Sie lexikografische Vorarbeiten. Als Einstellungsvoraussetzungen benötigen Sie neben mittlerem Bildungsabschluss unter anderem eine einschlägige Ausbildung oder Berufserfahrung sowie fundierte Kenntnisse in der Fremdsprache und gute Anwenderkenntnisse in MS-Office und Internet.

Dolmetscher, Terminologe und Übersetzer im Sprachmittlerdienst

Im Sprachmittlerdienst des Bundessprachenamtes ist in der Regel eine Beschäftigung als Konferenzdolmetscher im vergleichbar höheren Dienst und als Übersetzer sowie Terminologe, beides im vergleichbar gehobenen Dienst, möglich. Alle Übersetzer, Terminologen und Dolmetscher müssen ihre Arbeitssprache(n) muttersprachlich oder muttersprachenähnlich beherrschen, über solide Kenntnisse in den ressortspezifischen Fachgebieten verfügen beziehungsweise die Bereitschaft mitbringen, sich in diese einzuarbeiten. Zu den ressortspezifischen Fachgebieten gehören beispielsweise Verteidigungs- und Sicherheitspolitik, Wehrwesen und Wehrtechnik, Naturwissenschaften und Recht.

Arbeitssprache

Die meisten Dienstposten in der Abteilung Sprachmittlerdienst erfordern nur eine Arbeitssprache. Im Bereich Übersetzen/Dolmetschen ist und bleibt Englisch die Hauptsprache. Stark nachgefragt werden derzeit jedoch auch Dari, Pashtu und Arabisch.

Teilnahme an Auslandseinsätzen

Das Bundessprachenamt unterstützt als sprachlicher Dienstleister die Streitkräfte bei Auslandseinsätzen der Bundeswehr durch mehrmonatige Entsendung von Sprachendienstpersonal in die Einsatzgebiete. Viele Dienstposten des Bundessprachenamtes erfordern zwingend eine Teilnahme an Auslandseinsätzen, entweder im Zivil- oder gegebenenfalls im Soldatenstatus. Von allen Bewerbern wird daher die grundsätzliche Bereitschaft gefordert, unter bestimmten Voraussetzungen an Auslandseinsätzen der Bundeswehr teilzunehmen. Die Aufgaben des Sprachendienstpersonals im Auslandseinsatz der Bundeswehr sind vielfältig; überwiegend handelt es sich um Übersetzungs- und Dolmetschdienstleistungen für Einsatzverbände. Vor Ort sind die Mitarbeiter auch für die Ortskräfte zuständig, welche die Einsatzkräfte als Sprachmittler in den jeweiligen Landessprachen unterstützen.

Adressen, Tipps und Links

www.bundessprachenamt.de	Internetauftritt des Bundessprachenamts
www.bundeswehr-karriere.de	Karriereseiten der Bundeswehr: Informationen zur Beschäftigung im militärischen und zivilen Bereich. Informationsbroschüre »Angehörige des Sprachendienstes« erhältlich
BSpraAUAE@bundeswehr.org	E-Mailadresse bei Fragen zu Auslandseinsätzen von Sprachendienstpersonal

Mitarbeiter (w/m) im Sprachendienst des Europäischen Patentamts

Der Sprachendienst des Europäischen Patentamts (EPA, www.epo.org) besteht aus einem Übersetzungsdienst und einem Dolmetscherdienst. Frau Kirstein, Leiterin der Abteilung Dolmetschen, und Frau Cullman, Leiterin der *deutschen* Übersetzerabteilung des Europäischen Patentamts in München, schildern die Voraussetzung für eine Beschäftigung in ihren Abteilungen:

Übersetzungsdienst beim EPA

Der *Übersetzungsdienst* umfasst eine deutsche, eine englische und eine französische Sprachabteilung sowie eine Koordinationsstelle. In den drei Sprachabteilungen arbeiten derzeit 28 fest angestellte Übersetzer. Sie besitzen alle einen Hochschulabschluss und haben eine der drei Amtssprachen des EPA (Deutsch, Englisch oder Französisch) als Muttersprache. Übersetzt wird grundsätzlich nur in die Muttersprache. Neben der Übersetzungstätigkeit in den drei Amtssprachen fallen in kleinerem Umfang auch Übersetzungen in anderen Sprachen an. Fachliche Schwerpunkte im sehr breit gefächerten Spektrum der Übersetzungen sind administrative und juristische Texte, Haushalt, Rechnungslegung und Finanzen sowie IT-Technik. Patentschriften werden nicht im EPA übersetzt. Da der Übersetzungsdienst in den nächsten Jahren aus Kostengründen kleiner werden soll, wird sich angehenden Übersetzern vorerst leider kaum eine Chance bieten, dort einen festen Arbeitsplatz zu finden. Einstellungsvoraussetzung ist generell ein abgeschlossenes Hochschulstudium, das heißt ein Diplom-/Master-Abschluss (vorzugsweise im Übersetzungsfach). Stellen werden immer offiziell ausgeschrieben (unter anderem auf der Website des EPA) und in einem Auswahlverfahren mit schriftlicher Prüfung und Vorstellungsgespräch besetzt. Blindbewerbungen versprechen keinen Erfolg.

Ein Teil der im EPA anfallenden Übersetzungsarbeit wird vor allem bei Termin- und Kapazitätsengpässen außer Haus vergeben. Der Übersetzungsdienst arbeitet mit einigen Agenturen und einem begrenzten Kreis hoch qualifizierter freiberuflicher Übersetzer zusammen. Letztere erhalten, soweit möglich, zunächst durch Revision ihrer Arbeit und Feedback eine gewisse Mindestausbildung, da hohe Qualitätsmaßstäbe angelegt werden. Erwartet werden absolute Termintreue, eine sorgfältige Auswertung des elektronisch mitgelieferten oder in Datenbanken zugänglich gemachten Hintergrundmaterials, die Einhaltung der EPA-Terminologie, eine eigenständige gründliche Analyse der Materie sowie eine inhaltlich genaue und sprachlich prägnante Übertragung des Originaltextes in die Zielsprache.

Zu guter Letzt noch ein Wort zum *Idealprofil eines Übersetzers.* **Idealprofil** Sprachtalent, das heißt ausgezeichnete Kenntnisse in den Fremdsprachen, und hohe muttersprachliche Kompetenz sind der Grundstock eines guten Übersetzers. Fast genauso wichtig sind aber eine schnelle Auffassungsgabe, gute analytische Fähigkeiten, Interesse an möglichst vielen (auch naturwissenschaftlichen) Fachgebieten, die Bereitschaft zur eigenverantwortlichen Einarbeitung in neue Materie, Sorgfalt und Ausdauer. Kurz: Die besten Übersetzer sind Universaltalente.

Der *Dolmetscherdienst* des EPA beschäftigt keine fest angestellten **Dolmetscherdienst** Dolmetscher, sondern rekrutiert ausschließlich freiberufliche Kon- **des EPA** ferenzdolmetscher, welche die drei Amtssprachen Deutsch, Englisch und Französisch in ihrer Sprachkombination haben. Gedolmetscht wird grundsätzlich aus zwei Amtssprachen in die jeweilige Muttersprache, und zwar fast ausschließlich simultan. Das Gros der Einsätze sind meist eintägige mündliche Verhandlungen (Einsprüche und Beschwerden) vor einer Kammer, in denen ein Patent vom Patentinhaber gegen einsprechende Parteien »verteidigt« wird. Die Verhandlungssprache ist jeweils eine der drei Amtssprachen, Dolmetscher werden auf Antrag für eine oder beide der anderen Amtssprachen eingesetzt. Darüber hinaus wird in den Sitzungen der großen Organe (Verwaltungsrat, Ausschüsse) und in Fachkonferenzen gedolmetscht. In seltenen Fällen werden für im Ausland stattfindende Konferenzen vor Ort Dolmetscher für die jeweilige Landessprache zusätzlich rekrutiert. »Retour«-Kabinen gibt es nur für Tagungen, für die Japanisch, Chinesisch, Russisch und einige andere, sehr selten benötigte Sprachen zu besetzen sind. In diesen Fällen wird die Anzahl der Dolmetscher pro Team verdoppelt.

Die *Voraussetzung für eine Mitarbeit* als freiberuflicher Dolmetscher ist ein Universitätsabschluss (Master/Diplom) als Konferenzdolmetscher in den Amtssprachen sowie einige Jahre Berufserfahrung. Obwohl in Einzelfällen sehr erfolgreich Berufsanfänger eingearbeitet werden, hat die Erfahrung gezeigt, dass eine mehrjährige Dolmetschroutine grundsätzlich unerlässlich für die Art der Einsätze beim EPA ist. Der Dolmetscher muss sich nämlich nicht nur in die patentrechtliche Terminologie einarbeiten, welche die Grundlage für sämtliche Einsätze bildet, sondern darüber hinaus für jede Verhandlung in ein unterschiedliches Fachgebiet (Chemie, Physik, Mechanik, Elektronik, Gentechnik ...) und die entsprechende Terminologie. Da den Dolmetschern ausnahmslos umfassendes Vorbereitungsmaterial zur Verfügung gestellt wird, wird erwartet, dass sie sich gewissenhaft und gründlich in die jeweilige Akte einarbeiten. Kandidaten, die Interesse an einer freiberuflichen Tätigkeit beim EPA haben und die entsprechenden Voraussetzungen mitbringen, können sich jederzeit beim Dolmetscherdienst bewerben. Aufgrund der sehr spezifischen Art der Einsätze erfolgt kein Eingangstest, sondern eine Art sechsmonatige Eignungsüberprüfung. Während dieser Zeit arbeitet der Dolmetscher nur mit sehr erfahrenen Kollegen zusammen, die ihn unterstützen und auch beurteilen, ob er sich für eine Tätigkeit im EPA eignet.

Mitarbeiter (w/m) im Sprachendienst der Europäischen Zentralbank (EZB)

Eine Einsatzmöglichkeit für ein zahlenmäßig begrenztes Kontingent an Sprachtalenten bietet der Sprachendienst der EZB in Frankfurt/Main. Im Rahmen eines Praktikums können Studenten wertvolle Erfahrungen sammeln, wenn sie der Notenbanksektor fasziniert. Wichtig ist, dass sie neben ihrer Muttersprache Englisch ein bis zwei weitere Amtssprachen der Europäischen Union beherrschen. Sie sollten mit der gängigen Übersetzungssoftware (SDL Trados Workbench, SDL Multiterm) umgehen können und Freude an terminologischer Arbeit haben. Hintergrundwissen über den Wirtschafts- und Finanzsektor und die EZB sowie EU-Institutionen ist von Vorteil. Details finden Sie auf der Website der EZB unter folgendem Link: www.ecb.europa.eu.

Mitarbeiter (w/m) im Sprachendienst der Deutschen Bundesbank

Die Deutsche Bundesbank in Frankfurt/Main bietet interessante Beschäftigungschancen für rund 20 Übersetzer im Sprachendienst des Zentralbereichs Kommunikation in Frankfurt/Main. Für diese anspruchsvolle und abwechslungsreiche Tätigkeit ist ein einschlägiges abgeschlossenes Hochschulstudium (Master-Abschluss) erforderlich. Mehrjährige Berufserfahrung sowie volkswirtschaftliche Kenntnisse sind wünschenswert. Die Sprachmittler der Bundesbank arbeiten unter anderem eng mit ihren Übersetzerkollegen und anderen Mitarbeitern des Sprachendienstes der EZB zusammen. Die Deutsche Bundesbank bietet Studierenden Praktika im Sprachendienst an. Interessierte können sich unter der Rubrik »Jobs und Karriere« auf der Homepage der Bundesbank (www.bundesbank.de) mit der Personalabteilung in Verbindung setzen.

10 Weitere interessante Berufe mit Fremdsprachen

Computerlinguist (w/m)

»Wenn Sie mit einem persönlichen Berater reden möchten, drücken Sie bitte die Taste ›drei‹ an Ihrem Telefon«, so lautet beispielhaft eine automatische Ansage, wenn Sie beispielsweise bei der Hotline einer Bank anrufen. Die Personen hinter der elektronischen Stimme sind Computerlinguisten. Computerlinguisten arbeiten daran, dass Computer auch natürliche Sprachen wie etwa Deutsch oder Englisch immer besser verstehen und erzeugen können, damit Daten nicht nur über die Tastatur in den PC eingegeben werden können, sondern auch mündlich durch die Sprache. Generell beschäftigen sich Computerlinguisten also mit der maschinellen Verarbeitung natürlicher Sprache in Computersystemen. Beispielsweise für Anwendungsbereiche wie automatische Rechtschreibprüfung, maschinelle Übersetzung, intelligente Suchmaschinen, Sprachlernprogramme oder automatische Auskunftssysteme.

Ethnologe (w/m)

Ethnologie kann als Wissenschaft des kulturell Fremden beschrieben werden. Traditionell befassen sich Ethnologen mit der Kultur »fremder Völker«. In den letzten Jahrzehnten hat sich das Fach jedoch geöffnet und beschäftigt sich heute ebenso mit Bereichen der eigenen Gesellschaft, die als »fremd« wahrgenommen werden.

Neben den Wissenschaftssprachen (vor allem Englisch, Französisch und Spanisch) haben Ethnologen in erster Linie mit Lokalsprachen zu tun, die manchmal nur einige hundert Leute sprechen. Für manche dieser Sprachen gibt es oft weder eine »offizielle« Grammatik noch ausreichend Lehrmaterial. Als klassischer Ethnologe sind Sie mehrere Monate, manchmal Jahre, auf »Feldforschung« – größtenteils im Ausland – unterwegs. Das heißt, Sie leben mit den Menschen, mit denen Sie arbeiten, zusammen und verbringen die erste Zeit hauptsächlich mit Spracherwerb. Dieses Berufsbild entspricht der Tätigkeit als Ethnologe an Hochschulen und in der Forschung. Die meisten Ethnologen finden jedoch Beschäftigung in anderen Bereichen, beispielsweise bei Organisationen und Verbänden für Kulturaustausch, in der Entwicklungszusammenarbeit oder in internationalen Organisationen, als Journalisten und Journalistinnen, bei Fernseh- und Reiseveranstaltern, in Verlagen, Bibliotheken und Archiven oder in Museen. Darüber hinaus bietet die öffentliche Verwaltung, etwa Kulturämter, ein weiteres berufliches Einsatzfeld. Fremdsprachen sind notwendiger Bestandteil ethnologischer Arbeit, jedoch steht der ethnologische Aspekt, nämlich das Bemühen, fremde Kulturen aus ihrer eigenen Weltsicht heraus zu verstehen, bei diesem Beruf deutlich im Vordergrund.

Kulturwirt (w/m)

Wenn Sie sich für Betriebswirtschaftslehre interessieren – und dabei neue Wege und Nischen finden möchten, könnten die Studiengänge rund um die Kulturwirtschaft eine Möglichkeit für Sie darstellen. Die Studiengänge, die Sie bespiesweise in Passau (»B.A. International Cultural and Business Studies« – siehe Kapitel »IKK-Berater«, S. 117) oder Mannheim (»Kultur und Wirtschaft« – siehe Kapitel »Projektmanager«, S. 99) belegen können, sind interdisziplinär aufgebaut. Das heißt, sie vereinen Wissenschaften aus unterschiedlichen Gebieten, nämlich der Wirtschafts-, Geistes-

und Sozialwissenschaften. Die Studenten konzentrieren sich je nach Ausbildungsschwerpunkt auf den angloamerikanischen, französisch- oder spanischsprachigen Kulturraum. Sie erwerben damit sowohl sehr gute Fremdsprachenkenntnisse als auch fundiertes Wissen über die wirtschaftlichen, rechtlichen, sozialen und kulturellen Verhältnisse des gewählten Sprach- und Kulturraums.

Das Berufsspektrum für Kulturwirte ist breit gefächert. Die konkreten Chancen hängen jedoch jeweils von der Situation am Arbeitsmarkt ab, die sich schlecht Jahre vorher abschätzen lässt. Wichtig für den späteren Berufseinstieg ist die individuelle »Profilbildung« während des Studiums, beispielsweise durch Praktika und Auslandsaufenthalte. Im Herbst 2006 hat das »kuwi netzwerk international e.V. (www.kuwi.de)« die Berufe von über 1000 Mitgliedern erfasst: 191 Kulturwirte arbeiten demnach in Politik, Verwaltung und im öffentlichen Dienst, 168 im Bereich Kunst und Kultur, 167 im Bereich Automobil und Maschinerie, 166 im Consulting, 127 im Tourismus, 114 im Bereich Medien, 103 in Non-Governmental Organizations, 88 im Marketing, 71 im Bereich IT-Software, 68 im Eventmanagement und 52 in der Entwicklungsarbeit.

Lexikograf (w/m)

Lexikografen befassen sich mit der Erstellung und Bearbeitung von Wörterbüchern. Es gibt vier Ausprägungen lexikografischer Arbeit mit ganz unterschiedlichen Inhalten: Einsprachige Lexikografie der Allgemeinsprache (zum Beispiel »Duden«), zweisprachige Lexikografie der Allgemeinsprache (allgemeines Wörterbuch wie »Großwörterbuch Englisch« von Pons), zwei- und mehrsprachige Lexikografie der Fachsprache (beispielsweise ein Rechtswörterbuch D/E) und einsprachige Fachlexikografie (wie »Black's Law Dictionary« von Garner).

Diese grundsätzlichen Überlegungen und Unterscheidungen führen zu ganz unterschiedlichen Wörterbuchtypen mit ganz unterschied-

lichen Inhalten. Dementsprechend verläuft jedes Wörterbuchpro-
jekt anders. Generell erarbeitet der Lexikograf das Wortgut. Dazu
wählt er Benennungen/Begriffe aus bestehenden Wortgutsammlun-
gen aus und stellt diese zusammen. Dabei macht es einen Unterschied, ob diese ein- oder zweisprachig sind. So haben zweisprachige Wörterbücher in der Regel keine Definitionen, sondern nur
Bedeutungsdifferenzierungen in unterschiedlichster Form: Synony-
me, Antonyme, Kurzerläuterungen, Sachgebiete…. Der Lexikograf
bearbeitet das Wortgut nach semantischen und grammatikalischen
Kriterien, sortiert, ordnet und beschreibt es. So ergänzt er Definitionen, Übersetzungen, Anwendungsbeispiele und Lautschrift – je
nach Wörterbuchtypus. In der zweisprachigen Fachlexikografie
wird in der Regel keine Phonetik angegeben, da die Wörterbücher
meist zur schriftlichen Übersetzung herangezogen werden. Im
Synonym- und Stilwörterbuch gibt es keine Definitionen oder
Grammatik.

Je nach Arbeitsgebiet unterscheiden sich auch die Anforderungen
an die Lexikografen. Umfassende sprachliche und sachliche Kenntnisse sind natürlich immer sinnvoll. Besonders aussichtsreich sind
Studiengänge für Übersetzer, Dolmetscher und Neuphilologen. Für
einen Fachlexikografen sind jedoch vertiefte Phonetik-, Gramma-
tik- und etymologische Kenntnisse eher verzichtbar als für einen
allgemeinsprachlichen Lexikografen. Für ihn spielen die Fachkenntnisse beziehungsweise die Fähigkeit, sie sich zu erarbeiten,
die entscheidende Rolle. Lexikografen arbeiten in den Wörter-
buchredaktionen von Verlagen oder bei nationalen und internationalen Behörden. Manche sind freiberuflich oder nebenberuflich
(freiberuflich) als Lexikografen tätig.

Relocation Specialist (w/m)

Mobilität und Flexibilität sind wichtige Faktoren in unserer
Arbeitswelt. Aus diesem Grund müssen viele Fach- und Führungskräfte aus beruflichen Gründen den Wohnort wechseln – häufig

sogar ins Ausland umziehen. Relocation Specialists helfen, diesen Wohnortwechsel zu erleichtern, und übernehmen alle wichtigen Dinge im Zusammenhang mit dem Ortwechsel und Umzug. Gleichzeitig betreuen sie auch ausländische Fach- und Führungskräfte, wenn diese ihren Arbeitsort nach Deutschland verlegen. Zu den Aufgaben gehört insbesondere die Übernahme aller Behördengänge, Bankgeschäfte und Umzugsangelegenheiten. Kurzum, sie helfen den Neuankommenden, sich schnell im Alltag zurechtzufinden. Sie sind in der Anfangsphase der erste Ansprechpartner und damit auch Aushängeschild des neuen Kulturkreises. Durch ihre Menschenkenntnis, Sensibilität und interkulturelle Kompetenz (lesen Sie hierzu auch das Kapitel »IKK-Berater«, S. 117) haben sie Verständnis für die Probleme ihrer Kunden in dem für sie neuen Kulturkreis. Um als Relocation Specialist erfolgreich zu sein, ist es daher fast unverzichtbar, schon selbst einmal im Ausland und speziell in dem jeweiligen Kulturkreis gelebt zu haben. Relocation Specialists verfügen über sehr gute Sprachkenntnisse – mindestens Englisch – in Wort und Schrift. Derzeit gibt es keine spezielle Ausbildung als Relocation Specialist. Einige Unternehmen setzen ein abgeschlossenes Hochschulstudium in Betriebswirtschaft, Kulturwirtschaft oder Sozialwissenschaften oder Psychologie voraus. Jedoch haben Sie auch nach einer abgeschlossenen (kaufmännischen) Ausbildung die Chance, einen Job im Bereich Relocation Service zu finden.

Philologe/Neuere Philologie[29] (w/m)

Philologie bedeutet »Liebe zur Sprache«. Die Studiengänge der neueren Philologie befassen sich mit lebenden Fremdsprachen. Besonders weit verbreitete Studiengänge sind: Anglistik, Amerikanistik, Finno-Ugristik, Japanologie, Hispanistik, Orientalistik,

---

29) Der Begriff wurde im Gegensatz zur Altphilologie geprägt, die sich vorwiegend mit den nicht mehr gesprochenen Sprachen Latein und Altgriechisch befasst.

Ostasienwissenschaft, insbesondere Sinologie (siehe unten), Slawistik… Schwerpunkte aus literaturwissenschaftlicher Sicht sind beispielsweise Inhalt, Struktur und Wirkungsweise literarischer Texte. Sprachwissenschaftliche Studiengänge sind Lautlehre (Phonetik), Morphologie, Syntax, Semantik und gegebenenfalls Schrift. Der Fremdsprachenerwerb im Philologiestudium ist zwar wichtige Voraussetzung für das Studium, aber nicht der eigentliche Zweck. Philologen sind tätig in Bereichen, in denen ihre Sprachkenntnisse sowie ihre Kenntnisse in Landeskunde, Geschichte und Literatur des jeweiligen Kultur- und Wirtschaftsraums gefragt sind. Lesen Sie dazu auch die Ausführungen »Wirtschaftsphilologe«, S. 197. Einen Bonus verschaffen sich Geisteswissenschaftler, wenn sie sich bereits während ihres Studiums Zusatzqualifikationen aneignen, um später bei der Bewerbung mit Wirtschafswissenschaftlern konkurrieren zu können. Absolvieren Sie Praktika bei späteren potenziellen Arbeitgebern im In- und Ausland, studieren Sie einige Semester im Ausland und belegen Sie zusätzliche Kurse in Betriebs- und Volkswirtschaft sowie Jura.

Sinologe (w/m)

Dem chinesischen Sprach-, Kultur- und Wirtschaftsraum können Sie sich auf mehrere Weisen nähern. Zum einen auf dem geisteswissenschaftlichen Weg: Literatur, Geschichte, Religion und Philosophie des klassischen und modernen Chinas. Das Studium der Sinologie bietet hier die Möglichkeit, neben diesen Wissensgebieten auch fundierte Kenntnisse der chinesischen Sprache in Wort und Schrift zu erwerben. Durch ihr Know-how in chinesischer Kultur und Lebensart finden Sie Jobs in den Bereichen Kundenbetreuung und Beratung von internationalen Unternehmen, im diplomatischen Dienst, in Verlagen und Sprachdiensten sowie in internationalen Organisationen und der Verwaltung.

Weg von der Klassik und hin zur Moderne: So bieten zahlreiche Bachelor-/Master-Studiengänge eine Kombination von Chinakunde mit Bezug zu Wirtschaft, Sozialem und Kultur, wie das Studium zum Wirtschaftssinologen (siehe unten Wirtschaftsphilologe). Auslandssemester und Praktika in Unternehmen in China zum Erwerb von Mandarinkenntnissen sind bei fast allen Studienangeboten enthalten. Mit dem erlernten Mandarin-Chinesisch sind Sie in der Lage, einfache Geschäftskorrespondenz und Alltagsdialoge zu führen. Sie können auch mehrere geisteswissenschaftliche Bachelor-Studiengänge im Rahmen des Zwei-Fach- oder Drei-Fach-Bachelors kombinieren.

Wirtschaftsphilologe (w/m)

Eine interessante Möglichkeit, wirtschaftswissenschaftliche und sprachliche Fertigkeiten zu verbinden, bietet der Studiengang zum Wirtschaftsphilologen (-arabist, -hispanist, -japanologe, -sinologe). Wirtschaftsphilologen besitzen fundierte Wirtschaftskenntnisse und sind in der Lage, betriebswirtschaftliche Probleme selbstständig zu lösen. Sie arbeiten in internationalen Unternehmen der Industrie/Wirtschaft und Organisationen sowie bei Großbanken, bei denen sie zwischen deutschen und ausländischen Wirtschaftsräumen vermitteln. Ähnlich wie IKK-Berater bereiten Wirtschaftsphilologen in Trainings und Coachings Geschäftsleute auf Kontakte mit ausländischen Partnern und Kunden vor. Im Tourismussektor planen sie für Reiseveranstalter beispielsweise Reisen in den jeweiligen Kulturraum. Neben dem asiatischen ist auch der arabische Markt in einigen Branchen im Aufwind. Gerade Speditionen benötigen häufig Mitarbeiter mit Kenntnissen über »exotische« Kulturräume. Wirtschaftsphilologie können Sie an Fachhochschulen und Universitäten wie der Hochschule Bremen studieren. Das Fach wird als Schwerpunkt innerhalb von wirtschaftswissenschaftlichen Studiengängen wie »Angewandte Wirtschaftssprachen (AWS)« und »Internationale Unternehmensführung« angeboten.

11 Richtige Berufswahl ist ganz einfach

Traumberufe mit Fremdsprachen lautet der Titel dieses Buches. Doch was sind *Traumberufe*? Sind manche Berufe »besser« als andere? Von einem Traumberuf sprechen manche Menschen, die aus ihrer beruflichen Tätigkeit Zufriedenheit und Erfüllung ziehen beziehungsweise ziehen möchten. Für andere ist ein Traumberuf damit verbunden, dass er ihnen Erfolg, Prestige und ein hohes Einkommen verschafft. Für wieder andere ist ein Traumberuf eine abwechslungsreiche Tätigkeit, bei der sie viel lernen, Neues kennenlernen und sich weiterentwickeln können. Manche Leute verstehen darunter eine Tätigkeit, die ihren Fähigkeiten und Neigungen entspricht und in der sie ihre Stärken ausleben können. Oder eine Tätigkeit, die sie weder über- noch unterfordert; eine Tätigkeit, hinter der sie stehen und die ihnen noch genug Raum für Privatleben, Hobbys und Gesundheit lässt. Für andere ist es all das zusammen oder gar nichts davon oder wieder etwas ganz anderes. Ein Traumberuf ist also etwas höchst Subjektives – was darunter fällt, kann nur jeder Einzelne für sich beantworten. Was für den einen ein Traum ist, bedeutet für den anderen einen Albtraum. Das Erfolgsrezept hinter Ihrem Traumberuf lautet also: Finden Sie den Job, der Sie glücklich macht, dann ist dieser Beruf Ihr persönlicher Traumberuf.

»Doch wie finde ich heraus, welcher Beruf der richtige für mich ist?« Sie wissen die Antwort bereits, aber vielleicht ist Ihnen das noch nicht bewusst. Ich zeige Ihnen einige Möglichkeiten, wie Sie Ihrem Traumberuf auf die Schliche kommen, und gebe Tipps. Greifen Sie sich davon heraus, was Ihnen hilfreich erscheint, und nutzen Sie es als Orientierung auf Ihrem individuellen Berufsweg.

Nur Lesen allein bringt Sie allerdings wenig weiter. Arbeiten Sie das gesamte Kapitel ernsthaft durch, machen Sie die Übungen schriftlich und denken Sie über sich nach. Wenn Sie die einzelnen Schritte auf den nächsten Seiten ernsthaft befolgen, dann sind Sie Ihrem Ziel vom persönlichen Traumberuf ein großes Stück näher gekommen. Da ich in diesem Buch aus Platzgründen nur Anstöße zur Berufsfindung geben kann, finden Sie im Anhang weiterführende Literaturtipps zu diesem Thema.

Herauszufinden, was man will, wohin man möchte, welche Ziele man im Leben hat, ist für viele Menschen – egal welches Alters – oft sehr schwer. Der amerikanische Berufsfindungsexperte Richard Bolles[30] erfand eine sehr wirksame Methode, um herauszufinden, was man möchte: Wenn Ihnen partout nicht einfällt, was Sie wollen, dann schreiben Sie das auf, was Sie *nicht* wollen, und

Was wollen Sie nicht? ziehen Sie den Umkehrschluss. Wenn Sie zum Beispiel wissen, dass Sie keinen reinen Büro-Job haben wollen, notieren Sie das. Und lassen Sie die Gedanken spielen, um herauszufinden, was das positiv formuliert bedeutet: Zum Beispiel dass Sie einen Job haben möchten, bei dem Sie viel unterwegs sind oder sich viel an der frischen Luft bewegen. Wichtig ist, dass Sie Ihr Ziel, Ihren Traumberuf, so konkret wie möglich formulieren. Vage oder gar idealistische Vorstellungen vom Traumjob führen oft zu Enttäuschungen im Alltag. Nehmen Sie Ihre berufliche Zukunft selbst in die Hand! Zeigen Sie Verantwortung für sich und Ihr Leben. Sie finden Ihren persönlichen Traumberuf, wenn Sie sich einige Fragen zu sich selbst stellen und Ihre vagen Vorstellungen von möglichen Berufen hinterfragen. Gönnen Sie sich Zeit zum Nachdenken. Mit der Berufsfindung ist es wie mit der Kreativität: Sie kommt nicht auf Knopfdruck, sondern entwickelt sich langsam. Es ist wichtig, dass Sie die folgenden Übungen in entspanntem Rahmen mit genug Zeit machen.

---

30) www.jobhuntersbible.com; *Durchstarten zum Traumjob* von Richard Nelson Bolles, in der deutschen Bearbeitung von Madeleine Leitner. Madeleine Leitner bietet auch Seminare zur Karriereplanung nach der Bolles-Methode an. Informieren Sie sich unter www.madeleine-leitner.de.

Erster Schritt: Welcher Beruf ist mein persönlicher Traumberuf?

Am Anfang eines jeden *Traum*berufs steht der Traum, die Vision eines jeden Einzelnen. Ihren persönlichen Traumberuf finden Sie, wenn Sie ganz konkrete Vorstellungen davon haben, wer Sie sind, was Sie wollen, was Sie können und was Sie bereit sind, dafür zu tun. Es ist wichtig, dass Ihre Vorstellungen präzise sind. Nur wenn Ihr Ziel konkret ist, können Sie darauf zusteuern und es verwirklichen. Wenn Sie nur eine allgemeine Vorstellung haben, wie »Ich möchte ›*irgendwas* mit Fremdsprachen‹ machen«, wissen Sie nicht, wie Sie gezielt auf die Verwirklichung dieses Ziels hinarbeiten können. Wenn Sie allerdings den präzisen Wunsch haben, Dolmetscher beim Bundesministerium der Verteidigung zu werden, können Sie konkrete Schritte unternehmen, um dieses Ziel zu erreichen. Welche Schritte das sind, zeigt Ihnen dieses Buch! Vergleichen Sie Ihre Fahrt zum Traumberuf mit einer Fahrt im Auto. Bevor Sie den Motor anlassen, müssen Sie ein konkretes Ziel im Kopf haben oder in das Navigationsgerät eingeben. Wenn das Ziel lautet: »Irgendwo, wo es schön ist«, wird das Gerät damit wohl nichts anfangen können und es ist fraglich, ob und wo Sie ankommen. Wer nicht weiß, wo er hin will, braucht sich auch nicht zu wundern, wenn er anders- oder nirgendwo ankommt!

 Ihr Motiv, Ihre Werte, Ihre Vorstellungen

Schreiben Sie alles auf, was Ihnen spontan einfällt. Lassen Sie alles zu und notieren Sie ihre Antworten völlig wertfrei. Auch wenn Ihnen eine Antwort etwas »merkwürdig« vorkommt, schreiben Sie sie hin. Lassen Sie jede Antwort stehen. Es hat schon seinen Sinn, warum Ihnen gerade diese Antwort eingefallen ist.

- Welche Aspekte sind für Sie entscheidend, damit ein Job zu einem Traumjob für Sie wird?
- Welches ist das zentrale Motiv, warum Sie arbeiten wollen – abgesehen davon, Ihre Existenz zu sichern?

- Worauf kommt es Ihnen an?
- Möchten Sie Karriere machen und immer wieder auf neue, hochgesteckte Ziele zugehen?
- Möchten Sie durch Ihre Arbeit Macht und Einfluss gewinnen?
- Ist es Ihnen wichtig, sich kreativ zu betätigen?
- Ist für Sie Arbeit eine Möglichkeit, Ihr Fachwissen einzubringen?
- Spielen für Sie soziale Kontakte eine große Rolle und wollen Sie täglich Umgang mit Menschen haben?
- Wollen Sie helfen und zwischen verschiedenen Kulturen vermitteln?

Sollte Ihnen anfangs zu dem ein oder anderen Punkt nicht viel einfallen, so ist das völlig in Ordnung. Lassen Sie die Liste über Nacht liegen und überarbeiten Sie sie am nächsten Tag.

 Wichtig ist, dass Sie die Übung schriftlich machen. Bei dieser und jeder der kommenden Übungen werden Sie aufgefordert, die Antworten schriftlich festzuhalten. Das Aufschreiben der Ergebnisse erleichtert Ihnen das Sortieren Ihrer Gedanken und die Umsetzung der Ziele. Wenn jemand sein Ziel nicht erreicht und Sie ihn fragen: »Haben Sie die Fragen schriftlich beantwortet?«, dann antworten erfahrungsgemäß neun von zehn Menschen: »Nein!« oder »Nein, aber ich habe sie in Gedanken beantwortet...« oder »Nein, dafür hatte ich keine Zeit«. Natürlich ist es Ihre Entscheidung, wie viel Mühe Sie für Ihre Berufsfindung auf sich nehmen. Doch wenn Sie schon die Zeit investieren, dieses Buch durchzuarbeiten, wäre es dann nicht praktisch, auch gleich ein brauchbares Ergebnis zu bekommen? Sie allein sind dafür verantwortlich, welche Resultate Sie mit diesem Buch und den anderen Konzepten zur Berufsfindung erreichen. Sie sind Ihres beruflichen Glückes Schmied. Sie gestalten Ihre berufliche Zukunft!

Mein Traumberuf soll Spaß machen!

In meinen Seminaren höre ich auf meine Frage: »Was erwarten Sie von Ihrer Arbeit?« oft die Antwort »Spaß!«. »Wie, Spaß?«, fragen sich einige von Ihnen jetzt vielleicht. »Arbeit soll Geld einbringen, muss aber doch nicht Spaß machen. Erst die Arbeit, dann das

Vergnügen, so habe ich das von meinen Eltern gelernt!« Doch es ist ganz eindeutig: Je mehr uns unsere Arbeit gefällt, umso besser und leistungsfähiger sind wir. Und umso glücklicher sind wir. Denn Berufstätige sind mehr Zeit in der Arbeit als zu Hause. Die meiste Zeit unseres Lebens verbringen wir mit Arbeit und in der Arbeitsstelle. Von daher ist es sinnvoll, dass Sie diese Lebenszeit positiv gestalten. Arbeit darf und soll Spaß machen! Das hat einen weiteren Vorteil: Was wir gern machen, machen wir auch gut. Und wenn Sie Ihren Job gut machen, avancieren Sie zu einer geschätzten Fachkraft und werden sich keine Sorgen um Ihren Arbeitsplatz machen brauchen. Auch sind Sie zufriedener mit sich, wenn Sie sich mit etwas befassen, das Ihnen Spaß macht und Bestätigung und ein positives Grundgefühl vermittelt.

Doch was macht Ihnen eigentlich »Spaß«? Was bedeutet Spaß für Sie? Genauso wie beim Traumberuf bedeutet »Spaß an der Arbeit« für jeden etwas anderes. Finden Sie für sich heraus, was Sie persönlich mit Spaß an der Arbeit verbinden. Seien Sie so konkret wie möglich.

Was macht Ihnen Spaß?

Was macht Ihnen Spaß? Listen Sie alle Tätigkeiten und Aktivitäten auf, die Ihnen Spaß machen:

- Welche Schulfächer machen/machten Ihnen am meisten Spaß?
- Welche Freizeitbetätigungen und Hobbys bereiten Ihnen Freude?
- Was genau macht Ihnen daran Spaß? Was ist das Besondere daran? Weil Sie damit ein gutes Werk tun? Weil Sie sich dabei intellektuell anstrengen? Weil Sie dabei mit Menschen in Kontakt kommen? Weil Sie recherchieren können? Weil Sie sich profilieren können?
- Was würden Sie gern machen? Was würden Sie gern lernen, wenn Sie die Zeit und das Geld dafür hätten?
- Bei welcher Tätigkeit haben Ihre Eltern Sie suchen müssen, wenn Sie darin so versunken waren, dass Sie alles um sich herum vergessen haben?

- Was würden Ihre Eltern, Großeltern und Freunde sagen, wenn man sie nach Ihren Lieblingstätigkeiten fragte?
- Was würden Sie am meisten vermissen, wenn Sie es nicht mehr tun könnten oder um sich hätten?

Die Wahl des »richtigen« Fachgebiets/Sachfachs

Eine der maßgeblichen Fragen am Anfang einer Karriere im Bereich Fremdsprachen ist die Wahl der Fremdsprache und des Fachgebiets/Sachfachs (die Bezeichnung variiert je nach Ausbildungsstätte). Hier schwanken viele Schulabgänger zwischen Vernunft und Herz, weil sie fürchten, mit der Wahl ihrer Favoriten keinen Job zu finden. Auf die Wahl der »richtigen« Sprache wurde und wird im Rahmen dieses Buches schon an mehreren Stellen eingegangen (siehe »Sprachen der Zukunft«, S. 13, und »Die Wahl der ›richtigen‹ Sprache«, S. 215), deshalb folgen an dieser Stelle nur ein paar Worte zur Wahl des Fachgebiets/Sachfachs. Vielleicht macht es Ihre Entscheidung etwas leichter, wenn Sie erfahren, dass auch hier gilt: Wählen Sie das Fachgebiet, das Ihnen Spaß macht und zu dem Sie emotionalen Zugang haben. Diese Begeisterung für das Thema wird viel dazu beitragen, dass Sie eine gute Note bekommen. Und auch in sprachlichen Fächern sind Noten wichtig! Sie können ausschlaggebend dafür sein, ob Sie die Arbeitsstelle bei einem Wunsch-Arbeitgeber bekommen oder nicht. Gerade wenn Sie eine Tätigkeit bei einer Behörde oder einem renommierten Unternehmen anstreben, können Sie bereits durch Ihre Noten positiv auffallen und sich gegenüber Ihren Konkurrenten durchsetzen. Manche Experten raten zur Wahl von zwei Fachgebieten statt einem, um ein breiteres Wissensspektrum zu erwerben, manche Fachleute empfehlen dagegen nur ein Fachgebiet und mehrere Nebensprachen zu lernen. Ich würde zu Letzterem raten. Warum? Auch wenn Ihre Aussbildungsstätte inhaltlich fundiertes Knowhow in den Sachfächern vermittelt, dient das Unterrichten der Sachfächer eigentlich einem anderen Zweck: Sie sollen das Lernen lernen. Ihnen wird beigebracht, wie Sie sich einem neuen Fachgebiet nähern – denn genau diese Anforderung wird Ihnen im

Berufsalltag immer wieder begegnen. Sie sollen zunächst lernen und dann zeigen, dass Sie die Fähigkeit haben, sich in eine (neue) Materie einzuarbeiten. Der Inhalt des Fachgebiets ist dabei zweitrangig. Wenn Sie später in einem Unternehmen arbeiten, ist ohnehin vieles ganz anders: Wenn Sie erst in der Berufspraxis stehen, müssen Sie mit dem Erarbeiten des Fachgebiets ganz von vorn beginnen und anschließend spezialisieren Sie sich in Ihrem konkreten Job. Die Fachmaterie hängt ganz speziell vom Arbeitgeber ab. Wenn Sie an der Sprachschule oder Uni Technik als Fachgebiet hatten, dann haben Sie nie die spezielle Technik eines Unternehmens wie beispielsweise der Telekom AG gelernt. Ob Sie im Bereich Telekommunikation bei Unternehmen X oder bei Unternehmen Y oder gar Behörde Z arbeiten, macht einen sehr großen Unterschied. Nicht nur die Firmensprache differiert, sondern es kann auch um ganz unterschiedliche Aspekte der Telekommunikation gehen. Und in den Fällen, in denen Sie tatsächlich in dem Sachfach, das Sie gelernt haben, im Beruf arbeiten, werden Sie es zum einen in einer neuen Tiefe kennenlernen und erforschen (sich spezialisieren). Zum andern ändern sich die Inhalte der Fachgebiete laufend und unterliegen häufigen Aktualisierungen. Also werden Sie ständig dazu- und weiterlernen. Sie müssen zum Experten im Sachfach, in der Materie werden. Es ist schwierig, Experte in mehreren Sachfächern zu sein, Sie müssen sich auf jeden Fall spezialisieren.

Wenn Sie hingegen mehrere Sprachen lernen, lernen Sie unterschiedliche Systematiken und haben durch die Mehrsprachigkeit oft einen höheren »Value« (Neu-Deutsch für »Sie sind ein interessanter Bewerber«) auf dem Arbeitsmarkt. Achten Sie daher bei Ihrer Bewerbung oder der Wahl Ihres Auftraggebers darauf, in welcher Branche das Unternehmen tätig ist. Wenn Sie Technik mögen, dann sollten Sie sich eher bei einem Elektrokonzern und nicht im Bereich Mode bewerben. Umgekehrt natürlich genauso. Selbst innerhalb des Bereichs Technik macht es wieder einen Unterschied, ob Sie Automobiltechnik oder Medizintechnik mögen. Gehen Sie dorthin, wo es Ihnen Spaß macht, und belegen Sie Ihr Interesse dadurch, dass Sie

Höherer „Value" durch Mehrsprachigkeit

sich schon autodidaktisch Fachwissen angeeignet haben oder über die entsprechenden Hobbys verfügen. Produktdokumentation im Bereich Medizintechnik kann nur einer schreiben, der Fachmann auf diesem Gebiet ist – und dem traut man dann aber keine Produktdokumentation im Bereich Automobiltechnik zu. Die Art der Arbeit ist ähnlich – aber die Wahl des Themas und des Arbeitgebers ist abhängig von Ihren Präferenzen.

Die Rahmenbedingungen sind genauso entscheidend für die Zufriedenheit im Beruf wie der Beruf selbst. Wenn Sie mit einer Tätigkeit unzufrieden sind, fragen Sie sich: Ist die Tätigkeit selbst der Grund für meine Unzufriedenheit oder sind es die Rahmenbedingungen? Einige typische Rahmenbedingungen im Beruf sind Umfeld, Finanzielles und Sicherheit.

Soziales Umfeld: Reden ist Silber – Schweigen ist Gold?

Mit Umfeld ist hier gemeint, ob Sie allein oder mit anderen zusammenarbeiten. Und zwar in dem Sinne, ob Sie Kollegen haben oder lieber allein (zu Hause) arbeiten möchten. Ist es für Sie wichtig, sich mit Kollegen auszutauschen und Menschen um sich zu haben? Vermissen Sie die Anwesenheit anderer, wenn Sie längere Zeit allein sind? Viele Sprachberufe werden (freiberuflich) zu Hause ausgeübt. Gerade Übersetzer arbeiten meist am heimischen Schreibtisch und kommen nur – wenn überhaupt – über Telefon und Internet mit Kollegen und Kunden in Kontakt. Ansonsten sitzen sie vor ihrem PC, wühlen sich durch Texte, Wörterbücher und Datenbanken und tippen fleißig vor sich hin. Die gesellschaftliche Realität sieht so aus, dass die meisten Leute ihren Bedarf an Sozialkontakten entweder über die Familie abdecken oder im Arbeitsumfeld – und darüber hinaus relativ wenig Kontakte haben, abgesehen von kurzen und oberflächlichen Begegnungen im Supermarkt oder beim Arzt. Wie viel Leben neben der Schule oder der Universität haben Sie? Und wie viele Ihrer Freunde und Bekannten kennen Sie von dort? Wahrscheinlich die meisten. Und so ist das später im Berufleben häufig auch. Wenn nun die meisten sozialen Kontakte über das Arbeitsumfeld abgewickelt werden, Sie aber den ganzen Tag allein am Schreibtisch sitzen, dann lässt sich nicht viel an Kontakten knüpfen. Am Anfang vermissen Sie eventuell nichts, weil alles spannend ist und die Arbeit Ihnen gefällt.

Doch vielleicht stellen Sie sich eines Tages die Frage: »Wen rufe ich heute an, um mich fürs Kino zu verabreden?« Und dann merken Sie, dass einige Leute bereits aus Ihrem Leben verschwunden sind, weil Sie sich nicht ab und zu um sie gekümmert haben. So paradox das klingt, gerade in den »stillen« Fremdsprachenberufen müssen Sie Kontakte suchen, auf andere Menschen zugehen und aktiv sein, um nicht völlig zu vereinsamen und um Aufträge von Kunden zu erhalten. Prüfen Sie sich also im Hinblick darauf, denn es ist wichtig, dass die Tätigkeit auch mit Ihrem Wesen und Ihrer Persönlichkeit vereinbar ist.

Wie wichtig sind soziale Kontakte für Sie?

- Möchten Sie zu Hause arbeiten? Welches sind die Gründe dafür?
- Arbeiten Sie lieber allein oder mit anderen zusammen? Welches sind die Gründe dafür?
- Ist es für Sie wichtig, sich während des Tages auszutauschen?
- Können Sie sehr gut ohne soziale Kontakte längere Zeit verbringen?
- Haben Sie genug Disziplin, um Ihren Tagesablauf zu organisieren und konzentriert die Arbeit zu erledigen, ohne sich von Fernsehen oder Internet ablenken zu lassen?
- Wenn Sie ein Anliegen haben, greifen Sie zum Telefonhörer oder schreiben Sie lieber eine E-Mail?

Finanzielles: Geld ist nicht alles, aber wichtig ist es schon

Viele meiner Teilnehmer sagen, dass Geld einer der wichtigsten Faktoren sei, der einen Job zu einem Traumjob mache. Geld sichert unser wichtigstes Grundbedürfnis – unsere Existenz. Das durch den Beruf erzielte Geld sollte ausreichen, Ihre Existenzgrundlage zu sichern. Das ist nicht immer der Fall. Literaturübersetzer verdienen in der Regel 1000 Euro im Monat.[31] Wenn Sie von diesem Geld in einer Großstadt wie München Ihren Lebensunterhalt bestreiten müssen, so wird das Budget neben Kost und Logis nur noch wenig Raum für Weiteres hergeben. Geld allein mag zwar nicht glücklich machen, doch wenn es an allen Ecken und Enden fehlt, werden Sie vermutlich nicht zufrieden sein und Ihr einstiger Traumberuf wird im Laufe der Zeit seinen Reiz verlieren. Die Verdienstmöglichkeiten und Karrierechancen im Bereich reiner Fremdsprachenberufe sind sehr unterschiedlich – genauso wie die Meinungen darüber. Doch was verstehen Sie unter »Karrierechancen«? Mit dem Begriff »Karriere« verhält es sich wie mit dem des »Traumberufs«: Es bedeutet für jeden etwas anderes, und nur wenn wir etwas finden, das unserer (oft unbewussten) Definition entspricht, sind wir wirklich glücklich mit unserem Beruf. Was bedeutet »Karriere« also für Sie ganz konkret? Möchten Sie kreative Freiheit erreichen und/oder Mitarbeiter führen? Das könnte als Leiter (w/m) eines Nachhilfeinstituts der Fall sein. In dieser Funktion erteilen Sie einerseits Sprachunterricht und sind kreativ tätig. Andererseits erledigen Sie viele Leitungsaufgaben, zum Beispiel führen Sie Vorgespräche mit Eltern und Schülern, erstellen Bestandsaufnahmen zum Wissensstand, auf dem sich der jeweilige Schüler befindet. Dabei nutzen Sie Ihr Wissen um die einzelnen Fächer und Fremdsprachen. Sie führen und verwalten die Honorarkräfte, die bei Ihnen als Nachhilfelehrer tätig sind, und managen den Betrieb Ihres Instituts.

Oder schwebt Ihnen eine klassische Führungsposition verbunden mit Entscheidungsbefugnissen vor? Letzteres ist mit einem reinen Fremdsprachenberuf statistisch gesehen seltener und viel schwieriger zu erreichen, als wenn Sie Betriebswirtschaftslehre, Rechtswissenschaft oder Medizin erfolgreich studieren. Wenn dies Ihre Motivation und Wertvorstellung hinter Ihrer Berufswahl sind (siehe Checkliste weiter oben), was Ihr gutes Recht ist, sollten Sie Ihre Fremdsprachenkenntnisse eventuell eher als Zusatzqualifika-

---

31) www.literaturuebersetzer.de, Übersetzervergütung.

tion ausbauen und sich ein anderes Hauptfach als Sprachen aussuchen. Fremdsprachenkenntnisse sind in vielen Bereichen absolut erforderlich und durchaus karriereförderlich, wenn man sie neben anderen Kompetenzen beherrscht. Ein beruflicher Aufstieg, der allein auf Sprachfähigkeiten beruht, ist wohl eher selten. Doch selten heißt nicht ausgeschlossen, denn das Spektrum im Bereich Fremdsprachen ist sehr groß. Somit hängt es gerade hier von Ihrem Engagement, Networking-Geschick und Handeln ab, was Sie daraus machen. Es gibt die Möglichkeit zu übersetzen und dabei – gerade als Freiberufler – gut zu verdienen. Es besteht die Chance, nach einigen Jahren Berufserfahrung als Angestellter in einem Unternehmen aufzusteigen und dort Managementtätigkeiten auszuüben. Sie können sich weiterentwickeln im Angestelltenverhältnis und in der Freiberuflichkeit. Sie haben es grundsätzlich selbst in der Hand, welche Richtung Sie einschlagen möchten und wie viel Sie für Ihre Weiterentwicklung und Karriere investieren möchten.

 Wie wichtig ist Geld für Sie und was bedeutet Geld für Sie?

- Wie viel Geld brauchen Sie im Monat? Was müssen Sie verdienen, um die monatlichen Unkosten decken und überleben zu können?
- Welchen Betrag möchten Sie über Ihre Lebenshaltungskosten hinaus monatlich sparen?
- Welche Summe möchten Sie für Ihre private Altersvorsorge beiseite legen?
- Welche Annehmlichkeiten wie Restaurantbesuche und »teure« Hobbys möchten Sie sich (weiterhin) gönnen?
- Wie viel möchten Sie gern verdienen? Bitte nennen Sie hier eine konkrete Zahl!
- Was bedeutet Geld für Sie? Wofür wollen Sie Geld verdienen? Luxus? Freiheit? Macht?

Sicherheit: Freiberuflichkeit

Viele Sprachberufe sind freie Berufe und/oder werden hauptsächlich freiberuflich ausgeübt. Als Freiberufler sind Sie selbstständig tätig und weder angestellt noch verbeamtet. Doch die meisten Berufsanfänger ahnen nicht, was das bedeutet und welche Konsequenzen das mit sich bringt. Ob dies nun mehr Vorteile oder Nachteile bedeutet, das hängt davon ab, wie Sie es sehen und wie Sie gestrickt sind!

Den Tag verplempern ...

Freiberufler dürfen/müssen ihre Arbeit selbst einteilen. Sie haben keinen festen Arbeitsbeginn und keinen fixen Feierabend. Dadurch besteht einerseits die Gefahr, Zeit zu »verplempern« – der Tag ist so lang, da kann man ruhig eine Weile im Internet surfen oder im Fernsehen noch schnell die Wiederholung der Lieblings-Soap ansehen. Es ist schließlich niemand da, der einen kontrolliert... Andererseits besteht die Gefahr, dass Freiberufler sich überarbeiten. Gerade wenn sie von zu Hause aus arbeiten, können sie quasi ständig an ihrem Schreibtisch sitzen. Diese Gefahr ist besonders groß in Branchen, in denen das Honorar eher niedrig ist, sodass sie

... oder den ganzen Tag malochen

zu viele Aufträge annehmen, um über die Runden zu kommen, oder weil ihnen die Arbeit so viel Spaß macht. Dann arbeiten sie hart und vergessen vielleicht, dass es noch ein Leben neben der Arbeit gibt. Sie müssen daher diszipliniert genug sein, sich Ihren Tag vernünftig einzuteilen und sich an den Tagesplan zu halten. Wer als Selbstständiger arbeitet, ist war sein eigener Chef, doch er muss auch viele administrative Tätigkeiten wie Buchführung und Ablage erledigen, die er als Festangestellter nicht zu machen bräuchte.

Finanzielle Risiken

Außerdem bedeutet Freiberuflichkeit volles Risiko in finanzieller Hinsicht. Freiberufler müssen von ihren Einnahmen neben Steuern auch Sozialversicherungsbeiträge selbst abführen, und das in voller Höhe. Bei Angestellten übernimmt der Arbeitgeber bei einigen Abgaben wie der Krankenkasse die Hälfte der Kosten. Eine soziale Absicherung wie im Falle einer Festanstellung haben Freiberufler nicht. Um erst einmal Einnahmen zu erzielen, von denen Sie dann die Ausgaben bestreiten können, ist es wichtig, dass Sie sich auf dem Markt positionieren, Kunden gewinnen und Networking betreiben. Da zudem die Zahlungsmoral einiger Auftraggeber und Kunden sehr zu wünschen übrig lässt, gerade wenn sie mit der

Dienstleistung des Freiberuflers nicht zufrieden sind, muss der Freiberufler manchmal Rechnungen erst mittels eines Mahnbescheids oder Ähnlichem eintreiben. Wer also Bauchschmerzen bei dem Gedanken bekommt, dass er Akquise betreiben soll, und schlaflose Nächte hat, weil es auch Monate ohne einen einzigen Auftrag geben kann, der sollte sich das Freiberuflertum vielleicht doch noch einmal überlegen.

Viele Freiberufler schätzen es, dass sie keinen Chef »über sich« haben, der ihnen »diktiert«, was sie zu tun oder zu lassen haben. Manche Freiberufler geben an, sie würden mehr verdienen, hätten mehr Abwechslung und ihre Intelligenz werde mehr gefordert, da sie eigenständiger arbeiteten als in Festanstellung. Die Länge des Arbeitstages – ob drei oder dreizehn Stunden – richte sich nach dem Arbeitsaufkommen und nach der Fähigkeit, den eigenen Alltag zu managen. Außerdem gäbe es mehr Freiheit in der Zeiteinteilung, insbesondere wenn ein Großteil der Kommunikation mit den Kunden über E-Mail läuft und diese nicht unbedingt »Kernarbeitszeiten« erwarten. Als etablierter Experte könne man den Preis diktieren und somit durchaus stattliche Summen verdienen. Viele Freiberufler sagen auch, dass sie sich in ihrer selbstbestimmten Tätigkeit besser selbst verwirklichen könnten als in einer Festanstellung, die sie in ein Korsett zwänge, das von den Unternehmen immer enger geschnürt werde. Einige geben an, dass sie sich in der Freiberuflichkeit weiterentwickeln, weil sie ihre Stärken ausleben können und sie das machen, was ihnen gefällt und in dem sie gut sind.

Gleichzeitig gibt es viele neue Herausforderungen, die einem Angestellten abgenommen werden. So sind Sie für Ihre Buchhaltung, Werbung und Auftragsakquise selbst verantwortlich. Durch diese Herausforderungen begeben Sie sich (gezwungenermaßen) in unbekannte Bereiche, die Sie schnell meistern müssen, wenn Sie erfolgreich sein wollen. Volle Fahrt, volles Risiko.

Ob Sie als Freiberufler oder Festangestellter arbeiten möchten, ist Ihre ganz individuelle Angelegenheit. Doch man hört immer wieder die generelle Empfehlung, dass Berufsanfänger eher die

Finger vom freiberuflichen Markt lassen sollten, wenn es möglich ist. Suchen Sie sich zuerst eine Anstellung und lernen Sie Ihr Handwerkszeug! Nach ein paar Jahren Berufserfahrung, wenn Sie wissen, wie der Hase läuft, und über Kontakte verfügen, können Sie sich freiberuflich niederlassen.

Oder suchen Sie sich neben Ihrer freiberuflichen Tätigkeit einen »Brotjob« in Festanstellung, der Ihnen die finanzielle Existenz sichert und Ihnen zeitlich noch genug Raum lässt, freiberuflich auf die Beine zu kommen.

 Sind Sie fit für die Freiberuflichkeit?

- Was genau wissen Sie über Freiberuflichkeit?
- Sind Ihre Eltern Beamte, Angestellte oder Selbstständige?
- Sind Sie bereit, sich eingehend zur freiberuflichen Tätigkeit aus diversen Quellen wie IHK, Presse, Bücher, Internet zu informieren?
- Sind Sie bereit, viel zu arbeiten – auch zu Zeiten, wo andere Freizeit haben, wie abends und am Wochenende?
- Wie groß ist Ihr Sicherheitsbedürfnis? Können Sie ruhig schlafen bei dem Gedanken, dass Sie nicht wissen, ob und wie viel Sie nächsten Monat verdienen?

Gerade der Aspekt des Sicherheitsbedürfnisses ist sehr wichtig. Als Selbstständiger ist es hilfreich, wenn Sie einerseits Lebenskünstler mit einer guten Portion Selbstvertrauen sind und andererseits über kaufmännische Qualitäten verfügen. Es gibt eine Menge sehr hilfreiche Literatur mit Tipps für den Start in die Existenzgründung. Informieren Sie sich umfassend, bevor Sie diesen Schritt tun.

Ängste und Hindernisse überwinden

Nach dem Ende Ihrer Schulzeit beginnt für Sie ein völlig neuer Lebensabschnitt. Durch Ihre Schulnoten haben Sie den Grundstein für Ihre berufliche Zukunft gelegt und durch die anschließende Ausbildung oder das Studium bauen Sie das Haus für Ihr weiteres Leben. Dieses Mal entscheiden letztendlich Sie, wie dieses Haus aussehen soll. Sie haben die Verantwortung für Ihre Zukunft. Deshalb ist es auch ganz normal, wenn Sie vielleicht Angst vor dieser Entscheidung haben und befürchten, sich »falsch« zu entscheiden. Das ist völlig in Ordnung und sogar ein gutes Zeichen. Angst kann grundsätzlich etwas Positives sein. Sie ist **Angst ist gut** unsere interne Qualitätskontrolle und ein Motor. Es ist die Angst vor einer beruflichen Fehlentscheidung, die uns anspornt, über unsere Talente, Wünsche und Zukunft nachzudenken. Diese Angst motiviert uns, gründlich Informationen über Berufe und Ausbildungsmöglichkeiten einzuholen. Unsere Angst schützt uns auch davor, etwas Unüberlegtes zu tun. Beispielsweise sich Hals über Kopf in ein Studium zu stürzen, von dem Sie nicht wissen, ob es Ihnen liegt, bloß weil Sie meinen, andere damit zu beeindrucken, oder weil jemand Ihnen dieses Studium empfiehlt. Wenn Ihr Bauch also »Nein« sagt und Ihnen ein Gefühl des Unbehagens vermittelt, ist das keine Feigheit, sondern ein positives Zeichen Ihrer inneren Prüfungsinstanz.

Angst wird erst negativ, wenn sie so groß wird, dass sie Sie lähmt **Angst ist schlecht** und Sie zu gar keiner Entscheidung mehr in der Lage sind. Wenn Sie beispielsweise vor lauter Angst und Unentschlossenheit die Zeit verstreichen lassen, ohne sich für eine Ausbildung oder ein Studium zu entscheiden oder ohne Erfahrungen im Ausland oder während eines Praktikums zu sammeln. Ein Alarmsignal ist, wenn Sie nur ängstlich zu Hause auf dem Sofa sitzen und träumen, ohne aktiv zu werden. Mein persönliches Credo lautet: Es ist besser, etwas »Falsches« zu machen, als gar nichts zu machen. Denn durch Entscheidungen bewegen und verändern Sie etwas. Durch Erfahrungen, auch durch Fehlschläge und Umwege, lernen Sie dazu und entwickeln sich weiter. Wenn Sie während Ihrer Ausbildung oder Ihres Studiums feststellen, dass der gewählte Weg nicht der richtige für Sie ist, so können und sollten Sie einen neuen Weg einschlagen. Der vermeintlich »falsche« Weg hat Ihnen neue Erfahrungen und Erkenntnisse gebracht und Ihnen überhaupt erst gezeigt, welches für Sie der richtige Weg ist. Natürlich ist es unangenehm, den Eltern, die Ihr Studium finanzieren, mitzuteilen, dass Sie nun doch etwas anderes machen wollen. Doch manchmal sind Eltern »klüger«, als Sie meinen, gerade wenn Sie ihnen erklären, warum der neue Weg besser geeignet ist. Überlegen Sie sich also vor Ihrem Gespräch mit den Eltern, was Sie Positives daraus ziehen und was Ihre Eltern davon haben, dass Sie nun auf dem richtigen Weg sind. Entwicklung bedeutet, neue Wege zu gehen. Sollten Sie sich später vorwerfen, dass Sie wertvolle Zeit verloren haben, weil Sie sich anfangs für einen vermeintlich falschen Weg entschieden haben, so halten Sie sich das Positive des ersten Weges vor Augen. Sie haben zum damaligen Zeitpunkt die Entscheidung getroffen, von der Sie dachten, dass es die beste für Sie sei. Dass es im Nachhinein eventuell doch nicht so war, konnten Sie zu dem damaligen Zeitpunkt nicht wissen. Doch erst diese »Fehlentscheidung« hat Ihnen gezeigt, was Sie wirklich wollen. Wenn Sie älter werden, bereuen Sie eher die Dinge, die Sie nicht gemacht haben, statt der Dinge, die Sie vermeintlich falsch gemacht haben. Vertrauen Sie also auf sich und trauen Sie sich etwas zu!

Wählen Sie Ihren Traumberuf aus den »richtigen« Gründen

Die »richtigen« Gründe sind Ihre Gründe, nicht die Ihrer Eltern oder anderer nahestehender Personen! Hören Sie nur auf sich und Ihre innere Stimme. Wohlgemeinte Tipps wie »Werd doch Lehrerin, dann hast du viel Urlaub« oder »Werde Beamter, dann hast du einen sicheren Job!« sind nur selten hilfreich, auch wenn sie gut gemeint sind. Doch das Fatale ist: Nicht alles, was gut gemeint ist, tut auch gut. Gerade bei wichtigen Entscheidungen ist es schwierig, sich völlig von der Meinung der Eltern und anderer nahestehender Personen zu lösen und nur auf die eigene Intuition zu hören. Doch genau das ist wichtig! Die Angst, Ihre Eltern zu enttäuschen oder Freunde zu verlieren, kann Ihren Blick trüben und Ihre Entscheidung beeinflussen. Doch Sie allein wissen, was für Sie am besten ist, und Sie haben das Recht, das Beste für sich selbst zu wählen, denn es ist Ihr Leben. Wenn Sie hoffen, mit der Wahl Ihres Berufs die

Liebe und den Respekt Ihrer Eltern und Freunde zu behalten oder zu gewinnen, dann besteht die Gefahr, dass Sie selbst dabei unglücklich werden. Unglücklich, weil Sie sich als brave Tochter oder guter Sohn nach dem richten, was von außen an Sie herangetragen wird – obwohl Ihr Herz vielleicht für einen anderen (Berufs-)Weg schlägt. Unglücklich auch, weil es auf Dauer zur Zerreißprobe führt, wenn Sie es anderen immer recht machen wollen. Das wird auf lange Sicht schwierig, weil »die anderen« oft nicht dasselbe wollen. Der Konflikt ist programmiert, denn Sie können sich nicht in Stücke reißen und nur schwerlich mehrere Ausbildungen gleichzeitig absolvieren. Konzentrieren Sie sich stattdessen lieber auf sich selbst! In Ihrem Inneren wissen und spüren Sie, was das Richtige für Sie ist. Ihre Eltern sind ganz andere Menschen, die vielleicht eine völlig unterschiedliche Sicht vom Berufsleben und der Arbeitswelt gelernt und erfahren haben. Die Arbeitswelt ist flexibler geworden und bietet heute immer mehr Chancen und Nischen als früher. Es sind interessante Berufe entstanden, die es noch vor wenigen Jahren nicht gab – beste Beispiele dafür sind Softwarelokalisierer und Medienübersetzer. Angesichts dieser Fülle an Berufen und Tätigkeiten ist es wichtig, dass Sie bei der Wahl Ihres Berufes allein auf sich und Ihre Fähigkeiten und Interessen sehen. Lassen Sie sich daher weder unnötig verunsichern noch etwas »reinquatschen«, das weder Ihrer Persönlichkeit noch Ihren Fähigkeiten entspricht. Schauen Sie auf sich!

Die Wahl der »richtigen« Sprache

Wenn Sie beispielsweise vor der Entscheidung stehen, welche Sprache Sie studieren möchten, und sich für eine der großen Sprachen wie Englisch, Französisch und Spanisch interessieren, hören Sie häufig gut gemeinte Ratschläge wie: »Das können doch alle.« »Das machen doch alle! Da findest du nie einen Job.« Lassen Sie sich davon nicht abhalten. Lernen Sie eine Sprache nicht aus dem Grund, weil momentan die Arbeitsmarktprognosen positiv sind. Solche Prognosen sind auf lange Sicht nicht zuverlässig. Es kann sein, dass die Situation auf dem Arbeitsmarkt ganz anders aussieht, bis Sie Ihr Studium oder Ihre Ausbildung abgeschlossen haben. Dann stehen Sie da mit einer Sprache, die Ihnen nicht gefällt, und müssen sich noch gegen zahlreiche Konkurrenten durchsetzen, um einen Job zu bekommen, der Ihnen vermutlich keinen Spaß machen wird.

In vielen Medien lesen und hören Sie, dass China der Wirtschaftsmarkt der Zukunft ist (siehe auch Kapitel »Sprachen der Zukunft«, S. 13). Von daher werden Sinologen und Leute mit Chinesischkenntnissen in Zukunft grundsätzlich positive Erwerbschancen haben. Stellen Sie sich vor, Sie entscheiden sich vor diesem Hintergrund, Mandarin zu lernen. Dafür investieren Sie circa sechs Jahre Ihres Lebens, sehr viel Energie und Geld, um halbwegs passabel diese schwere Sprache zu beherrschen. Nach all dieser Anstrengung und einiger Berufserfahrung stellen Sie dann fest, dass Sie zwar etliche Aufträge haben, doch ungern in dieses Land reisen, sich mit der Mentalität der Leute und dem politischen System schwertun und immer noch Probleme mit der Sprache haben. Sie fühlen sich schlichtweg unwohl, wenn Sie einen chinesischen Auftrag erledigen. Meinen Sie, Sie werden dennoch glücklich? Oder nehmen wir an, Sie folgen dem Trend zu Chinesisch, kämpfen mit den oben beschriebenen Schwierigkeiten, weil es nicht Ihre »Herzenssprache« und -kultur ist; und nehmen wir den fiktiven Fall an, Chinesisch ist infolge politischer Entwicklungen nicht mehr so von Bedeutung – was machen Sie dann mit Ihren Mandarinkenntnissen? Dies gilt natürlich ebenfalls für jede andere Sprache – mit Ausnahme von Englisch, das wohl immer seine Bedeutung als Lingua franca behalten wird. Achten Sie deshalb bei der Wahl der Sprache nur auf Ihre Interessen!

Traditionelle Berufsberatung und Eignungstests

In den Abschlussklassen der Realschulen und Gymnasien sind Besuche in den Berufsinformationszentren der Arbeitsagenturen (BIZ) und bei Berufsberatern der Agentur für Arbeit üblich. Die

Qualität der Beratung hängt oft von dem Wissen des einzelnen Beraters ab. Diese Berufsberater orientieren sich (logischerweise) häufig an formalen Kriterien wie der Situation auf dem Arbeitsmarkt und den Schulnoten des Ratsuchenden. Sie klären auf, in welchen Berufen derzeit und künftig gute Chancen bestehen, einen Job zu finden. Sie informieren, welche Berufe mit den Noten des Schülers vereinbar sind. Viele junge Leute beklagen, dass nicht individuell auf ihre Bedürfnisse und Wünsche eingegangen wird. Gerade der Bereich Fremdsprachen wird von den Arbeitsagenturen oft stiefmütterlich behandelt, da er als kein eigenständiges Betätigungsfeld angesehen wird. Fremdsprachenkenntnisse werden häufig als reine Zusatzqualifikation eingestuft. Deshalb ist gerade in diesem Bereich der Ansatz der individuellen Berufsfindung wichtig.

 Eignungstests bei der Berufsberatung

Bitten Sie Ihren Berufsberater bei der Arbeitsagentur, den Berufseignungstest. »Explorix« mit Ihnen durchzuführen. Dieser Test orientiert sich an Ihren Fähigkeiten und Interessen und unterscheidet sich damit von den üblichen Berufsfindungstest. Daher kann er erste Hinweise auf mögliche Berufsfelder und Tätigkeiten bieten. Dennoch gilt für diesen Test wie für alle anderen Tests zur Berufswahl: Betrachten Sie das Ergebnis lediglich als Anregung, die Ihnen Ideen liefert.

Eine Schwalbe macht noch keinen Sommer, also können Sie weitere Tests machen, Fragen Sie im Psychologischen Dienst Ihrer Bundesagentur für Arbeit vor Ort nach, ob ein studienfeldbezogener Beratungstest für ein bestimmtes Studienfach angeboten wird. Der Psychologische Dienst verfügt zurzeit über studienfeldbezogene Beratungstests für die Studienfelder Philologie (Sprach- und Literaturwissenschaft), Wirtschaftswissenschaften, Informatik/ Mathematik, Ingenieurwissenschaften, Naturwissenschaften und Rechtswissenschaften.[32] Daneben führt der Psychologische Dienst auch den speziell von ihm entwickelten Berufswahltest (BWT)

---

32) www.arbeitsagentur.de.

durch. Der Berufswahltest wird im Rahmen einer standardisierten Eignungsuntersuchung angewandt; die Antworten der Ratsuchenden werden dabei maschinell ausgewertet. Die Informationen dieses maschinell erstellten Auswertungsbogens erhält die Berufsberatung der Agenturen für Arbeit für alle getesteten Ratsuchenden. Die Berufsberater stützen sich im Gespräch mit dem Ratsuchenden auf die in dem Auswertungsbogen enthaltenen Informationen und Aussagen.[33]

Zweiter Schritt: Selbstcheck

Gratulation! Den ersten Schritt zu Ihrem Traumberuf haben Sie erfolgreich gemeistert und sich schriftlich mit Ihren Vorstellungen von Ihrem persönlichen Traumjob auseinandergesetzt. Sie haben sich Gedanken darüber gemacht, welche Tätigkeiten Ihnen Spaß machen und welche Rahmenbedingungen für Sie wichtig sind. In einem zweiten Schritt geht es jetzt um Sie. Machen Sie den Selbstcheck: Welche Fähigkeiten und Interessen haben Sie? Inwieweit erfüllen Sie die Voraussetzungen für Ihren Traumberuf beziehungsweise wie erwerben Sie die notwendigen Qualifikationen?

Was kann ich? – Ihre Fähigkeiten

Jeder von uns hat Talente und Fähigkeiten! In der Schule ist es manchmal schwer, diese zu erkennen und auszuleben. »Ich kann einiges, aber nichts besonders gut«, mögen jetzt vielleicht einige von Ihnen denken. Doch Sie dürfen großzügig mit dem Begriff »Fähigkeiten« umgehen. Ich kann Ihnen versichern: Sie können mehr, als Sie meinen und als es vielleicht manche Ihrer Schulnoten vermuten lassen. Nicht alle Talente sind messbar und ein gezieltes und umfassendes Erkennen und Fördern von Talenten ist gerade in

---

33) www.arbeitsagentur.de.

unserem Schulsystem mit seinen sehr traditionellen Fächern und Lehrmethoden oft nicht möglich. Sie haben weit mehr Fähigkeiten als diejenigen, die in der Schule erkannt werden! Seien Sie also Detektiv in eigener Sache und erforschen Sie Ihre Talente.

Einige Menschen, gerade auch Frauen, neigen dazu, sich schlechter zu machen, als sie sind. Das heißt, sie finden, dass das, was sie tun, gar nichts Besonderes sei, dass dies doch jeder könne. Wenn Sie auch zu dieser Kategorie gehören, dann fragen Sie sich: Kann das, was ich kann, jeder? Wirklich jeder? Wer kann es zum Beispiel nicht? Vermutlich werden Ihnen jetzt einige Mitmenschen einfallen, die genau das nicht können (jedenfalls nicht so gut). Wenn Ihnen jetzt nur ein paar Leute oder gar niemand einfällt, ist Ihr Selbstwertgefühl vermutlich unterentwickelt. Führen Sie daher ein Erfolgstagebuch, um Ihr Ego etwas aufzubauen. Unser Gehirn ist nämlich so konstruiert, dass wir uns Negatives elfmal besser merken als Positives. Hinzu kommt, dass wir während unserer Erziehung und in der Schulzeit öfter Kritik und Verbote als Lob hören. Auch das Gros der Medienmeldungen ist negativ. Vor diesem Hintergrund ist es wichtig, dass wir etwas Positives beisteuern. Führen Sie deshalb ein Erfolgstagebuch! Kaufen Sie sich einen leeren Block oder ein Heft, das Sie ausschließlich als Erfolgstagebuch nutzen. Notieren Sie sich täglich entweder abends vor dem Schlafengehen oder morgens als Rückschau zum Vortag, was Ihnen tagsüber gelungen ist, wer Sie für was gelobt hat, welche Aufgaben Sie erfüllt haben, was Sie einem anderen Gutes getan haben, wobei Sie geholfen haben … Dadurch bauen Sie Ihr Selbstwertgefühl und Ihr Selbstbewusstsein auf. Ob Sie sich weiterentwickeln oder stehen bleiben, hängt auch davon ab, ob Sie das Selbstbewusstsein haben, den nächsten – eventuell unbekannten – Schritt zu wagen. Es passiert häufig, dass Menschen mit geringem Selbstwertgefühl sich dadurch schützen, dass sie kein Risiko eingehen. Ich spreche hier bei »Risiko« nicht von Leichtsinn, sondern von dem Mut, etwas Neues zu tun. Das Selbstbewusstsein macht den Unterschied. Selbst wenn Sie schon in jungen Jahren ein selbstbewusster Mensch sein sollten, so hilft Ihnen das Erfolgstagebuch, Ihre Stärken auszubauen.

Manchen von Ihnen mag es vielleicht eher so gehen, dass sie
wissen, dass sie etwas können, aber nicht genau wissen, was.
Gerade für diese Leser möchte ich zwei Buchempfehlungen von der
amerikanischen Erfolgsteam-Erfinderin Barbara Sher aussprechen:
Ich könnte alles tun, wenn ich nur wüsste, was ich will[34] und
Whishcraft[35]. Wenn Sie es schaffen, Ihre Talente und Stärken im
Beruf anzuwenden und auszuleben, dann sind Sie in der Lage, das
zu zeigen, was in Ihnen steckt. Dann wird Ihr Beruf zu Ihrem
Traumberuf. Im Laufe meiner Zeit als Trainerin für Berufsorientie-
rung habe ich festgestellt, dass viele Leute, gleich welchen Alters,
nicht genau wissen, wo ihre Stärken und Fähigkeiten liegen. Ich
möchte Ihnen bei der Beantwortung dieser Frage helfen.

 Traumberuf durch Zauberfee

Eine Zauberfee kommt auf Sie zu und sagt: »Du hast einen
Berufswunsch frei! Du darfst dir aussuchen, was du beruflich tun
möchtest, und wirst dabei erfolgreich sein! Du kannst dir einen
Beruf aussuchen, den es bereits gibt, oder du kannst ihn dir nach
deinen Vorlieben zusammenstellen. Ganz wie es dir gefällt!«
Was würden Sie dieser Fee antworten? Welche Tätigkeit würden Sie
ausüben, wenn Sie die Sicherheit hätten, nicht zu scheitern?

Überlegen Sie schriftlich[36]: Wann gab es in Ihrem Leben Situationen, in denen Sie mit dem, was Sie gemacht haben, sehr zufrieden
waren? Welche Situationen waren das? Schreiben Sie diese
Situationen auf. Viele meiner Seminarteilnehmer haben Hemmungen zuzugeben, dass sie etwas gut gemacht haben. Einige sind der
Ansicht, dass man nur zufrieden sein dürfe, wenn man etwas
»Großes« vollbracht habe. Dem ist jedoch nicht so! Sie können
und dürfen mit allem zufrieden sein, das Sie gemacht haben, wenn
es Ihnen ein gutes Gefühl vermittelt. Haben Sie für eine Freundin
eine Geburtstagsparty organisiert? Toll, nehmen Sie diese Situa-

---

34) Erschienen im dtv Verlag, Juli 2005.
35) Unter demselben Titel im Universitas Verlag, Tübingen 2001, erschienen.
36) Idee nach Richard N. Bolles, a.a.O.

tion! Haben Sie sich im Schulsport durch den Langstreckenlauf gekämpft und die Ziellinie erreicht (egal in welcher Zeit)? Super, diese Situation passt hervorragend. Haben Sie im Unterricht ein Referat gehalten und es geschafft, dass Ihre Klassenkameraden interessiert zuhörten? Spitze! Notieren Sie auch diese Situation. Schreiben Sie nun fünf solcher Situation auf. Beschreiben Sie anschließend jede der Situationen ausführlich auf einer DIN-A4-Seite. Schreiben Sie, was Sie in der jeweiligen Situation *getan* haben. Verwenden Sie so viele *Verben* wie möglich. Anschließend analysieren Sie Ihre Beschreibungen und fragen sich: Welche Fähigkeiten habe ich damals eingesetzt? Welche Stärke hat zum Erfolg geführt? Welche Eigenschaften spielten ebenfalls eine Rolle? Weitere Übungen, die Ihnen beim Aufspüren Ihrer Talente helfen, finden Sie in den im Literaturanhang empfohlenen Büchern zur Berufsfindung.

 Fähigkeitentabelle

Nehmen Sie die folgende Tabelle mit Fähigkeiten in Verbform zur Hand. Gehen Sie anhand dieser Tabelle nochmals Ihre Situationen durch und ergänzen gegebenenfalls Fähigkeiten. Anschließend erweitern Sie Ihre Fähigkeiten durch ein Objekt und ein Adjektiv. *Objekt: Was* möchten Sie übersetzen? Belletristik oder Geschäftsberichte? *Adjektiv: Wie* übersetzen Sie? Schnell oder präzise? Das macht einen Unterschied! Wenn Sie besonders schnell übersetzen, dann ist das ein Indiz dafür, dass Sie beispielsweise im journalistischen Umfeld gut aufgehoben sein könnten, wo die Schnelligkeit von besonderer Bedeutung ist. Bei der Übersetzung von Medizintechnik liegt der Schwerpunkt hingegen auf absoluter Präzision.

Fähigkeiten im Bereich Sprachberufe:				
akquirieren	auswählen	bilden	erfinden	herstellen
anleiten	auftreten	darstellen	erinnern	hören
analysieren	beaufsichtigen	definieren	erklären	identifizieren
anpassen	bedienen	dolmetschen	erschaffen	illustrieren
anrufen	beeinflussen	durchführen	erstellen	improvisieren
anschreiben	befolgen	einführen	experimentieren	informieren
ansprechen	befragen	einleben (sich)	erzählen	initiieren
anwerben	begeistern	einleiten	festlegen	inspirieren
argumentieren	belehren	einordnen	feststellen	integrieren
arrangieren	benutzen	einrichten	finanzieren	interpretieren
auffassen	beobachten	empfangen	folgen	interviewen
aufnehmen	beraten	empfehlen	folgern	kalkulieren
aufrechterhalten	besprechen	einschätzen	fördern	klassifizieren
ausdrücken (sich)	bestellen	entscheiden	formulieren	kommunizieren
aushalten	bestimmen	entdecken	forschen	kontaktieren
aussprechen	beurteilen	entwerfen	führen	kontrollieren
ausbilden	bewahren	entziehen	geben	koordinieren
ausführen	bewerten	erahnen	gründen	korrigieren
ausstellen	beziehen	erfassen	helfen	konzipieren

lehren	planen	sammeln	unterhalten	vorführen
lernen	präsentieren	schlichten	unterrichten	vorlesen
lösen	produzieren	schreiben	untersuchen	vorschreiben
lesen	programmie-ren	schweigen	verantwor-ten	vorstellen
liefern	prüfen	sortieren	verbessern	vortragen
mitfühlen	publizieren	sprechen	vereinigen	wahrnehmen
mitteilen	reagieren	studieren	verfassen	weiterleiten
motivieren	realisieren	tippen	verhandeln	widerlegen
nachweisen	recherchieren	überprüfen	vermitteln	zeigen
netzwerken	rechnen	überreden	verstehen	zuhören
nutzen	reden	übersetzen	vertreten	zusammen-arbeiten
ordnen	redigieren	übertragen	verwalten	zusammen-fassen
organisieren	riskieren	überzeugen	vorbereiten	zusammen-stellen
© Ulrike Beyler				

Was will ich? – Ihre Wissensgebiete

In diesem Kapitel geht es um Themen und Wissensgebiete, die Sie so fesseln, dass Sie alles andere um sich herum vergessen. Welches sind Ihre Lieblingsthemen, über die Sie etwas wissen? Diese Themen und Aktivitäten, in die Sie sich so vertiefen, dass Sie regelrecht Energie freisetzen und herumwirbeln, geben einen wichtigen Hinweis auf Ihre Motivation und darauf, wo Ihre Interessen liegen beziehungsweise in welchen Branchen Sie tätig werden könnten.

Einige von Ihnen mögen nun Bedenken haben und sagen: »Es gibt einige Themen, die mich interessieren, aber nichts, das mich so richtig fesselt, und nichts, über das ich besonders viel weiß.« Doch ich kann Sie beruhigen: Sie haben sich bereits oben in Schritt eins mit den Tätigkeiten beschäftigt, die Ihnen Spaß machen. Tätigkeiten, die Ihnen Spaß machen, sind mit Themen verbunden, über die Sie etwas wissen. Ein Tätigkeitsfeld ist ein Thema oder ein Schulfach. Haben Sie beispielsweise Interesse für die japanische Kultur angegeben, so haben Sie sicher schon einiges über diesen Kulturraum gelesen und wissen darüber mehr als viele andere Leute. Oder wenn Sie Tennisspielen genannt haben, so haben Sie das Fachwissen, wie man Tennis spielt und was beispielsweise eine Vor- und eine Rückhand ist. Wenn Sie gern Filme sehen, wissen Sie wahrscheinlich die Namen vieler Schauspieler und Regisseure. Denken Sie nach – Sie kennen sicherlich folgende Situation: Eigentlich sollten Sie Hausaufgaben machen, doch dann fällt Ihr Blick auf einen Zeitungsartikel. Wie magisch angezogen lesen Sie den Text und saugen jedes Wort in sich auf. Wovon würde dieser Artikel handeln? Es gibt etliche Themen, die Sie inspirieren und über die Sie einiges wissen. Notieren Sie nun schriftlich die Antworten auf folgende Fragen.

 Welches sind Ihre Wissensgebiete und Fachthemen?

- Welches sind Ihre Lieblingsthemen?
- Worüber reden Sie gern?
- Über welche Themen lesen Sie Zeitungsartikel?
- Welche Abteilung zieht Sie magisch an, wenn Sie in einer Buchhandlung sind?
- Welche Seiten im Internet sehen Sie bevorzugt an?
- Für welches Wissensgebiet würden Sie sich entscheiden, wenn Sie in einer Fernsehshow wären?
- Welche Themen interessieren Sie am meisten, wenn Sie das Volkshochschulprogramm durchblättern?
- Wie würde der Titel lauten, wenn Sie ein Buch schreiben würden?

Sie haben sich Ihr Wissen zu verschiedenen Themen auf unterschiedliche Weise angeeignet. Das meiste wissen Sie sicher aus der

Schule, doch Sie haben auch vieles an Wissen durch Ihre Hobbys erworben. Es gibt Kenntnisse, die Sie von anderen gelernt haben. Sie haben sich außerdem Fachwissen durch Lesen angeeignet. Schreiben Sie all diese Themen auf. Schreiben Sie die Themen, die Sie ganz besonders mögen, in die obere Hälfte des Blattes und die restlichen in die zweite Hälfte. Wenn Sie viele Themen gesammelt haben, können Sie auch zwei Blätter mit unterschiedlichen Farben nehmen. Dabei können Sie wie folgt sortieren:

- Blatt 1: Themen, die ich mag ☺ und über die ich etwas weiß ☺
- Blatt 2: Themen, die ich mag ☺ und über die ich noch nicht so viel weiß ☹, aber gern etwas lernen möchte

Themen, die Sie überhaupt nicht mögen, dürfen Sie an dieser Stelle aussortieren. Schließlich sollen Sie sich in Ihrem Traumberuf nicht mit etwas beschäftigen, das Sie nicht mögen. Fassen Sie auch hier die Begriffe weit. Wenn Sie sich sagen, »Ach, das ist doch kein Fachwissen, das weiß doch jeder«, dann stellen Sie sich auch hier die Gegenfrage: »Weiß das wirklich jeder? Welche drei Personen wissen das nicht?«

Dritter Schritt: Der Realitätscheck – das Anforderungsprofil des Berufs prüfen

Sie haben nun Ihre Lieblingsthemen und Fähigkeiten erarbeitet und sich ein Bild über Ihren Traumberuf gemacht. Doch passt dieser Beruf auch zu Ihnen? Können Sie die Anforderungen erfüllen? Klären Sie vorab, welche Anforderungen Ihr Traumberuf an Bewerber stellt, und prüfen Sie, was Sie bereit sind, dafür zu tun. Wenn Sie Übersetzer beim Auswärtigen Amt werden möchten, so ist dafür in der Regel ein Hochschulstudium mit Master-Abschluss an einer bestimmten Universität erforderlich.

Einige Antworten auf diese Fragen geben Ihnen die Berufskapitel in diesem Buch. Sollten danach noch Antworten fehlen, können Sie weitere Informationen oft im Internet oder den »Blättern zur Berufskunde«, die Sie beim BIZ bekommen, finden. Diese Liste wirkt im jetzigen Stadium vielleicht noch sehr lang und auf den ein oder anderen entmutigend. Aber bleiben Sie dennoch am Ball! Sie stehen am Anfang Ihres Berufslebens und haben genug Zeit für Ihre Ausbildung. Und wenn Sie merken, dass es Ihnen den Aufwand nicht wert ist, dann ist das auch gut. Das ist ein Indiz dafür, dass Ihnen der vermeintliche Traumberuf doch nicht wichtig genug ist. Dann beginnen Sie nochmals mit den Übungen am Anfang des Kapitels »Die richtige Berufswahl ist ganz einfach«, S. 199.

 Realitäts-Check Traumberuf

Erstellen Sie eine Checkliste Ihres Traumberufs und notieren Sie schriftlich die Antworten auf folgende Fragen:

- Ist eine formelle Ausbildung nötig? Welche? Wo kann ich mich ausbilden lassen?
- Welche formalen Voraussetzungen (zum Beispiel Schulabschluss/Studium, Fähigkeiten und Kenntnisse) muss ich zwingend erfüllen?
- Gibt es Einstellungsvoraussetzungen wie Alter, Nationalität oder Vorbildung?
- Sind Einschreibefristen und Bewerbungstermine zu beachten?
- Welche Qualifikationen sind hilfreich?
- Wie kann ich fehlende Voraussetzungen nachholen oder gegebenenfalls ausgleichen?
- Welches weitere Fachwissen ist nützlich?
- Welche versteckten Anforderungen birgt mein Traumberuf und entsprechen diese meinem Wesen?

Achten Sie auch auf die »versteckten« Anforderungen der einzelnen Berufe, die nur indirekt zum Berufsbild gehören. Ein Beispiel: Literaturübersetzen ist eine einsame Tätigkeit am (heimischen) Schreibtisch, was schüchternen Zeitgenossen entgegenkommt. Nun ist es aber so, dass Literaturübersetzer ausschließlich freiberuflich arbeiten. Das heißt, sie müssen sich erst Aufträge an Land ziehen, damit sie etwas zu übersetzen haben. Dafür ist es notwendig, dass sie offen und selbstbewusst auf potenzielle Auftraggeber zugehen. Sie müssen sich profilieren und Lektoren auf sich aufmerksam machen, um nachhaltig in Erinnerung zu bleiben und so Aufträge zu erhalten. Die Lektoren müssen das Gefühl haben, dass da jemand ist, der Interesse an und Leidenschaft für den Beruf mitbringt. Solche Eigenschaften schreibt man eher extrovertierten Leuten zu. Von daher können Sie nur ein erfolgreicher Literaturübersetzer sein, wenn Sie gut akquirieren oder wenn Sie jemand haben, der für Sie akquiriert. Der Beruf und seine Rahmenbedingungen müssen mit Ihrer Persönlichkeit im Einklang stehen.

Vierter Schritt: Informationen sammeln – Insidergespräche und Praxiserfahrung

Glückwunsch, jetzt haben Sie Klarheit über Ihr Berufsziel gewonnen und wissen, was Sie wollen. Nun geht es in einem weiteren Schritt darum, dieses Ziel in die Tat umzusetzen. Handeln Sie dabei überlegt und systematisch, bevor Sie sich voller Begeisterung in ein Studium oder eine Ausbildung stürzen, die Sie am Ende unglücklich macht. Sammeln Sie daher zuerst Informationen über Ihren Traumberuf und prüfen Sie erneut, ob die Tätigkeit zu Ihren Fähigkeiten und Ihrer Persönlichkeit passt. Es gibt unterschiedliche Möglichkeiten, um an brauchbare Informationen zu gelangen.

Informationsmaterial

Die Berufsinformationszentren (BIZ) der Arbeitsagenturen bieten Informationsmaterial in Hülle und Fülle. Sie können Filme über die einzelnen Berufsbilder ansehen, schriftliches Informationsmaterial über Berufe, Studiengänge und Ausbildungen erhalten sowie einen kleinen Interessentest machen. Wo sich das nächste BIZ befindet, können Sie der Adressenliste der Berufsinformationszentren unter www.arbeitsagentur.de entnehmen.

 Kostenlose Newsletter abonnieren

Die gängigen Jobbörsen und Karriereportale bieten kostenlose Newsletter an, die Sie abonnieren können. Beispielsweise bei www.karriere.de finden Sie den »abi Newsletter«, der einmal im Monat über alle Themen informiert, die Oberstufenschüler, Abiturienten und Schulabgänger interessieren, beispielsweise: Wie bereite ich mich auf den Schulabschluss vor? Welche Möglichkeiten habe ich nach der Schule?

Insidergespräche

Dringend ans Herz legen möchte ich Ihnen, dass Sie diese theoretischen Informationen durch »Live-Berichte« ergänzen. Durchforsten Sie Ihr Adressbuch und kontaktieren Sie Leute, die Ihren Traumberuf ausüben. Gibt es irgendwo einen Kontakt zu einer Person, die beruflich genau das macht, was Sie gern machen würden? Wenn Sie niemand persönlich kennen, fragen Sie im Freundes- und Bekanntenkreis. Oft entwickelt sich ein Schneeballprinzip: Sie stoßen über zwei, drei Ecken auf jemanden, der diesen Beruf oder einen ähnlichen ausübt. Sie können bei Verbänden nachfragen oder im Internet über Branchenverzeichnisse recherchieren. Wenn Sie einen Ansprechpartner gefunden haben, bereiten Sie die Kontaktaufnahme gut vor. Notieren Sie sich Fragen, die Sie dieser Person stellen möchten. *Was interessiert Sie an diesem Beruf, das Sie aus dem schriftlichen Informationsmaterial nicht erfahren haben? Welches sind die positiven und die negativen Seiten dieses Berufs? Wie sieht der Berufsalltag aus? Für wen ist der Beruf geeignet und für wen weniger? Wie ist Ihr Ansprechpartner zu dem Beruf gekommen? Welche Qualifikationen muss man für den Beruf mitbringen?* Sie können sich durch die Fragen in diesem Buch inspirieren lassen. Anschließend nehmen Sie Kontakt zu der Person auf. Machen Sie das anfangs auf die Art und Weise, bei der Sie sich am wohlsten fühlen. Ist dies schriftlich, so schreiben Sie

eine E-Mail oder einen Brief. Bei einem Brief ist die Wahrschein-
lichkeit, dass die Kontaktperson antwortet, allerdings am gerings-
ten, also sollten Sie in dem Brief auf jeden Fall Ihre Telefonnummer
und E-Mail-Adresse angeben, damit die Person Sie kontaktieren
kann. Sollten Sie kein Feedback innerhalb der folgenden vier
Wochen erhalten, so haken sie am besten telefonisch nach, auch
wenn das Ihnen nicht so sehr liegt. Sind Sie eher der kommunikative Typ, so telefonieren Sie oder treffen sich persönlich. Bei einem
persönlichen Gespräch erfahren Sie vermutlich am meisten, doch
wenn Ihnen diese Art nicht liegt, sollten Sie sich anfangs dazu nicht
zwingen.

Trauen Sie sich ruhig, Kontakt aufzunehmen! Teilen Sie der Person
mit, dass Sie gerade Ihre berufliche Zukunft planen und dabei auch
den Beruf Ihres Ansprechpartners in Erwägung ziehen. Da Sie sich
dabei möglichst umfassend und praxisnah informieren möchten,
würden Sie gern mehr über die positiven und negativen Aspekte
dieses Berufs erfahren. Sie werden sehen, wie positiv die meisten
Leute reagieren – nachdem sich die Anfangsüberraschung gelegt
hat. An diesem Punkt können Sie sich entweder zu einem persönlichen Treffen mit der Person verabreden oder Sie fragen den
Ansprechpartner, ob er jetzt Zeit hat für ein Gespräch. Besprechen
Sie dann Schritt für Schritt Ihren Fragenkatalog. Falls er gerade
keine Zeit hat, vereinbaren Sie einen konkreten Termin für ein
nächstes Telefonat. Sollte Ihr Gesprächspartner kein Interesse an
einem Gespräch haben, so bitten Sie ihn, Ihnen eine andere Person
zu nennen, die Sie unter Berufung auf ihn kontaktieren dürfen.
Erkundigen Sie sich am Ende des Gesprächs nach weiteren
Personen, die ebenfalls diesen Beruf ausüben und die Sie ebenfalls
kontaktieren dürfen.

Wenn Sie nun nach wie vor der Überzeugung sind, dass Ihr
Traumberuf auch wirklich traumhaft für Sie ist, dann sollten Sie
versuchen, Ihr Bild durch weitere Informationen abzurunden. Falls
Sie nach diesen Gesprächen eher ernüchtert sind, fragen Sie sich,
woran dies gelegen haben könnte. Lag es an der Person des
Gesprächspartners? War es die geschilderte Berufstätigkeit oder

sind die Rahmenbedingungen? Sowohl im Fall der Euphorie als auch der Ernüchterung sollten Sie bedenken, dass Ihr Gesprächpartner seine subjektiven Gefühle und Eindrücke schildert. So sieht diese Person diesen Beruf. Das heißt nicht, dass es Ihnen genauso ergehen muss. Daher ist es hilfreich, mehrere Meinungen zu hören. Nach dem Gespräch sollten Sie den wesentlichen Inhalt des Gesprächs schriftlich festhalten und dabei herausarbeiten, welche Informationen Fakten und welche subjektive Eindrücke sind.

 Insidergespräche

- Kontaktperson ausfindig machen
- Informationsgespräch vorbereiten
- Informationsgespräch führen: Telefon, persönliches Treffen oder E-Mail
- Kleiner Dank

Machen Sie Ihre eigenen Erfahrungen

Letztendlich zählen nur Ihr persönlicher Eindruck und Ihre eigenen Erfahrungen. Daher sollten Sie so viel praktische Erfahrungen sammeln wie möglich. Als Schüler könnten Sie bei den Firmen oder Einrichtungen, die Sie interessieren, nachfragen, ob Sie in der schulfreien Zeit ein (Schnupper-)Praktikum oder Ferienarbeit machen dürfen. Dabei können Sie völlig unverbindlich erste Eindrücke in Ihrem Traumberuf sammeln. Auch ein »Tag der offenen Tür«, wie ihn manche Firmen oder Behörden anbieten, ist eine ideale Möglichkeit, in den Traumberuf hineinzuschnuppern. Neben Ansprechpartnern lernen Sie die Tätigkeit aus der Nähe kennen und können eventuell schon einschätzen, ob sie Ihnen zusagt oder nicht. Achten Sie darauf, ob es tatsächlich die Tätigkeit ist, die Ihnen gefällt oder missfällt, oder es die Rahmenbedingungen (siehe oben) sind.

Sollten Sie noch unsicher sein, welche Sprache Sie studieren wollen, verbringen Sie unbedingt einige Monate im Ausland und prüfen Sie, ob Sie sich mit der gewählten Sprache und in dem

Kulturraum wohlfühlen. Wie Sie mit finanzieller Unterstützung ins Ausland kommen, erfahren Sie im Kapitel »Auslandsaufenthalte und Auslandsstudium«, S. 37. Suchen Sie auch in Ihrem Heimatort Kontakt zu Muttersprachlern – als preisgünstige Alternative zum Auslandsaufenthalt und/oder zusätzlich zu Ihrer Zeit im Ausland. Kontakt zu Muttersprachlern finden Sie selbst in Kleinstädten, wenn Sie Augen und Ohren offen halten – sei es der schwedische Lehrer an der Volkshochschule oder der italienische Koch in der Pizzeria um die Ecke. Vielleicht haben diese Leute wieder Ideen oder Tipps für Sie. Möglichkeiten gibt es genug, wenn Sie aktiv sind und sich trauen, auch mal ungewöhnliche Wege zu gehen. Nur Mut – Sie können nur gewinnen.

Fünfter Schritt: Wie komme ich an meinen Traumberuf?

Jetzt haben Sie es fast geschafft! Wenn Sie genügend Insider-gespräche geführt, sich Wissen über Ihren Traumberuf angelesen und erste Praxiserfahrungen gesammelt haben, sind Sie schon fast am Ziel. Wenn Sie nun immer noch von Ihrem Traumberuf begeistert sind, lautet die Devise: Werden Sie aktiv! Je nachdem, wie Ihr Traumberuf aussieht, sollten Sie sich nun um einen Ausbildungsplatz bewerben oder um einen Studienplatz bemühen.

Bewerbung

Um einen Ausbildungsplatz zu bekommen, müssen Sie in vielen Fällen eine schriftliche Bewerbung einreichen. Wie solche Bewerbungen aussehen, was Sie schreiben sollten und was nicht, können Sie in zahlreichen Ratgebern nachlesen. Einen wichtigen Tipp möchte ich Ihnen an dieser Stelle mitgeben: Eine Be-*Werbung* ist Werbung, und zwar Werbung in eigener Sache. Sie werben mit sich als Ihrem Produkt. Sie verkaufen Ihre Arbeitsleistung. Seien Sie also selbstbewusst! Ich meine nicht, dass Sie maßlos übertreiben sollen. Doch was spricht dagegen, dass Sie Ihre Qualitäten positiv benennen und entsprechend darstellen?

Besonders Frauen kommen dabei oft Redensarten wie »Eigenlob stinkt« in den Sinn. Erfolgs-Coach Sabine Asgodom führt dagegen an: »Mit dieser Einstellung wird man kaum Karriere machen. Studien belegen, dass beruflicher Erfolg nur zu 10 Prozent auf Qualifikation und Kompetenz basiert – und zu 90 Prozent auf Image, Auftreten und Kontakten! Wer nach oben will, muss also Öffentlichkeitsarbeit für sich selbst leisten!« Sabine Asgodom zeigt, wie man wirkungsvoll präsentiert, wer man ist und was man kann. Daher lautet die Devise: »Eigenlob stimmt!«

Achten Sie in jedem Fall bei Ihrer Bewerbung darauf, dass sie individuell und konkret ist. Legen Sie in dem Bewerbungsschreiben präzise dar, warum Sie für die ausgeschriebene Position geeignet sind, welche Ihrer Fähigkeiten Sie zum Idealkandidaten machen und warum Sie gerade für diesen Arbeitgeber arbeiten möchten.

Praktika

Ein Praktikum kann Ihnen dazu verhelfen, einen Job zu bekommen, der noch nicht offiziell ausgeschrieben ist. Durch Praktika bekommen Sie einen Fuß in die Tür des Unternehmens, in dem Sie arbeiten möchten. Absolvieren Sie so viele Praktika, wie Sie können – vor, während und nach Schule/Studium. Leider sind Praktika in letzter Zeit in ein etwas negatives Licht gerückt, weil einige Arbeitgeber sie »missbraucht« haben, um an billige Arbeitskräfte zu kommen. Doch Sie sollten den Nutzen eines Praktikums nicht rein finanziell bewerten. Auf diese Weise lernen Sie Ihren Traumberuf kennen, sammeln wertvolle Praxiserfahrung und knüpfen Kontakte zum Arbeitgeber. Praktika sind Ihre Chance, sich zu profilieren! Die Literaturübersetzerin Sonja Finck hat ihre ersten beiden Übersetzungsaufträge über Praktika bekommen. Schon während des Studiums machte sie ein dreimonatiges Lektoratspraktikum bei einem Verlag und hatte das Glück, dass eine Übersetzerin krankheitsbedingt ausfiel. So konnte sie gleich einspringen und die Übersetzung übernehmen. Inzwischen zählt dieser Verlag zu ihren Stammkunden. Also trauen Sie sich ruhig etwas zu! Patentlösungen gibt es nicht und gerade als Praktikant gesteht man Ihnen zu, dass Sie noch in der Lernphase sind und Fehler machen dürfen. Wagen Sie etwas Neues – auch wenn es sich zunächst ungewohnt angefühlt.

Messen und Kongresse

Um an Jobs zu kommen, müssen Sie auch Ihre Sichtbarkeit steigern. Gehen Sie raus und werden Sie aktiv! Besuchen Sie Recruiting-Messen, Fachmessen, Kongresse, Tage der offenen Tür und ähnliche Veranstaltungen. Vereinbaren Sie vorab oder vor Ort Gespräche mit Personalern oder sonstigen Personen, die Ihnen Aufträge oder Jobs beschaffen könnten. Gehen Sie aktiv auf Fachleute zu. Die Erinnerung an ein Gesicht bleibt oft besser haften als die an eine schriftliche Bewerbung. Und in jedem Fall sollten Sie – je nach Job – eine Arbeitsprobe oder zumindest Ihre Bewerbungsunterlagen dabei haben. Wenn Sie mit leeren Händen nach dem Motto »Hallo, ich möchte für Sie arbeiten« vorstellig werden, bringt das oft gar nichts. Auch auf diese Gespräche sollten Sie sich genauso gründlich vorbereiten wie auf ein »normales« Vorstellungsgespräch.

Eigene Projekte

Während des Studiums können Sie durch eigene Projekte auf sich aufmerksam machen und dadurch wertvolle Praxiserfahrungen sammeln. Wenn Sie Texterin werden möchten, schreiben Sie Artikel für die Schülerzeitung, ein Lokalblatt oder verfassen Sie Beiträge in Internet-Foren. Sollten Sie sich vorstellen können, Lehrer zu werden, so halten Sie möglichst viele Referate vor der Klasse und im Studium Vorträge, beispielsweise auf Kongressen. Die Untertitlerin Nicole Neumann ist durch Selbstinitiative und Kreativität zu ihrem Beruf gekommen. Sie hat zusammen mit Kommilitonen an der Universität Hamburg ein deutsch-französisches Kurzfilmfestival organisiert. Ihr fiel auf, dass die Gäste aus Frankreich nicht ausreichend Englisch und Deutsch sprachen, um die Filme sowie die Podiumsdiskussionen zu verstehen. Daher kam sie auf die Idee, Untertitel einblenden zu lassen. Mit einigen Kommilitonen organisierte sie ein Seminar zum Thema Untertitelung und Medienübersetzung. Anschließend erweiterte sie ihre Kenntnisse im Rahmen von Praktika bei renommierten Firmen.

Zeitarbeit

Zeitarbeit ist grundsätzlich eine gute Methode, sich in Unternehmen aus ganz unterschiedlichen Branchen zu profilieren. Sie sind bei der Zeitarbeitsfirma angestellt, werden aber bei anderen – oft namhaften – Unternehmen eingesetzt. Durch die Arbeit auf Zeit lernen Sie verschiedene Unternehmen, Branchen und Tätigkeiten kennen. Sie können also in Ihren Traumberuf hineinschnuppern, sofern die Zeitarbeitsfirma diesen im Angebot hat. Übersetzer, Dolmetscher oder Trainer werden bevorzugt im Bereich Sekretariat/Assistenz eingesetzt. Ob Sie das als Vor- oder Nachteil ansehen, ist Ihre persönliche Einstellung. Ich kenne Frauen, die argumentieren, dass sie das nicht machen, weil sie nicht studiert hätten, um als Sekretärin zu arbeiten. Das könnten sie auch ohne Studium. Andere wiederum betrachten das Ganze eher als Chance, weil sie dadurch schnell einen Job finden, bei dem sie ihre Fremdsprachenkenntnisse anwenden können, in ihrem Lebenslauf belegen können, dass sie lieber eine fachfremde Tätigkeit ausüben, statt arbeitslos zu sein, und zudem noch ein Gehalt beziehen. Sekretärinnen/Assistentinnen verdienen in der Regel sehr gut, wenn sie im Anschluss an die Zeitarbeitstätigkeit von der entleihenden Firma übernommen werden.

Neue Aufträge durch Netzwerken im Kollegenkreis

Nicht nur für Freiberufler unverzichtbar ist das Netzwerken im Kollegenkreis. Bilden Sie Arbeitsgruppen, bei denen Sie sich fachlich und menschlich austauschen können. Bleiben Sie mit ehemaligen Kommilitonen und sprachinteressierten Mitschülern in Kontakt und lernen Sie so viele Kollegen wie möglich kennen. Denn manche Projekte sind so aufwendig, dass Sie sie nicht allein bewerkstelligen können, oder Sie haben im Moment keine Zeit für den entsprechenden Auftrag. Pflegen Sie in solchen Fällen Ihr Netzwerk und leiten Sie den Auftrag an einen Kollegen weiter. Da es Ihren Kollegen ähnlich geht, kursieren auf diese Weise etliche Aufträge im Kollegenkreis. Lesen Sie dazu die Tipps und Tricks der Freiberufler in den einzelnen Kapiteln.

Persönliche Empfehlung durch zufriedene Kunden

Eine sehr wirksame Methode, um Aufträge und Kunden zu akquirieren, ist die persönliche Weiterempfehlung. Das setzt voraus, dass Sie sich stets höflich und professionell gegenüber Ihren Kunden und möglichen Auftraggebern verhalten. Zufriedene Kunden sind ein wichtiger Erfolgsfaktor für Freiberufler. Die Erfahrung lehrt, dass die meisten Kontakte zu Neukunden durch vorhandene Auftraggeber entstehen. Dafür ist es sinnvoll, dass Sie sich ein »Bonbon« für Ihren Kunden einfallen lassen. So liefert beispielsweise die zweisprachige Texterin Stephanie Kranz bei vielen Kunden einen Mehrwert. Das heißt, sie bietet zusätzlich zu ihren zweisprachigen PR-Texten taktvoll die Korrektur beziehungsweise das Lektorat von fehlerhaften Originaldokumenten an, die als Vorlage oder Ausgangsbasis vom Kunden kommen – bei kleinen Fehlern und geringem zeitlichem Aufwand auch teilweise ohne Zusatzkosten für den Kunden. Wichtig ist aber in jedem Fall: Stephanie Kranz hat immer eine »Lösung« für die auftretenden Probleme im Ärmel, bietet Varianten für Vorgehensweisen und Abläufe an. Lesen Sie dazu weitere Tipps und Tricks der freiberuflichen Profis in den einzelnen Kapiteln.
Eine Anmerkung zum Schluss: Wenn Sie die hier aufgezeigten Übungen gewissenhaft und schriftlich machen und die Empfehlungen der im Buch vorgestellten Insider beherzigen, werden Sie auf dem Weg zu Ihrem Traumberuf sicher ein gutes Stück vorankom-

men. Diese Schritte beruhen auf den Erfahrungen, die ich im Laufe meiner Trainings und Coachings gesammelt habe. Sie sind jedoch kein starres System, sondern ein Wegweiser bei Ihrer ganz persönlichen Suche nach Ihrem Traumberuf. Bleiben Sie flexibel bei der Anwendung der einzelnen Schritte und setzen den Fokus dort, wo er für Ihre individuelle Situation passt. Nutzen Sie dieses Buch als Leitlinie und Inspirationsquelle auf dem Weg zu Ihrem persönlichen Traumberuf. Ich wünsche Ihnen viel Vergnügen und viel Erfolg dabei!

Gern biete ich Ihnen darüber hinaus meine Unterstützung an bei Ihrer Berufwahl und Berufsfindung in Form von Workshops an Schulen, Universitäten, Trainings und Einzel-Coachings. Fragen Sie nach einem Angebot! Ich freue mich über Ihre E-Mail an: ulrike.beyler@web.de.

»All our dreams can come true – if we have the courage to pursue them.« (Walt Disney)

Literaturtipps

Asgodom, Sabine: *Eigenlob stimmt*. Econ Verlag, Berlin, 2006

Bolles, Richard Nelson: *Durchstarten zum Traumjob. Das ultimative Handbuch für Ein/Um- und Aufsteiger*. Deutschsprachige Bearbeitung von Madeleine Leitner, Campus Verlag, Frankfurt/New York, 2007

Bolles, Richard Nelson: *Durchstarten zum Traumjob. Das Workbook*. Deutschsprachige Bearbeitung von Madeleine Leitner, Campus Verlag, Frankfurt/New York, 2007

Davenport, Thomas H./Prusak, Laurence: *Working Knowledge. How Organizations Manage What They Know*. Harvard Business School Press, 1998

Glaubitz, Uta: *Der Job, der zu mir passt*. Campus Verlag, 4., vollst. überarbeitete und aktualisierte Auflage, Frankfurt, 2003

Hesse, Jürgen/Schrader, Hans Christian: *Das 1 x 1 der erfolgreichen Bewerbung. Perfekte schriftliche Bewerbung, überzeugendes Vorstellungsgespräch, geschickte Gehaltsverhandlung*. Eichborn Verlag, Frankfurt, 2005

Hesse, Jürgen/Schrader, Hans Christian: *Die perfekte Bewerbungsmappe für Ausbildungsplatzsuchende. Der erfolgreiche Schritt von der Schule zum Beruf*. Eichborn Verlag, Frankfurt, 2006

Hesse, Jürgen/Schrader, Hans Christian: *Neue Wege der Bewerbung*. Eichborn Verlag, Frankfurt, 2007

Hofert, Svenja: *Existenzgründung im Medienbereich*, aus der Reihe *Praktischer Journalismus*. UVK Verlag, Konstanz, 2007

Hofert, Svenja: *Praxisbuch Existenzgründung*. Eichborn Verlag, 2. Auflage, Frankfurt, 2007

Hofert, Svenja: *Praxisbuch für Freiberufler. Alles, was Sie wissen müssen, um erfolgreich zu sein.* Eichborn Verlag; Frankfurt, 2007

Ivarsson, Jan/Carroll, Mary: *Subtitling.* TransEdit, Schweden

Öttl, Christine/Härter, Gitte: *Schriftliche Bewerbung.* GU Verlag, 4., aktualisierte Auflage, München, 2007

Öttl, Christine/Härter, Gitte: *Vorstellungsgespräche.* GU Verlag, 2., aktualisierte Auflage, München, 2007

Sher, Barbara: *Ich könnte alles tun, wenn ich nur wüsste, was ich will.* dtv Verlag, 2005

Sher, Barbara: *Wishcraft. Lebensträume und Berufsziele entdecken und verwirklichen.* Edition Schwarzer, Osnabrück, 2005

Stichwortverzeichnis

Über die Autorin

Ulrike Beyler ist ausgebildete Übersetzerin, Juristin und Personal-
referentin. Sie hat an zahlreichen Instituten Trainings und Sprachprüfungen geleitet. Ihre Spezialthemen sind Bewerbungsmanage-
ment, Berufsbildung und Zielerreichung. Inzwischen arbeitet
Ulrike Beyler als freie Trainerin, Job-Coach und Personalvermitt-
lerin.
Weitere Informationen finden Sie unter www.traumberuf-sprache.de
Bei Rückfragen wenden Sie sich bitte an die Autorin unter der
E-Mailadresse info@traumberuf-sprache.de